AF371281

RECUEIL

DE TOUTES

LES SENTENCES,

RENDUES AU DEFINITIF

Par le Tribunal civil du Département de L'ESCAUT, *depuis son installation.*

DEUXIEME PARTIE.

A GAND,

Chez J. F. VANDER SCHUEREN, près le Mont de Piété.

1796 v. st., l'an 4 de la Rép.

RECUEIL
DE TOUTES
LES SENTENCES,

Rendues au définitif par le Tribunal civil du Département de L'ESCAUT; *depuis son installation.*

DEUXIEME PARTIE.

108ᵐᵉ· SENTENCE.

LE TRIBUNAL CIVIL DU DÉPARTEMENT DE L'ESCAUT,

VU l'exploit d'ajournement en date 17 prairial, l'an 4me de la république française, fait à la demande du citoyen *Dominique Sergeant*, négociant à Lokeren, défendeur d'une part, contre la citoyenne *Roſe Joos*, veuve de *Paul van Vlierberghe*, dans la commune de Stekene, demanderesse par requête présentée au ci-devant conseil de Flandre, en date 3 frimaire, 4me année républicaine, demanderesse d'autre, d'où résulte que la difficulté mue entre les parties, vient de savoir, si la demanderesse est fondée d'agir en nullité contre l'exécution dressée à sa charge par le défendeur;

Ouï les parties, le commissaire du pouvoir exécutif entendu;

Attendu que l'exécution dont il s'agit a été faite en vertu de l'acte condamnatoire, rendu par la ci-devant municipalité de la Keure de la commune de Gand, le 26 janvier 1792;

Attendu que la jurisprudence des arrêts n'admet point l'exception de nullité contre tels actes condamnatoires;

Attendu que la demanderesse ne s'est pas pourvue par voie d'appel contre la même condamnation;

Le tribunal faisant droit, déboute la demanderesse de son moyen de nullité, proposé par sa requête, présentée au ci-devant conseil de

Flandre le 3 frimaire, 4me année, leve le sursis provisoire y porté
par ledit conseil, et condamne la demanderesse aux dépens du procès,
à la taxe et modération du tribunal.

Fait en séance du 27 prairial, l'an 4me de la république française,
une et indivisible.

Etoient signés : G. F. Buyck, *présid.*; B. J. Heyse; Tegelberg;
A. J. Van Tieghem *et* L. de Neckere.

<h2 style="text-align:center">109me. SENTENCE.</h2>

Le Tribunal civil du Département de l'Escaut,

Vu l'exploit d'ajournement fait à la requête du citoyen *Gerard de
Vuyst*, habitant du village de Borstbeke, canton d'Hersele, y résumant la cause ouverte entre lui comme défendeur d'une part, contre
la citoyenne *Jeanne Marie vander Linden*, veuve de *Pierre van Cleemputte*, habitante de la commune de Grammont, tant pour elle que
pour ses co-héritiers du côté maternel, à la mortuaire de *Marie Jeanne
vander Straeten*, demanderesse par requête présentée le 22 octobre
1795 (v. s.), à la municipalité de la commune et territoire d'Alost,
d'autre part;

Vu aussi les pièces de ladite procédure et les mémoires que les
parties ont respectivement produites au tribunal, d'où résulte que
la question mue entre les parties, vient de savoir, si la demanderesse est fondée d'annuller la vente d'une partie de prairie nommée
Krakeel-meersch, soutenant qu'il existeroit à cet égard séduction, fraude
et fausseté;

Vu aussi les conclusions nouvelles prises par la demanderesse dans
son dit mémoire, rélativement à l'acquisition, faite par le défendeur
d'une partie de terre labourable, située en la commune de Borstbeke,
de la grandeur de 93 verges, alléguant les mêmes moyens de séduction, fraude et fausseté, le défendeur sur ces deux objets soutenant
le contraire, niant expressement lesdites inculpations, et appliquant
ses deux titres d'achat, respectivement en date 30 janvier et 6 may
1795 (v. s.), et l'adhéritence y ensuivie, se plaignant d'ailleurs
des excès et voies de fait, qui ont été commis par la demanderesse
et ses consors contre sa possession et jouissance desdits biens, et
ayant conclus à ce que provisoirement ladite possession lui soit confirmée;

Ouï les parties, la demanderesse par son fondé de pouvoir, le toyen *Van Dinter*, et le défendeur en personne, le commissaire du pouvoir exécutif présent ;

Attendu que la demanderesse n'a produit aucune pièce, qui prouveroit les faits allégués de sa part ;

Attendu que le principe *le mort saisit le vif*, dont elle a voulu se prévaloir, est erroné et inapplicable à l'égard des biens que son autrice a vendus, et dont elle a légalement investis le défendeur ;

Attendu que contre les nouvelles conclusions de la demanderesse s'élève le titre X., paragraphe VI. des lois et arrêtés sur l'organisation de l'ordre judiciaire, où il est dit : » Aucune action ne sera remi » au civil devant le tribunal du département, si le demandeur n'a » pas donné en tête de son exploit copie du certificat du bureau » de paix, constatant que sa partie a été inutilement appellée à ce » bureau, ou qu'il a employé sans fruit sa médiation ; «

Attendu que toute voie de fait est repréhensible et défendue expressement par la loi ;

Le tribunal, avant faire droit, admet la demanderesse à preuve, que le défendeur auroit séduit feue *Marie Jeanne vander Straeten* à lui faire la vente d'une partie de prairie nommée *Krakeel-meersch* ; que le défendeur auroit commis fraude et fausseté, dont elle entend le taxer, le défendeur entier en sa preuve contraire, si bon lui semble, ladite preuve directe et contraire à subministrer à la séance du 22 messidor prochain ;

Ordonne au défendeur de renseigner spécifiquement à la même séance le payement qu'il a posé avoir fait à ladite *Marie Jeanne vander Straeten*, de la somme de neuf cent trente-neuf florins, seize sols, du chef de la vente de la prédite partie de prairie, et la demanderesse d'y contredire, si elle s'y croit fondée ;

Au surplus, le tribunal faisant droit sur les conclusions provisoires du défendeur, le maintient par provision et sans préjudice à la cause principale dans la jouissance intégrale et entiere de ladite prairie, interdit au nom de la loi à la demanderesse de récidiver, d'y porter trouble ultérieur de maniere quelconque, et lui ordonne de remettre instamment la chose dans son premier état ;

Et quant aux prétentions qu'a formé ampliativement la demanderesse, touchant l'acquisition d'une partie de terre labourable, située en la commune de Borstbeke, de la grandeur de quatre-vingt-treize verges, repris dans l'acte d'achat du 30 janvier 1795 (v. st.), renvoye les parties devant le juge de paix compétent, condamne la demanderesse en un quart des dépens du procès, à la taxe et modération du tribunal, réserve les trois quarts restans jusqu'au jugement ultérieur.

Fait en séance du 28 prairial, l'an 4me de la république française, une et indivisible.

Etoient signés : G. F. BUYCK, *présid.* ; F. DANNEELS ; L. DE NECKERE ; P. BOTTE, *et* A. J. VAN TIEGHEM.

Mandons à tout huissier, etc.

110me. SENTENCE.

LE TRIBUNAL CIVIL DU DÉPARTEMENT DE L'ESCAUT,

Vu l'exploit d'ajournement fait à la réquisition du citoyen *Constantin Vermeeren*, habitant du village de Nazareth, le 24 germinal, l'an 4me, et le résumé de la procédure entamée devant la ci-devant municipalité de la paroisse de Scheldewindeke, Baeleghem et Moorseele, entre ledit *Vermeeren*, défendeur d'une part, contre le citoyen *Olivier Jean de Smet*, bailli et écoutette de ladite paroisse, demandeur par requête du 12 novembre 1792 (v. s.), d'autre part;

Vu aussi les pièces de la procédure incidentelle et les mémoires fournis de part et d'autre, d'où résulte que la question principale mue entre les parties, vient de savoir, si le demandeur est fondé en ses conclusions prises par ladite requête, tendantes à faire interdire au défendeur de tenir école et apprendre à lire et écrire à la jeunesse, et pour l'avoir fait, qu'il fusse condamné ès amendes prescrites par les lois;

Et incidentellement, si le défendeur est fondé dans ses conclusions, tendantes à faire annuller l'appointement et forclusion du 7 janvier 1793, de même que la poursuite du demandeur y ensuivie : les parties soutenant respectivement le contraire; le défendeur alléguant qu'il étoit d'une conduite intacte et exemplaire, et le demandeur à l'égard des soutenemens incidentelles, que sa poursuite étoit légale;

Ouï les parties, le commissaire du pouvoir exécutif présent;

Attendu que dans le principe, le demandeur, avant de graver le défendeur par des faux frais d'une procédure pénale, l'auroit dû rappeller fraternellement à l'observance des lois qu'il croyoit militer à la chose;

Attendu que le demandeur y étoit d'autant plus tenu, ayant été tollérant envers le défendeur sur ce point pendant plus de trois mois;

Attendu que les pièces fournies par le demandeur, développent une espèce d'acharnement contre le défendeur, et un plaisir malin d'engendrer des fraix inutiles, puisque l'inventaire du fournissement desdites pièces est de l'étendue de vingt-quatre pages, tandis qu'il pouvoit être à tout compris dans deux;

Attendu qu'il est libre au défendeur d'apprendre aux enfans à lire et à écrire, et que, pour l'empêcher, le demandeur ne l'a pû taxer d'inconduite, de déréglement de mœurs, ni d'aucun autre vice nuisible dans l'ordre social;

Attendu qu'il résulte des pièces de l'incident, que le demandeur exerçoit les fonctions de juge et partie, ayant fait et écrit la disposition du 7 janvier 1793, signé ensuite par des magistrats de village non lettrés;

Attendu que ladite disposition est nulle, aucun avis de jurisconsultes ne l'ayant accompagnée;

Attendu qu'à l'époque d'icelle la ci-devant municipalité de Scheldewindeke, Baeleghem et Moorseele étoit privée de tout pouvoir de l'exercice judiciaire par les proclamations du gouvernement français;

Le tribunal faisant droit, déclare nulle ladite disposition du 7 janvier 1793, et le demandeur non-recevable ni fondé dans ses conclusions principales, le condamne aux dépens du procès, à la taxe et modération du tribunal, déclare encore que l'inventaire et pièces du demandeur seront déposées au greffe du tribunal et paraphées par le président.

Fait en séance du 28 prairial, l'an 4me de la république française, une et indivisible.

Etoient signés : G. F. BUYCK, *présid.*; F. DANNEELS; A. J. VAN TIEGHEM; P. BOTTE, *et* TEGELBERG.

IIIme. SENTENCE.

LE TRIBUNAL CIVIL DU DÉPARTEMENT DE L'ESCAUT,

Vu l'exploit d'ajournement en date 13 prairial, l'an 4me de la république française, fait à la demande du citoyen *Pierre de Winter*, à Gand, demandeur d'une part, contre les citoyens *Pierre Baar* et *Jean de Blauwe*, aussi à Gand, défendeurs d'autre, d'où résulte que la difficulté mue entre les parties vient de savoir, si le demandeur est fondé d'exiger à charge des défendeurs, qu'ils eussent à consentir que le demandeur puisse mettre des soutiens à une muraille de la maison, occupée par ledit *Jean de Blauwe*, et appartenante au premier défendeur *Pierre Baar*, pour empêcher l'écroulement de ladite muraille;

vu aussi le procès-verbal du juge de paix de la section de la réunion, commune et canton de Gand, en date 6 prairial, an 4me;

Ouï les parties, savoir le demandeur et le second défendeur, le commissaire du pouvoir exécutif présent;

Attendu que le second défendeur, le citoyen *de Blauwe*, soutient que n'étant que locataire de la maison dont il s'agit, l'objet de la demande ne regarde que le propriétaire de ladite maison;

Attendu que le propriétaire, premier défendeur, le citoyen *Pierre Baar*, n'a point comparu, ni personne en son nom;

Le tribunal faisant droit, met le second défendeur, le citoyen *Jean de Blauwe*, hors du procès, et condamne le demandeur aux dépens engendrés à son égard seulement, à la taxe et modération du tribunal;

Au surplus, donne défaut contre le premier défendeur le citoyen *Pierre Baar*, et pour le profit déclare que deux commissaires du tribunal sont nommés pour inspecter le local de ladite maison, conjointement avec les experts du demandeur, qui se rendront sur le lieu, aujourd'hui à deux heures de relevée; ordonne au demandeur de remettre alors auxdits commissaires le directoire de la besogne dont il s'agit, ensuite sera disposé ultérieurement commè en justice sera trouvé convenir, dépens réservés.

Fait en séance du 28 prairial, l'an 4me de la république française; une et indivisible.

Etoient signés: G. F. BUYCK, *présid.*; F. DANNEELS; L. DE NECKERE; A. J. VAN TIEGHEM, *et* P. BOTTE.

112me. SENTENCE.

LE TRIBUNAL CIVIL DU DÉPARTEMENT DE L'ESCAUT,

Vu l'exploit d'ajournement en date 4 floréal, l'an 4me de la république française, fait à la demande du citoyen *Pierre Steven*, demeurant hors de la porte d'Anvers, de la commune de Gand, demandeur d'une part, contre la citoyenne *Thérése de Witte*, héritiere de sa sœur *Catherine de Witte*, demeurant à Destelberghe, défenderesse d'autre; vu aussi les pièces de la procédure de premiere instance, instruite par-devant la ci-devant loi du village de Destelberghe, entre lesdites parties, et la sentence y intervenue le 28 octobre 1789 (v. st.), dévolue ensuite par appel par-devant la ci-devant cour supérieure et féodale de St. Pierre, à Gand, et résumé par l'appellant *Pierre Steven*, devant ce tribunal; vu aussi la sentence rendue par le tribunal le 14

courant,

courant, qui a sursi la cause en matiere de rescision y reprise, et a ordonné à la défenderesse de contester pertinemment le soutenement de non-payement du prix d'achat repris au procès;

Vu les pièces produites ensuite de ladite ordonnance;

Ouï les parties, le commissaire du pouvoir exécutif présent;

Attendu que l'acte de vente, produit au procès, est passé devant la loi de Destelberghe le 6 juillet 1784 (v. st.);

Qu'il est revêtu des formes prescrites, pour que foi y soit ajouté;

Attendu que la venderesse y déclare formellement, en présence des témoins, d'avoir reçu la somme d'achat, portant cinquante livres de gros argent de change, et que l'acte sert de quittance absolue, sans que la défenderesse doive jamais être obligée d'en reproduire une autre;

Le tribunal faisant droit, déclare que le prix d'achat dont il s'agit est légalement acquitté, et condamne le demandeur aux dépens du procès, engendrés depuis ladite sentence du 14 prairial susdit, à la taxe et modération du tribunal.

Fait en séance du 28 prairial, l'an 4me de la république française, une et indivisible.

Etoient signés : G. F. Buyck, *présid.*; P. Botte; F. Danneels; L. de Neckere, *et* A. J. van Tieghem.

113me. SENTENCE.

Le Tribunal civil du Département de l'Escaut,

Vu l'exploit d'ajournement en date 5 prairial, l'an 4me de la république française, fait à la demande du citoyen *Jean Denis Brismaille*, négociant en cette commune de Gand, demandeur d'une part, contre le citoyen *Jacques Bovyn*, aussi négociant à Gand, défendeur d'autre, d'où résulte que la difficulté mue entre les parties, est de savoir, si le demandeur est fondé d'exiger à charge du défendeur la somme de mille quatre cent soixante et un florins, douze sols courant, pour restant de livraison de marchandises, avec l'intérêt judiciaire, le défendeur reconnoissant la loyauté de ladite créance;

Ouï les parties, le commissaire du pouvoir exécutif présent;

Attendu que le défendeur a reconnu à la séance de ce jour, la loyauté de la prétention du demandeur, et qu'il s'est soumis d'en faire le payement;

Attendu que pour effectuer ledit payement, le défendeur a demandé un délai de quatre mois, qu'il y a joint l'offre d'en payer l'intérêt à raison de cinq pour cent, et de donner hypothéque à cet égard;

Le tribunal eu égard à des circonstances particulieres, qui concurrent en faveur du défendeur, le condamne à payer au demandeur endéans le terme de deux mois, la somme de 1461 florins, 12 sols courant, avec l'intérêt judiciaire, depuis l'institution de la cause jusqu'au payement parfait, et aux dépens du procès, à la taxe et modération du tribunal; bien entendu, que le délai de deux mois n'aura lieu que moyennant de donner par le défendeur bonne hypothéque à l'appaisement du demandeur, endéans les trois jours, à peine de décheoir dudit délai.

Fait en séance du 28 prairial, l'an 4me de la république française, une et indivisible.

Etoient signés : G. F. BUYCK, *présid.;* P. BOTTE ; F. DANNEELS; L. DE NECKERE, *et* A. J. VAN TIEGHEM.

Mandons à tout huissier, etc.

114me. SENTENCE.

LE TRIBUNAL CIVIL DU DÉPARTEMENT DE L'ESCAUT,

Vu l'exploit d'ajournement en date 12 prairial, l'an 4me de la république française, fait à la demande du citoyen *Jean Sohier*, marchand à Gand, demandeur d'une part, contre *Pierre François Backx*, à Lokeren, défendeur d'autre, d'où résulte que la difficulté mue entre les parties, est de savoir, si le demandeur est fondé d'exiger à charge du défendeur la somme de trois mille quatre cent quatórze florins, pour livraison de toiles et le decrétement des saisies par lui faites;

Ouï le demandeur, vu la non-comparution du défendeur, le commissaire du pouvoir exécutif présent;

Attendu que le demandeur a produit à l'appui de sa demande deux lettres à lui écrites par le défendeur, le 25 octobre et premier novembre 1795 ; item deux actes déclaratoires du 26 octobre et 2 novembre 1795 (v. s.);

Attendu que le défendeur n'est point comparu, ni personne en son nom ;

Le tribunal donne défaut contre le défendeur, et pour le profit condamne le défendeur à payer au demandeur la somme de trois mille quatre cent quatorze florins, repris dans l'exploit d'ajournement, et aux dépens du procès, à la taxe et modération du tribunal.

A défaut de ce, décréte les saisies practiquées par le demandeur, comme bien et duement faites, lui adjuge les biens et objets saisis pour y recouvrir, en total ou en partie, tout ce qui est repris ci-dessus aussi, avec dépens; le défendeur néanmoins en son entier de se pourvoir en opposition, pendant le terme et conformément à la loi.

Fait en séance du 23 prairial, l'an 4me de la république française, une et indivisible.

Etoient signés: G. F. Buyck, *présid.*; P. Botte; F. Danneels; L. de Neckere *et* A. J. van Tieghem.

Mandons à tout huissier, etc.

115ᵐᵉ· SENTENCE.

Le Tribunal civil du Département de l'Escaut,

Vu l'exploit d'ajournement en date 5 germinal, l'an 4me de la république française, fait à la demande du citoyen *Livin Ballenaere*, habitant de la commune de Saffelaere, y résumant le procès mu pardevant le ci-devant comité municipal de la Keure de la ville de Gand, comme demandeur par requête du 20 thermidor, l'an 2me de la république française, d'une part, contre le citoyen *François de Meyer*, négociant dans la commune de Gand, défendeur d'autre;

Vu aussi les pièces dudit procès et la sentence préparatoire, rendue par ce tribunal le 15 floréal dernier, qui admet le demandeur à la preuve mentionnée par la sentence de ladite municipalité du 25 frimaire 4me année, de même que les devoirs de ladite preuve faite par le demandeur, d'où résulte que la question mue entre les parties est de savoir, si le demandeur a vendu au défendeur le nombre de trente mille bottes de foin, à raison de deux florins sept sols par cent livres pésant, et dix mille autres bottes, à raison de deux florins, sept sols, six déniers par botte, même poids, et qu'en conséquence le demandeur auroit livré jusqu'à seize mille bottes, et avoit offert d'effectuer la livraison du restant au gré du défendeur, que celui-ci retardant de s'expliquer à ce sujet, le demandeur l'avoit fait interpeller par acte du 30 juillet 1794, et ensuite le demandeur a conclu judiciairement à ce qu'il fut ordonné au défendeur d'accepter le restant susdit, savoir vingt-quatre mille bottes de foin, que le demandeur offroit constamment de faire parvenir et livrer au défendeur, insistant en conséquence que le défendeur fut condamné à payer le prix de l'achat convenu, et aux dommages et intérêts, de même qu'aux dépens du procès, le défendeur s'y étant opposé devant le premier juge,

soutenant que le demandeur auroit dû effectuer toute la livraison de
foin en question endéans les quatre semaines ;

Ouï le demandeur en personne, le défendeur non-comparant, le
commissaire du pouvoir exécutif présent ;

Attendu qu'il est constant et que la preuve est parfaitement acquise
sur le fait de l'engagement mutuel dont s'agit ;

Attendu qu'il est aussi constant, que le demandeur a satisfait de
son côté audit engagement ;

Attendu qu'il a offert d'effectuer le restant de la livraison, et que
le défendeur est en défaut de le recevoir, tant avant que pendant litige ;

Attendu que le défendeur n'a pu alléguer ni reproches contre les
témoins du demandeur, ni contredits contre les pièces littérales ;

Le tribunal faisant droit, décrétant l'offre du demandeur de parfaire
la livraison restante de vingt-quatre mille bottes de foin dont s'agit,
ordonne au défendeur de les recevoir instamment, et ensuite le condamne à payer endéans le terme d'un mois au demandeur l'import de
la masse entiere du foin, à raison de deux florins, sept sols, par cent
livres pesant, et dix mille bottes à raison de deux florins, sept sols,
six déniers par botte du même poids, à tous dommages et intérêts
soufferts et à souffrir, et aux dépens du procès, à la taxe et modéraion
du tribunal ;

Fait en séance du 29 prairial, l'an 4me de la république française,
une et indivisible.

Etoient signés : G. F. BUYCK, *présid.* ; F. DANNEELS ; A. J. VAN TIE-
GHEM ; TEGELBERG, *et* P. BOTTE.

Mandons à tout huissier, etc.

116me. SENTENCE.

LE TRIBUNAL CIVIL DU DÉPARTEMENT DE L'ESCAUT,

Vu l'exploit d'ajournement en date 21 prairial, l'an 4me de la république française, fait à la demande du citoyen *Jacques de Kegel*, en
cette commune, demandeur d'une part, contre le citoyen *Philippe
Wallez*, aussi à Gand, défendeur d'autre, d'où résulte que la difficulté
mue entre les parties est de savoir, si le demandeur est fondé à
demander consentement de nantir au greffe de ce tribunal la somme
de quarante-cinq florins, argent courant de Brabant, avec la charge
de la saisie faite entre ses mains sur lesdits déniers à charge du défendeur, ce dernier niant simplement d'être redevable au demandeur ;

Ouï les parties, le commissaire du pouvoir exécutif présent ;

Attendu que le demandeur a fait saisir entre ses mains par l'huissier *Hoornaert*, le 19 prairial, l'an 4me de la république française, la sus-dite somme de quarante-cinq florins, argent courant de Brabant ;

Attendu que le défendeur n'a pas fait les devoirs pour faire lever ladite saisie ;

Attendu que par ce défaut la saisie est réellement encore existante ;

Le tribunal permet au demandeur de nantir au greffe de ce tribu-nal ladite somme de quarante - cinq florins, argent courant, avec la charge de la saisie ci-dessus reprise, accorde au défendeur la levée de ladite somme, sans caution préalablement communiquée au deman-deur, condamne le défendeur aux dépens du procès, à la taxe et mo-dération du tribunal, le défendeur néanmoins en son entier de con-tester l'objet de ladite saisie par-devant juge compétent, s'il s'y croit fondé, et tout autrement comme il trouvera convenir.

Fait en séance du 29 prairial, l'an 4me de la république française, une et indivisible.

Etoient signés : G. F. BUYCK, *présid.*; B. J. HEYSE; A. J. VAN TIE-GHEM ; P. BOTTE, *et* TEGELBERG.

117me. SENTENCE.

LE TRIBUNAL CIVIL DU DÉPARTEMENT DE L'ESCAUT,

Vu l'exploit d'ajournement du 27 floréal, l'an 4me de la république française, fait à la demande du citoyen *Damien Tombeur*, demeurant à Gand, d'une part, contre le citoyen *Goemaere*, demeurant dans la-dite ville de Gand, défendeur d'autre ; vu aussi l'acte de renvoy du juge de paix, section de l'égalité, du 8 floréal, l'an 4me, et l'enquête sommaire tenue à la séance du 29 prairial dernier, d'où résulte que la question mue entre les parties est de savoir, si le demandeur est fondé d'exiger à la charge du défendeur, premierement la somme de treize livres, onze escalins, huit gros courant, pour treize mois, neuf jours de louage d'une maison à lui appartenante, et secondement celle de neuf florins, dix-huit sols argent courant de Brabant, que le demandeur a payé à la décharge du défendeur au citoyen *de Keyser*, le défendeur s'y opposant et niant de devoir au demandeur une somme quelconque, et que même il ne le connoissoit pas;

Ouï les parties en personne, le commissaire du pouvoir exécutif présent ;

Attendu que la preuve est parfaitement acquise par la déposition consonnante et uniforme de quatre témoins, que le défendeur et sa femme ont occupés la maison du demandeur pendant le tems de treize mois et neuf jours;

Attendu pourtant que cette preuve n'est point acquise, ni par écrit, ni verbalement, sur le montant du prix pour cette occupation;

Attendu qu'il est constant que le demandeur a payé à la décharge du défendeur, au citoyen *François de Keyser*, la somme de neuf florins, dix-huit sols;

Attendu que le défendeur n'a pu alléguer le moindre reproche contre la probité desdits quatre témoins;

Attendu enfin qu'il n'a pas vérifié d'avoir fait aucun payement sur lesdits deux objets de contestation;

Le tribunal faisant droit, sans appel, sur le premier point, condamne le défendeur à payer au demandeur endéans trois termes, savoir : le premier terme endéans deux décades, le second deux décades après, et le troisieme deux décades suivantes, ensemble ladite somme de treize livres, onze sols, huit gros courant, à moins qu'il ne préféreroit à laisser arbitrer par des experts à nommer l'estimation de l'occupation de la maison ci-dessus reprise, et dans le dernier cas, il passera parmi payant le prix de l'estimation endéans lesdits trois termes;

Le condamne également, sans appel, à restituer au demandeur ladite somme de neuf florins dix-huit sols, et aux dépens du procès, à la taxe et modération du tribunal.

Fait en séance du 2 messidor, l'an 4me de la république française, une et indivisible.

Etoient signés : G. F. Buyck, *présid.*; P. Botte; L. de Neckere; A. J. van Tieghem, *et* B. J. Heyse.

Mandons à tout huissier, etc.

118me. SENTENCE.

Le Tribunal civil du Département de l'Escaut,

Vu l'exploit d'ajournement en date 11 floréal, l'an 4me de la république française, fait à la demande du citoyen *P. Veesaert*, à Gand, demandeur en opposition contre la sentence rendue par défaut le 6 floréal dernier, d'une part, contre le citoyen *Pierre Beys*, aussi à Gand, défendeur d'autre, d'où résulte que la difficulté mue entre les parties, est de savoir, si le demandeur est fondé de se pourvoir en opposition contre ladite sentence en vertu de l'arrêté des représentans du peuple du 12 thermidor, 3me année de la république française , le défendeur soutenant que la promesse ou lettre de change , dont il s'agit dans la prédite seutence, n'est pas comprise dans la disposition du prédit arrêté ;

Ouï les parties, le commissaire du pouvoir exécutif entendu ;

Attendu que le demandeur est convenu de devoir loyalement au défendeur la somme de six cent florins, dont il a fait une promesse payable au 10 août 1794 (v. s.);

Attendu que l'arrêté du 12 thermidor, dont le demandeur veut se prévaloir pour convertir sa lettre de change en obligation et d'en payer un intérêt de cinq pour cent, est un arrêté général, motivé sur l'urgence des circonstances d'alors, qui ne sont plus les mêmes aujourd'hui ;

Attendu que cet arrêté ne peut militer pour le demandeur dans le cas présent ;

Que la lettre de change est l'ame du commerce ;

Que c'est un contract sacré, qui ne peut être ni changé, ni altéré sans le consentement exprès de l'acquéreur ;

Le tribunal faisant droit, déboute le demandeur de son opposition, sortira la condamnation par défaut, dont il est question, son plein et entier effet, sauf cependant que le demandeur jouira pour effectuer le payement repris par ladite condamnation d'un terme de trente jours, moyennant de le cautionner endéans les trois jours, à dater de la présente, à l'appaisement du défendeur, à peine de décheoir dudit délai, et condamne le demandeur aux dépens du procès, à la taxe et modération du tribunal.

Fait en séance du 2 messidor, l'an 4me de la république française, une et indivisible.

Etoient signés : G. F. Buyck, *présid.* ; B. J. Heyse; P. Botte; A. J. van Tieghem, *et* L. de Neckere.

Mandons à tout huissier, etc.

119me. SENTENCE.

Le Tribunal civil du Département de l'Escaut,

Vu l'exploit d'ajournement en date 21 prairial, l'an 4me de la république française, fait à la demande du citoyen *J. H. de Deurwaerder,* à Gand, demandeur d'une part, contre le citoyen *Erffelinck*, cabaretier au cabaret la Pucelle de Gand, ajourné d'autre ;

Vu aussi le procès-verbal du juge de paix *le Begue,* en date 4 floréal, l'an 4me, d'où résulte que la difficulté mue entre les parties est de savoir, si le demandeur est fondé d'exiger à charge de l'ajourné la somme de soixante livres de gros, argent courant, pour deux années de loyer au prédit cabaret, l'ajourné ayant convenu devant le susdit juge de paix de la loyauté de la prédite dette;

Ouï le demandeur, vu la non-comparution de l'ajourné, le commissaire du pouvoir exécutif présent ;

Le tribunal donne défaut, et pour le profit condamne le défendeur à payer au demandeur la prédite somme de soixante livres de gros argent courant, et aux dépens du procès, à la taxe et modération du tribunal ; le défendeur en son entier de se pourvoir en opposition endéans le terme et conformément à la loi.

Fait en séance du 3 messidor, l'an 4me de la république française, une et indivisible.

Etoient signés : G. F. BUYCK, *presid.* ; B. J. HEYSE ; J. B. ROELANDTS ; L. DE NECKERE, *et* TEGELBERG.

Mandons à tout huissier, etc.

120me. SENTENCE.

LE TRIBUNAL CIVIL DU DÉPARTEMENT DE L'ESCAUT,

Vu l'exploit d'ajournement fait à la demande de la citoyenne *Catherine Barbe van Overwaele*, veuve de *Martin Jean van den Berghe*, le 29 prairial dernier, en conséquence de la permission suivie sur sa requête présentée le même jour, d'une part, contre le citoyen *Pierre Joseph Huughe*, ayant en mariage la citoyenne *Catherine Josephe vanden Berghe*, défendeur d'autre ;

Vu aussi le mémoire du défendeur et la sentence rendue par le tribunal le 19 floréal l'an 4me, d'où résulte que la question mue entre les parties est de savoir, si la demanderesse est fondée en sa demande de sursis contre la sommation qui lui a été faite de la part du défendeur pour satisfaire à ladite sentence, à cause du protêt d'appel qu'elle a fait insinuer, le défendeur soutenant le contraire, vu que de l'exécution de ladite sentence il doit acquérir l'alimentation nécessaire à lui et à sa femme ;

Ouï les parties, le commissaire du pouvoir exécutif présent ;

Attendu qu'il est de principe certain, qu'aucun juge ne peut surseoir à son propre jugement ;

Attendu que par la prononciation de la sentence dont s'agit son office est fini ;

Attendu

Attendu que la confection de l'état de biens qu'a ordonné ladite sentence, n'est pas un fait irréparable ;

Attendu encore que par l'effet qui en doit résulter, le défendeur doit parvenir à l'hérédité légitimement échue à son épouse ;

Attendu enfin que cette portion d'hérédité est absolument nécessaire pour soutenir son état dans la société civile, et lui doit servir d'aliment ;

Le tribunal faisant droit, déboute la demanderesse de sa demande du sursis contre le jugement repris ci-dessus, et la condamne aux dépens du procès, à la taxe et modération du tribunal.

Fait en séance du 3 messidor, l'an 4me de la république française, une et indivisible.

Etoient signés : G. F. BUYCK *présid.* ; B. J. HEYSE ; J. B. J. ROELANDTS ; L. DE NECKERE ; *et* TEGELBERG.

121me. SENTENCE.

LE TRIBUNAL CIVIL DU DÉPARTEMENT DE L'ESCAUT,

Vu l'exploit d'ajournement fait à la demande du citoyen *Antoine Wttenhove*, comme autorisé de *Barbe Françoise Maenhaut*, veuve de *Martin Charles Wttenhove*, le 3 prairial l'an 4me, et résumant la procédure entamée par-devant les ci-devans gens de loi du village de Waerschoot, comme demandeur par requête du 26 mars 1793, et conclusions subsidiaires, d'une part, contre le citoyen *George Pihelle*, demeurant au dit Waerschoot, défendeur d'autre ; vu aussi les pièces de ladite procédure et le résumé y ensuivi, d'où résulte que la question mue entre les parties, est de savoir, si le demandeur, en sa dite qualité, est fondé d'exiger à la charge du défendeur la somme fixe pour l'occupation de la maison et cabaret appartenant à sa principale, durant et pendant toute l'occupation dont a joui le défendeur, plus amplement repris au procès, ou bien selon qu'experts expertiseront et détermineront ladite occupation ; le défendeur soutenant le contraire, et alléguant que lui devroit valider et être alloué ce qu'il avoit livré à un bâtiment nouvellement fait par ladite principale du demandeur, et qu'il vouloit sur ce point entrer en liquidation avec elle ;

Ouï le demandeur par son fondé de pouvoir, le notaire *de Clercq*, le défendeur absent, le commissaire du pouvoir exécutif présent ;

Attendu qu'il est constant, tant par l'aveu du défendeur par une enquête formelle, contenant la déposition légale et uniforme des témoins, que le défendeur a joui de l'occupation de la maison et caba-

II. Partie. N°. 3.   C

ret appartenant à la principale du demandeur, pendant le tems repris au procès;

Attendu qu'il est d'usage certain que dans le cas où le propriétaire et le locataire n'ont pas stipulé une somme fixe et déterminée pour l'occupation et jouissance d'un bien, l'estimation des experts doit suppléer et être suivie à cet égard;

Attendu que le défendeur n'a point prouvé d'avoir satisfait ni payé pour ladite occupation;

Attendu qu'il est certain que réconvention ne peut avoir lieu, et que telle est la jurisprudence des arrêts;

Le tribunal faisant droit, donne défaut contre le défendeur, et pour le profit le condamne à payer au demandeur telle somme que des experts à choisir et nommer de part et d'autre, détermineront et fixeront pour l'occupation et jouissance de la maison et cabaret dont est question, à l'intérêt judiciaire depuis l'institution de la cause jusqu'au payement réel et effectif, et aux dépens du procès, à la taxe et modération du tribunal; le défendeur en son entier par action séparée pour ses prétentions reprises au procès là et comme il trouvera convenir, de même qu'à se pourvoir en opposition endéans le tems et conformément à la loi.

Fait en séance du 3 messidor, l'an 4me de la république française, une et indivisible.

Etoient signés : G. F. BUYCK, *présid.*; J. B. J. ROELANDTS; B. J. HEYSE; L. DE NECKERE, *et* TEGELBERG.

Mandons à tout huissier, etc.

122me. SENTENCE.

LE TRIBUNAL CIVIL DU DÉPARTEMENT DE L'ESCAUT,

Vu l'exploit d'ajournement fait à la demande du citoyen *Gisbert François van Outryve*, marchand épicier en la commune de Capryke, demandeur par requête du 9 décembre 1795 (v. st.), présentée au ci-devant gens de loi de la ville de Watervliet, contre le citoyen *Benoît Coppens*, habitant dudit Watervliet, défendeur d'autre; vu aussi l'acte de renvoi du juge de paix du canton de Capryke du 24 floréal, l'an 4me, d'où résulte que la question est de savoir, si le demandeur est fondé d'exiger du défendeur la somme de dix livres, onze escalins, neuf gros, import des achats faits par le défendeur le 29 janvier 1794 (v. st.), à la vente qu'a fait tenir le demandeur, plus amplement repris au procès;

Ouï le demandeur par son fondé de pouvoir le citoyen *de Clercq*, le défendeur non - comparant, le commissaire du pouvoir exécutif présent;

Le tribunal donne défaut, et pour le profit, en déclarant la pour-suite devant le juge de paix inutile et contraire à la loi, indépendemment d'icelle, condamne le défendeur à payer au demandeur ladite somme de dix livres, onze escalins, neuf gros, à l'intérêt judiciaire depuis l'institution de la cause jusqu'au payement parfait, et aux dépens du procès, à la taxe et modération du tribunal, le défendeur entier de se pourvoir en opposition endéans le terme et conformément à la loi;

Fait en séance du 3 messidor, l'an 4me de la république française, une et indivisible.

Etoient signés : G. F. BUYCK, *présid.* ; J. B. J. ROELANDTS ; B. J. HEYSE ; L. DE NECKERE, *et* TEGELBERG.

Mandons à tout huissier, etc.

123me. SENTENCE.

LE TRIBUNAL CIVIL DU DÉPARTEMENT DE L'ESCAUT,

Vu l'exploit d'ajournement en date 30 prairial, l'an 4me de la république française, fait à la demande du citoyen *Philippe Maes*, à Gand, demandeur d'une part, contre le citoyen *Jean Baptiste d'Haeyere*, ex-procureur, aussi à Gand, ajourné d'autre, d'où résulte que la difficulté mue entre les parties, est de savoir, si le demandeur est fondé d'exiger à charge du défendeur que ce dernier soit ordonné de reconnoître le demandeur, du chef de son épouse, comme héritier à la mortuaire de la défunte *Marie de Keyser*, y représentant la branche soi-disante vacante *de Loentjens*, et de désister en faveur du demandeur de ladite succession, avec tous les biens, fruits et émoluments perçus et qu'il a pu percevoir, le tout avec dommages et intérêts et dépens du procès;

Ouï le demandeur, vû la non-comparution du défendeur, le commissaire du pouvoir exécutif présent;

Vu les actes probatoires de la parenté de l'épouse du demandeur à feue *Marie de Keyser*, et que le défendeur n'a pu y contredire;

Attendu qu'il n'a pas satisfait à la promesse judiciairement faite devant deux commissaires à la comparution *ad accordandum*;

Attendu que ce mépris manifeste la mauvaise foi du défendeur à retenir injustement le bien d'autrui;

Attendu que son défaut à produire les pièces à l'instruction du tri
bunal, pour découvrir la conduite entiere qu'a tenu le défendeur pour
s'approprier sans titre ladite succession;

Attendu que la prétendue donation qu'auroit faite la défunte *Marie
de Keyser*, en faveur du défendeur, le 12 janvier 1782, est nulle de plein
droit, par défaut d'acceptation du désir des lois;

Attendu qu'aucune œuvre des lois n'a suivi la prétendue donation,
ce qui engendre une seconde nullité;

Le tribunal faisant droit, donne défaut, et pour le profit condamne
le défendeur à reconnoître le demandeur, du chef de son épouse,
comme héritier à la mortuaire de la défunte *Marie de Keyser*, et de
désister en faveur du demandeur de ladite succession, en conséquence
l'ordonne à rendre compte par-devant deux commissaires du tribunal
le 12 du présent mois, à deux heures de relevée, de toute sa gestion de la succession de feue ladite *Marie de Keyser*, dont il est
question au procès, et d'en laisser suivre au demandeur sa quote-part
dans la prétendue branche vacante *de Loentjens*, à déterminer par
lesdits commissaires, condamne le défendeur en outre en tous dommages et intérêts qu'a souffert et souffrira encore le demandeur,
et aux dépens du procès, à la taxe et modération du tribunal, le
défendeur en son entier de se pourvoir en opposition endéans le
terme et conformément à la loi;

Ordonne que le testament du 5 janvier 1782, de feue *Marie de
Keyser*, filia *Livini*, et la prétendue donation du 12 dito, paraphés
respectivement par le président du tribunal, resteront déposés au
greffe, afin d'y avoir recours au besoin.

Fait en séance du 3 messidor, l'an 4me de la république française,
une et indivisible.

Etoient signés : G. F. Buyck, *présid.*; B. J. Heyse; J. B. J. Roelandts;
L. de Neckere, *et* Tegelberg.

Mandons à tout huissier, etc.

124me. S E N T E N C E.

Le Tribunal civil du Département de l'Escaut,

Vu l'exploit d'ajournement en date 9 floréal, l'an 4me de la république française, fait à la demande du citoyen *Maximilien Joseph van
Branteghem*, demeurant en la commune de Gand, demandeur d'une
part, contre le citoyen *Jean Saint-Raymond*, commandant du premier
bataillon de Finisterre, actuellement en garnison à Bergen-op-Zoom,

ajourné d'autre ; vu aussi le procès verbal du juge de paix de la section des champs, canton de Gand, du 10 floréal, l'an 4me de la république française, d'où résulte que la difficulté mue entre les parties est de savoir, si le demandeur est fondé d'exiger à charge de l'ajourné, la somme de deux cent neuf florins argent courant, tant pour nourriture qu'argent avancé, plus amplement repris par ledit exploit et l'état spécificatif y joint ;

Vu aussi l'acte de renvoi du juge de paix de la section des champs, du 10 floréal, l'an 4me ;

Ouï le demandeur en personne, le défendeur n'ayant point comparu, ni personne en son nom, le commissaire du pouvoir exécutif présent ;

Attendu la non-comparution du défendeur ;

Attendu que le demandeur a vérifié la réalité de sa créance ;

Le tribunal faisant droit, donne défaut, et pour le profit condamne le défendeur à payer au demandeur ladite somme de deux cent neuf florins, argent courant, et aux dépens du procès, à la taxe et modération du tribunal.

Fait en séance du 4 messidor, l'an 4me de la république française, une et indivisible.

Etoient signés : G. F. BUYCK, *présid.* ; F. DANNEELS ; TEGELBERG ; A. J. VAN TIEGHEM, *et* STA.

Mandons à tout huissier, etc.

125me. SENTENCE.

LE TRIBUNAL CIVIL DU DÉPARTEMENT DE L'ESCAUT,

Vu l'exploit d'ajournement en date 18 prairial, l'an 4me de la république française, fait à la demande du citoyen *Emmanuel Veners*, en la commune de Gand, demandeur d'une part, contre le citoyen *F. C. Lefébure*, en la commune d'Assenede, défendeur d'autre ; vu aussi le procès verbal du juge de paix du canton d'Assenede, du 13 floréal, l'an 4me, d'où résulte que la difficulté mue entre les parties est de savoir, si le demandeur est fondé d'exiger à charge du défendeur, que ce dernier rende compte de sa gestion tutélaire, le défendeur alléguant qu'il est prêt et a toujours été prêt de le rendre, soutenant que les co-intéressés y doivent intervenir ;

Ouï les parties, le commissaire du pouvoir exécutif présent ;

Attendu que le défendeur a reconnu son obligation de rendre le compte dont il s'agit ;

Attendu qu'il est fondé de faire intervenir à la reddition dudit compte les co-intéressés du demandeur ;

Attendu qu'il n'incomboit pas au demandeur de contraindre lesdits co-intéressés d'attaquer le défendeur pour l'obtention dudit compte ;

Le tribunal faisant droit, ordonne au défendeur de rendre le compte dont il s'agit, par-devant deux commissaires du tribunal, le 14 du courant, à sept heures du matin, le défendeur en son entier d'y faire intervenir les co-intéressés du demandeur, et le condamne aux dépens du procès, à la taxe et modération du tribunal.

Fait en séance du 4 messidor, l'an 4me de la république française, une et indivisible.

Etoient signés : G. F. Buyck, *présid.* ; J. B. J. Roelandts; P. Botte; A. J. van Tieghem, *et* Tegelberg.

Mandons à tout huissier, etc.

126me. SENTENCE.

Le Tribunal civil du Département de l'Escaut,

Vu l'exploit d'ajournement en date 20 floréal, fait à la demande du citoyen *Antoine Verstuyft*, jardinier, en la commune de Gand, ajournant et néanmoins défendeur d'une part, contre le citoyen *Albert vande Vondele*, marchand d'houille, en la même commune de Gand, ajourné et néanmoins demandeur par plainte, saisie et demande respectivement en date 9 et 11 fructidor, 3me année de la république française, et 3 vendémiaire 4me année, présentée par-devant la ci-devant commission de justice de la Keure de Gand ;

Vu aussi les pièces du procès instruit par-devant la prédite commission de justice de la Keure de Gand, d'où résulte que le différent mu entre les parties, est de savoir, si le demandeur est fondé d'exiger à charge du défendeur la somme de quarante-six florins et trois sols argent courant, pour livraison de charbons, avec l'intérêt judiciaire, le défendeur soutenant le contraire ;

Ouï les parties en personne, le commissaire du pouvoir exécutif présent ;

Attendu qu'il conste par les pièces que le demandeur a produites aux yeux du tribunal, de la réalité de la livraison des charbons reprise au procès ;

Attendu que le défendeur n'en a point prouvé le payement ;

Le tribunal faisant droit, condamne le défendeur de payer au demandeur la somme de quarante-six florins et trois sols argent courant, avec l'intérêt judiciaire depuis l'institution de la cause jusqu'au payement réel et effectif, et aux dépens du procès, à la taxe et modération du tribunal ;

A défaut de tout quoi, décrétant la saisie du demandeur comme bien et duement faite, lui adjuge les biens et objets saisis, afin d'y recouvrir en total ou en partie, tout ce qui est repris au procès, aussi avec dépens.

Fait en séance du 4 messidor, l'an 4me de la république française, une et indivisible.

Etoient signés : G. F. BUYCK, *présid.*; B. J. HEYSE; J. B. J. ROËLANDTS; STA; TEGELBERG, *et* P. BOTTE.

Mandons à tout huissier, etc.

127ᵐᵉ· SENTENCE.

LE TRIBUNAL CIVIL DU DÉPARTEMENT DE L'ESCAUT,

Vu l'exploit d'ajournement du 4 plairial, l'an 4me de la république française, fait à la demande du citoyen *Blaere*, fondé de pouvoir de la citoyenne *Marie Therese Moerman*, demeurant en la commune de Gand, contre le citoyen *Thomas Nelles*, tapissier, demeurant dans ladite commune, défendeur d'autre;

Vu aussi l'acte de renvoi du juge de paix de la section de la réunion, du 6 floréal, 4me année, d'où résulte que la question mue entre les parties, est de savoir, si le demaudeur est fondé d'exiger en sadite qualité à la charge du défendeur le payement de la somme de quatre-vingt-un livres, dix-huit escalins et sept gros, argent de flandre, pour li-vraisons à lui faites de papiers à meubler, plus amplement repris par ledit acte de renvoi;

Ouï le demandeur en personne, le défendeur non-comparant, ni personne pour lui, le commissaire du pouvoir exécutif présent;

Attendu la non-comparution du défendeur;

Attendu qu'il a convenu au bureau de paix et de réconciliation, de la réalité de ladite créance, et qu'il a demandé du tems pour l'acquitter;

Le tribunal faifant droit, donne défaut, et pour le profit, con-damne le défendeur à payer au demandeur en sa dite qualité, la somme de quatre-vingt-un livres, dix-huit escalins et sept gros, argent courant, endéans les trois mois après la date du présent jugement, moyennant de donner caution au demandeur pour ledit objet endéans la huitaine, à peine de décheoir dudit délai, et condamne le défendeur aux dépens du procès, à la taxe et modération du tribunal; le dé-feudeur néanmoins en son entier de se pourvoir en opposition endéans le terme et conformément à la loi.

Fait en séance du 4 messidor, l'an 4me de la république française, une et indivisible.

Etoient signés : G. F. BUYCK, *présid.*; F. DANNEELS; STA; TEGELBERG; P. BOTTE, *et* A. J. VAN TIEGHEM.

128me· SENTENCE.
LE TRIBUNAL CIVIL DU DÉPARTEMENT DE L'ESCAUT,

Vu l'exploit d'ajournement en date 8 prairial, l'an 4me. de la république française, fait à la demande du citoyen *François Wittman*, demandeur d'une part, contre le citoyen *Jacques André Reyniers*, défendeur d'autre; vu aussi le procès verbal du juge de paix du canton de Loochristi, en date 5 floréal, l'an 4me, d'où résulte que la difficulté mue entre les parties est de savoir, si le demandeur est fondé d'exiger à charge du défendeur, que ce dernier rende compte des fruits par lui reçus du bénéfice, dit Jerusalem, que ledit *Wittman* dit avoir possédé depuis le premier juillet 1788 (v. s.); et de lui payer telle somme que par solde de compte le défendeur sera trouvé lui être redevable, le défendeur niant que le demandeur a jamais été bénéficier dudit bénéfice, et alléguant d'avoir rendu ses comptes à feu l'évêque de Gand, vrai bénéficier du même bénéfice;

Ouï les parties, le commissaire du pouvoir exécutif entendu;

Attendu que la chapelle de Jerusalem dont il est question en ce procès, fait partie intégrante de la mense épiscopale de Gand;

Que les évêques de Gand en sont les titulaires perpétuels;

Que d'après le mémoire et les aveux du demandeur, ainsi que d'après l'extrait des régistres du chapître de St. Bavon, joint aux pièces, il est constant que le demandeur n'avoit que la jouissance du temporel dudit bénéfice, et qu'il étoit amovible au gré de l'évêque;

Attendu que les titres du compte produit par le demandeur en cette séance, prouvent eux-mêmes que c'est à l'évêque de Gand, et non au demandeur, que ce compte est rendu;

Qu'enfin c'est du receveur de l'évêque de Gand, et de la masse générale de la mense épiscopale, que le demandeur a touché les fruits de ladite chapelle;

Le tribunal faisant droit, déclare le demandeur non fondé ni recevable dans ses conclusions, le condamne aux fraix et dépens du procès, à la taxe et modération du tribunal, et laisse le demandeur en son entier de poursuivre les prétentions à charge de qui il trouvera convenir.

Fait

Fait en séance du 4 messidor, l'an 4me de la république française, une et indivisible.

Etoient signés : G. F. BUYCK, *présid.*; P. BOTTE; STA; F. DANNEELS; A. J. VAN TIEGHEM, *et* TEGELBERG.

129me. SENTENCE.

LE TRIBUNAL CIVIL DU DÉPARTEMENT DE L'ESCAUT,

En la cause du citoyen *Josse Heye*, demandeur par ajournement en date du 23 prairial dernier, d'une part, le citoyen *Josse Schoekaert*, défendeur d'autre;

Ouï les parties en personne, le commissaire du pouvoir exécutif entendu;

Attendu que le demandeur a déclaré à la séance de ce jour de résilier du serment décisif qu'il a déféré et que le défendeur a accepté;

Attendu que la jurisprudence du pays permet telle résiliation;

Attendu que selon la même jurisprudence, le résiliant doit être condamné à l'amende de vingt-quatre florins;

Attendu que le demandeur a offert de payer les frais afferans à sadite résiliation;

Le tribunal faisant droit, décréte la résiliation du demandeur du serment décisoire ci-dessus reprise, le condamne à l'amende de vingt-quatre florins courant, au profit de la république française et aux dépens afferans audit serment décisoire, à la taxe et modération du tribunal; le demandeur en entier de faire preuve selon la loi.

Fait en séance du 4 messidor, l'an 4me de la république française, une et indivisible.

Etoient signés : G. F. BUYCK, *présid.*; P. BOTTE; F. DANNEELS; A. J. VAN TIEGHEM; STA, *et* TEGELBERG.

130me. SENTENCE.

LE TRIBUNAL CIVIL DU DÉPARTEMENT DE L'ESCAUT,

Vu l'exploit d'ajournement fait à la requête du citoyen *Bernard van de Poele*, demeurant à Eecloo, marié à *Louise Françoise Geernaert*, le 3 prairial dernier, en résumption de la cause intentée par sa requête présentée aux ci-devant bourgemaître et échevins de la ville d'Eecloo le 19 novembre 1794 (v. st.), d'une part, contre la citoyenne *Marie*

Jeanne Toebast, veuve de *Pierre Geernaert*, audit Eecloo, défenderesse d'autre part ;

Vu aussi les pièces de ladite procédure et les mémoires fournis par-devant ce tribunal, d'où résulte que la question mue entre les parties consiste à savoir, si le demandeur est fondé à prétendre, à titre de sa femme, de la défenderesse, sa belle mère, la moitié de la somme de sept cent quatre-vingt livres, douze escalins, trois gros, argent courant, à titre de dot, tout comme les parens de sadite épouse auroient donné à leur fils *Pierre Jean Geernaert*, se fondant sur la disposition des coutumes, qui veuillent l'égalité entre les enfans, et défendent de chérir l'un plus que l'autre ; la défenderesse s'y opposant et soutenant que, quand même l'avance faite audit *Pierre Geernaert*, son fils, devroit être envisagé comme un dot, le demandeur seroit mal fondé d'exiger d'elle pareille somme, d'autant que ni le droit écrit, ni les coutumes de ce pays, ne lui imposent cette obligation ;

Ouï les parties, le demandeur en personne, et le citoyen *Van Crombrugghe*, homme de loi, fondé de pouvoir de la défenderesse, le commissaire du pouvoir exécutif présent ;

Attendu qu'il est constant que la moitié de la somme de sept cent quatre-vingt livres, douze escalins, trois gros a été consolidée dans la succession de feu *Pierre Geernaert*, appréhendée par l'épouse du demandeur ;

Attendu que *Pierre Geernaert* a déja refondu ladite moitié et qu'elle lui a été défalquée à la succession de son dit pere ;

Attendu que, d'après la disposition des coutumes, ledit *Pierre Geernaert* devra laisser défalquer l'autre moitié à la succession future de sa mere ;

Attendu qu'il en résulte que le demandeur est mal fondé de vouloir contraindre dès-à-présent sadite mere à lui faire l'avance tout comme a été fait audit *Pierre Geernaert* ;

Attendu que ladite avance à *Pierre Geernaert*, a été faite pour des considérations pressantes et pour nécessité urgente ;

Le tribunal faisant droit, déclare le demandeur en ses fins et conclusions prises par sadite requête du 19 novembre 1794 (v. st.), non recevable ni fondé, et le condamne aux dépens du procès, à la taxe et modération du tribunal.

Fait en séance du 5 messidor, l'an 4me de la république française, une et indivisible.

Etoient signés : G. F. Buyck, *présid.* ; J. B. J. Roelandts ; F. Danneels ; P. Botte ; Tegelberg, *et* A. J. van Tieghem.

131me. SENTENCE.

LE TRIBUNAL CIVIL DU DÉPARTEMENT DE L'ESCAUT,

Vu l'exploit d'ajournement du 3 prairial, l'an 4me de la république française, fait à la demande du citoyen *Bernard Benoît van de Poele*, marié à *Louise Françoise Geernaert*, habitant de la ville d'Eecloo, y résumant le procès entamé par sa requête présentée aux ci-devant bourguemaître et échevins de ladite ville d'Eecloo, en date 2 octobre 1793 (v. st.), d'une part, contre la citoyenne *Marie Jeanne Toebast*, veuve de *Pierre Geernaert*, aussi demeurant à Eecloo, défenderesse d'autre part ;

Vu aussi les pièces de ladite procédure, et la sentence interlocutoire y rendue par lesdits magistrats d'Eecloo, le 14 octobre 1795;

Vu encore l'écrit servi par le demandeur, le premier décembre 1794, d'où résulte que pendant litige, la défenderesse a fait l'état et inventaire de bien, à quoi le demandeur avoit conclu primitivement par sadite requête du 2 octobre 1793, et qu'il a borné ensuite ses conclusions à des dommages et intérêts qu'il auroit soufferts par le délai et inaction de la défenderesse, et à la condamnation aux dépens du procès et incidens y intervenus, la défenderesse ayant soutenu le contraire, et que le demandeur et sa femme n'auroient pas satisfait à la disposition coutumiere, et fournie à elle les renseignemens qui dépendoient d'eux, plus amplement repris au procès;

Ouï les parties, le demandeur en personne, et la défenderesse par son fondé de pouvoir, le citoyen *van Crombrugge*, le commissaire du pouvoir exécutif présent;

Attendu qu'il est constant que la défenderesse a négligé longtems la confusion de l'état de biens à la mortuaire de feu son mari *Pierre Geernaert*;

Attendu que par ce défaut, le demandeur l'a dû contraindre à ce devoir judiciairement;

Attendu qu'elle y a répondu par des subterfuges et moyens chicaneux;

Attendu enfin, que pendant litige elle a produit ledit état de biens ;

Attendu qu'il en résulte un acquiescement absolu aux conclusions principales du demandeur;

Attendu que les dommages et intérêts, de même que les fraix du procès sont inhérens et accessoires audit acquiscement;

Attendu cependant que les fraix des saisies qu'a fait pratiquer le demandeur sur les biens de la défenderesse, et la demande de décretement d'icelles, faite par son écrit de trois fois supersolutions du 19 juillet 1794, sont absolument frustrataires et médités pour favoriser sa pratique ;

Le tribunal faisant droit, déclare que par la production de l'état de biens qu'a fait la défenderesse, l'objet des conclusions principales du demandeur, prises par sa requête du 2 octobre 1793, sont venus à cesser, condamne la défenderesse aux dommages et intérêts que le demandeur prouvera avoir soufferts, aux dépens du procès et des incidens, à la taxe et modération du tribunal, bien entendu que les frais des saisies que le demandeur a fait interposer sur les biens de la défenderesse et ceux dépendans de sa demande, en décretement desdites saisies, resteront pour le compte particulier du demandeur.

Fait en séance du 5 messidor, l'an 4me de la république française, une et indivisible.

Etoient signés : G. F. BUYCK, *présid.* ; B. J. HEYSE ; J. B. J. ROELANDTS ; A. J. VAN TIEGHEM, *et* TEGELBERG.

132me. SENTENCE.

LE TRIBUNAL CIVIL DU DÉPARTEMENT DE L'ESCAUT,

Vu l'exploit d'ajournement en date 20 germinal, 4me année de la république française, fait à la demande du citoyen *Corneille Maroy* et consors, habitant de cette commune de Gand, ajournant et néanmoins défendeur d'une part, contre la citoyenne *Isabeau Norbertine Debbaut*, aussi en cette commune Gand, ajournée et néanmoins demanderesse par acte de réclame fait par-devant les ci-devant échevins de parchons de cette commune de Gand, le 30 novembre 1785 ;

Vu aussi les pièces du procès servies par-devant lesdits échevins de parchons et la ci-devant commission de justice de parchons de Gand, d'où résulte que la difficulté mue entre les parties est de savoir, si la demanderesse est fondé de réclamer la branche mater-paternelle en la mortuaire de *Pierre de Capmaeker*, décédé en cette commune de Gand, le 5 octobre 1758, le défendeur soutenant le contraire ;

Vu enfin les pièces probatoires des parties ;

Ouï les parties, la demanderesse par son fondé de pouvoir *Geerts*, homme de loi, et le défendeur en personne, assisté du notaire *de Clercq*, le commissaire du pouvoir exécutif présent ;

Attendu que nul ne peut réclamer la succession d'un défunt sans en être l'héritier ;

Attendu que la demanderesse n'a point vérifié le dégré de parenté qui existeroit entre elle et le défunt, dont elle réclame la succession;

Qu'elle n'a point prouvé en être l'héritiere;

Qu'il conste au contraire que *Josse van den Kerckhove*, dont elle prétend descendre, n'est pas le même *Josse van den Kerckhove*, bisaïeul du défunt *Pierre de Capmaeker*;

Le tribunal faisant droit, déclare la demanderesse en ses conclusions prises à charge du défendeur et consors, non recevable ni fondée, la condamne aux dommages et intérêts soufferts et à souffrir par le défendeur et consors, et aux dépens du procès, à la taxe et modération du tribunal.

Fait en séance du 6 messidor, l'an 4me de la république française, une et indivisible.

Etoient signés : B. J. HEYSE, *présid.*; L. DE NECKERE ; J. B. J. ROELANDTS; TEGELBERG, *et* A. J. VAN TIEGHEM.

133me. SENTENCE.

LE TRIBUNAL CIVIL DU DÉPARTEMENT DE L'ESCAUT ,

Vu l'exploit d'ajournement en date 21 floréal, l'an 4me de la république française, fait à la demande du citoyen *Hubert Cathelyn*, et son épouse *Catherine van Doosselaere*, à Wachtebeke, canton de Loochristi, demandeurs d'une part, contre le citoyen *Jacques d'Hert*, fermier audit Wachtebeke, défendeur d'autre; vu aussi le procès verbal du juge de paix du canton de Loochristi, en date 13 floréal, l'an 4me, d'où résulte que la difficulté mue entre les parties est de savoir, si les demandeurs sont fondés d'agir en nullité de la curatelle déférée au demandeur par les ci-devant bourguemaître et échevins de Wachtebeke et Winckel, par leur appointement rendu à la requête de *Marie Verdeghem*, veuve de *Jacques van Doosselaere*, *Pétronille van Doosselaere* et *Laurent Corthals*, ayant en mariage *Sophie van Doosselaere*, respectivement belle-mere, sœurs et beau-frere de l'épouse du demandeur, le 27 février 1794, et d'exiger de ce chef à charge du défendeur qu'il lui soit ordonné de réintégrer dans la maison mortuaire du prédit beau-pere du demandeur, les objets par lui enlevés ou fait enlever, et de remettre tout dans son état primitif quant au demandeur et son épouse, et soit condamné en tous dommages et intérêts soufferts et à souffrir par ladite gestion, et aux dépens du procès, le défendeur soutenant le contraire ;

Ouï les parties, le commissaire du pouvoir exécutif entendu ;

Attendu qu'il conste au procès que la mere et les autres co-héritiers beau-frere et sœurs des demandeurs, ont de concert demandé l'établissement ou nomination d'un curateur à l'effet de gerer les affaires des demandeurs pendant leur absence ;

Attendu que le magistrat de Wachtebeke autorisant le défendeur à la vente des biens communs entre les demandeurs absens et ses co-héritiers susmentionnés, n'a agi que d'après un avis de jurisconsultes, qu'il étoit obligé de suivre, sans pouvoir s'en départir en rien ;

Attendu que le défendeur étant appellé à cette curatelle, n'auroit pu se refuser ni se soustraire à cette charge civique, sans encourir le blâme de la loi, l'indignation du public, et sans mériter les justes reproches des demandeurs eux-mêmes ;

Attendu que toute la gestion du défendeur en sadite qualité de curateur, n'a été qu'un effet nécessaire de la pluralité des vœux des co-intéressés, énoncés dans leur requête sur l'établissement d'un curateur ; que par conséquent, la vente des biens dont il s'agit au procès, étoit un acte auquel le défendeur étoit tenu de concourir, et que les demandeurs eux-mêmes s'ils avoient été présens, n'auroient pu ni empêcher ni refuser, puisque cette vente avoit pour principal but la dissolution d'une communion ou société de biens entre plusieurs co-héritiers ;

Attendu que les demandeurs n'ont aucunement fait voir que le défendeur auroit geré leurs affaires avec infidélité ou à leur détriment et désavantage,

Attendu d'ailleurs que le premier demandeur en recevant du défendeur la somme de quatre-vingt-six livres de gros, dix-sept escalins et deux gros, mentionnée dans sa quittance du 11 septembre 1794, enrégistrée à Gand le 7 prairial dernier, pour solde de ce qui lui revenoit à la mortuaire de son beau-pere *Jacques van Doosselaere*, sans faire aucune protestation ni reserve, a suffissamment approuvé et agréé la qualité du défendeur, ainsi que la vente d'où lesdits déniers étoient provenus en grande partie ;

Attendu finalement, que la curatelle dont il s'agit au procès, n'étoit aucunement de la cathégorie de celles qui exigent les formalités prescrites par nos coutumes, pour l'établissement d'un curateur à la personne et aux biens, mais est uniquement une curatelle ou dénomination d'un gerant d'affaires momentanement créé, pour un fait déterminé et désigné par le juge compétant ;

Le tribunal faisant droit, déclare les demandeurs en leurs conclusions prises à charge du défendeur, tant devant ce tribunal que de-

vant le juge de paix du canton de Loochristi, non recevables ni
fondés, et les condamne aux dépens du procès, à la taxe et modération du tribunal, y compris ceux engendrés par-devant ledit juge
de paix.

Fait en séance du 6 messidor, l'an 4me de la république française,
une et indivisible.

Etoient signés : G. F. BUYCK, *présid.* ; J. B. J. ROELANDTS ; F. DAN-
NEELS ; A. J. VAN TIEGHEM, *et* TEGELBERG.

134me. SENTENCE.

LE TRIBUNAL CIVIL DU DÉPARTEMENT DE L'ESCAUT,

Vu l'exploit d'ajournement en date 4 prairial, l'an 4me de la république française, fait à la demande du citoyen *Joseph de Ghendt*, fondé
de pouvoir de *Jacques de Ghendt*, son pere, à Tamise, demandeur
d'une part, contre le citoyen *Albert Desiré Xavier de Kerckhove*, habitant de la commune de Gand, défendeur d'autre ; vu aussi le procès-
verbal du juge de paix de la fraternité, canton de Gand, en date
13 floréal, l'an 4me, d'où résulte que la difficulté mue entre les parties est de savoir, si le demandeur est fondé d'exiger à charge du
défendeur la somme de trois mille cinq cent soixante - huit florins,
argent courant, pour sept mois et treize jours de loyer d'un bateau,
et soixante-huit florins, dix-huit sols, pour débourses pendant le voyage
à Nimwege, le défendeur soutenant devoir passer parmi payant le
loyer à raison de seize florins par jour, depuis le 18 juillet 1794
(v. st.) jusqu'au 15 août suivant ;

Ouï les parties, par leurs fondés de pouvoirs, le commissaire du
pouvoir exécutif présent ;

Attendu que les parties de leur propre aveu sont d'accord que le
prédit bateau a été loué à raison de seize florins par jour pour le
transport de la famille du défendeur et ses effets, où il le jugeroit
convenable ;

Attendu que par l'aveu des mêmes parties, il est constant que la
destination du prédit bateau a été à Nimwege, et que le même bateau y a été déchargé le 17 juillet 1794 et mis en liberté ;

Attendu que depuis cette époque il a dépendu du demandeur de
retourner à sa destination à Tamise ;

Attendu que pour le retour un tems depuis le 18 juillet 1794 jusqu'au 15 août suivant est plus que suffisant ;

Attendu qu'il est notoire qu'il étoit libre au demandeur que rien n'a pu empêcher le retour du demandeur avec son bateau à Tamise, vu qu'en tout tems les bateaux ont passé ;

Attendu finalement que le défendeur a toujours offert et offre encore au demandeur de payer le prédit loyer du bateau à raison de seize florins par jour , depuis le 18 juillet 1794 prédit., jusqu'à y compris le 15 août suivant, portant la somme de quatre cent soixante-quatre florins, argent courant et les fraix portant la somme de soixante-huit florins , dix-huit sols ;

Le tribunal faisant droit, déclare que le défendeur doit passer parmi son prédit offre de payer au demandeur la somme de quatre cent soixante-quatre florins argent courant de brabant, et celle de soixante-huit florins , dix-huit sols , le demandeur en ses conclusions ultérieures non recevable ni fondé , condamne le demandeur aux dépens du procès , à la taxe et modération du tribunal.

Fait en séance du 6 messidor, l'an 4me de la république française , une et indivisible.

Etoient signés : G. F. Buyck, *présid.* ; F. Danneels; J. B. J. Roelandts; A. J. van Tieghem , *et* Tegelberg.

<h2 align="center">135me. SENTENCE.</h2>

<h3 align="center">Le Tribunal civil du Département de l'Escaut,</h3>

Vu l'exploit d'ajournement en date 15 floréal , l'an 4me de la république française , fait à la demande du citoyen *Bernard François Grenier*, à Gand, demandeur d'une part, contre le citoyen *Jacques de Bisschop*, aussi à Gand, défendeur d'autre ; vu aussi le procès verbal du juge de paix de la section de la liberté , canton de Gand, en date 9 floréal , l'an 4me, d'où résulte que la difficulté mue entre les parties est de savoir , si le demandeur est fondé d'exiger à charge du défendeur la somme de dix-sept livres, un escalin, trois gros argent courant, le défendeur opposant qu'il n'auroit pas contracté avec le demandeur, et que la prescription biennale devoit avoir lieu ;

Ouï les parties en personne, le commissaire du pouvoir exécutif présent ;

Attendu que le défendeur par sa lettre écrite au demandeur le 24 février 1783, a reconnu formellement la dette dont il s'agit ;

Attendu que le défendeur a reconnu encore la réalité de ladite lettre et de sa signature, à la séance de ce jour ;

Attendu que la premiere exception préposée par le défendeur, que le demandeur ne seroit pas son créancier, contraste évidemment sadite reconnoissance et manifeste sa mauvaise foi ;

Attendu

Attendu que la seconde exception de prescription biennale est inadmissible au cas présent et contrarie les principes d'équité et de justice;

Attendu enfin que les lois sévissent contre tout plaideur de mauvaise foi;

Le tribunal faisant droit, condamne le défendeur à payer au demandeur la somme de dix-sept livres, un escalin et trois gros argent courant, à l'intérêt judiciaire depuis l'institution de la cause jusqu'au payement parfait, et aux dépens du procès, à la taxe et modération du tribunal.

Fait en séance du 6 messidor, l'an 4me de la république française, une et indivisible.

Etoient signés : G. F. BUYCK, *présid.*; DE MEYERE; J. B. J. ROELANDTS; TEGELBERG, *et* A. J. VAN TIEGHEM.

Mandons à tout huissier, etc.

136me. SENTENCE.

LE TRIBUNAL CIVIL DU DÉPARTEMENT DE L'ESCAUT,

Vu l'exploit d'ajournement en date 21 prairial dernier, fait à la demande du citoyen *André Charles Joseph d'Aubry*, à Gand, demandeur d'une part, contre le citoyen *Jean Martin Delbour*, aussi à Gand, défendeur d'autre;

Vu aussi le procès verbal du juge de paix, section de la réunion de Gand, en date 15 prairial susdit, de tout quoi résulte que la difficulté mue entre les parties est de savoir, si le demandeur est fondé à exiger du défendeur la somme de cent-cinq livres de gros, argent fort de brabant, pour trois années d'intérêts, à défaut de prompt payement d'une rente de trente-cinq livres de gros de change par an, la derniere échue le 9 juillet 1795, le défendeur opposant qu'il a acquitté cette rente, tant en capital qu'en arriérages par son insinuation faite en assignats au pair le 14 juillet 1795 (v. st.), correspondant avec le 26 messidor, 3me année de la république;

Ouï le demandeur par son autorisé le citoyen *van Toers*, et le défendeur par son épouse, de lui pareillement commise;

Attendu qu'il est constant que le défendeur doit au demandeur, du chef de son épouse, une rente de trente cinq livres de gros par an, argent de change, et que le défendeur n'a pu prouver avoir acquitté les trois dernieres années de cette rente, autrement que par voie de l'insinuation ci-dessus réclamée;

Attendu aussi que parties sont d'accord que cette insinuation et la

II. Partie. N°. 5.   E

rétro-insinuation ont eu lieu, et qu'ainsi les assignats dont il s'agit, se trouvent vers le défendeur;

Attendu finalement, que la rente dont il s'agit est créée avant la seconde entrée des troupes républicaines dans les neuf départemens réunis, et que par l'arrêté du 12 thermidor, 3me année, les payemens en assignats au pair de ces sortes de dettes sont défendus, avec effet rétroactif au 9 prairial;

Le tribunal faisant droit, condamne le défendeur à payer au demandeur, dans le terme de neuf décades, la somme de cent-cinq livres de gros, argent de change de brabant, pour et à cause de trois années d'intérêt de rente repris au procès, avec l'intérêt judiciaire depuis le commencement de la cause jusqu'au complet payement, et aux frais et dépens du procès, à la taxe et modération du tribunal.

Fait en séance du 6 messidor, l'an 4me de la république française, une et indivisible.

Etoient signés: G. F. Buyck, *présid.*; de Meyere; Tegelberg; A. J. van Tieghem, *et* J. B. J. Roelandts.

137me. SENTENCE.

Le Tribunal civil du Département de l'Escaut,

En la cause du citoyen *Jean Simphorien Toebast*, négociant à Eecloo, demandeur par exploit d'ajournement du 30 prairial dernier, et par requête du 16 septembre 1795 (v. s.), d'une part,

Contre *Jacques de Munck*, demeurant au Sas-de-Gand, défendeur d'autre part;

Parties ouïes, le commissaire du pouvoir exécutif présent;

Vu la soumission du défendeur de la dette dont il s'agit;

Le tribunal condamne le défendeur à payer au demandeur endéans le six semaines, la somme de cinq mille sept cent quatre-vingt-dix florins, onze sols, neuf déniers courant, import de la lettre de change du 3 avril 1789, joint au procès, à l'intérêt judiciaire depuis l'institution de la cause jusqu'au payement parfait, et aux dépens du procès, à la taxe et modération du tribunal;

A défaut de ce, décrétant la saisie du demandeur comme bien et duement faite, adjuge au demandeur les biens saisis, pour y recouvrer en total ou en partie tout ce qui est repris ci-dessus, aussi avec dépens.

Fait en séance du 6 messidor, l'an 4me de la république française, une et indivisible.

Etoient signés : G. F. Buyck, *présid.*; J. B. J. Roelandts; A. J. van Tieghem; P. Botte, *et* Tegelberg.

Mandons à tout huissier, etc.

138me. SENTENCE.

Le Tribunal civil du Département de l'Escaut,

Vu l'exploit d'ajournement en date 25 floréal, l'an 4me de la république française, fait à la requête du citoyen *Joseph vander Linden-Cannoods*, négociant à Gand, demandeur et résumant la poursuite entamée devant la commission de justice de la municipalité de la Keure de la ville de Gand, par ajournement et demande du 12 frimaire, an 4me, d'une part, contre le citoyen *George van den Berghe* et sœurs, merciers en ladite ville de Gand, défendeurs d'autre ;

Vu aussi la procédure instruite par-devant ladite municipalité de Gand, d'où résulte que la question mue entre les parties est de savoir, si le demandeur est fondé de prétendre le payement de la somme de deux cent sept florins, quatre sols, six déniers courant, pour vente et livraison de marchandises faites aux défendeurs, conformément à la facture du 1 août 1793 (v, s.) jointe au procès ; le défendeur soutenant le contraire, et d'avoir satisfait à ladite créance en assignats au pair le 1 août 1794 ;

Ouï les parties en personne, le commissaire du pouvoir exécutif entendu ;

Attendu que les défendeurs dans la comparution pour accord, en présence des commissaires de ce tribunal, ont convenu de la justice de la prétention du demandeur, en lui offrant le montant de la somme réclamée en argent comptant et sur la main ;

Le tribunal faisant droit, décréte l'offre des défendeurs, leur ordonne d'y satisfaire promptement, les condamne à l'intérêt judiciaire de la dite somme, depuis l'institution de la cause jusqu'au payement effectif, ainsi qu'aux frais et dépens du procès, à la taxe et modération du tribunal.

Fait en séance du 6 messidor, l'an 4me de la république française, une et indivisible.

Etoient signés : G. F. Buyck, *présid.*; P. Botte; J. B. J. Roelandts; A. J. van Tieghem, *et* Tegelberg.

Mandons à tout huissier, etc.

139me. SENTENCE.

LE TRIBUNAL CIVIL DU DÉPARTEMENT DE L'ESCAUT,

Vu l'exploit d'ajournement en date 27 prairial, l'an 4me de la république française, fait à la demande du citoyen *Augustin Colens*, directeur de la maison des femmes folles en la commune de Gand, demandeur d'une part, contre le citoyen *Charles van Deurpe*, ci-devant procureur d'office de la même commune, défendeur d'autre;

Vu aussi les pieces de la procédure entamée par devant la commission de justice de la municipalité de la Keure de Gand, par requête du 13 octobre 1795, d'où résulte que la difficulté mue entre les parties est de savoir, si le demandeur est fondé d'exiger à charge du défendeur la somme de quarante-un livres, douze escalins, un gros courant, pour alimentation et nourriture d'une femme incensée, colloquée par ordre du défendeur depuis le 26 mai 1793, jusqu'au 23 frimaire, 3me année républicaine, le défendeur soutenant le contraire, et de n'avoir donné le prédit ordre qu'en qualité de procureur d'office;

Ouï les parties, le commissaire du pouvoir exécutif présent;

Attendu que le défendeur a convenu à la séance de ce jour d'avoir donné l'ordre au demandeur de recevoir dans la maison des femmes folles une personne imbécille;

Attendu qu'en vertu de cet ordre, le demandeur a reçu ladite personne, et lui a fourni l'alimentation et entretien nécessaires;

Attendu que l'ordre susdit n'a été accompagné d'aucune mesure judiciaire, soit avant, soit après la collocation, à quoi cependant le défendeur s'est obligé lui-même par son ordre;

Attendu que le défendeur interpellé d'office à la production de cette mesure judiciaire, a déclaré ne pouvoir y satisfaire;

Attendu qu'un geolier n'est pas un homme de loi, et qu'il ne lui est pas même permis de délibérer sur la justice ou injustice d'une collocation, qu'un homme public, comme étoit le défendeur, lui ordonnoit, et que par conséquent l'exception du défendeur est inadmissible;

Attendu enfin que ladite collocation a durée jusqu'au moment que la personne susdite a été relâchée par ordre du comité de surveillance, sans que le défendeur jusqu'à cette époque ait fait la moindre démarche pour en débarasser le demandeur;

Le tribunal faisant droit, sans appel, condamne le défendeur à payer au demandeur la somme de quarante et un livres de gros, douze escalins, un gros, argent courant de flandre, et à l'intérêt judiciaire

depuis l'institution de la cause jusqu'au payement accompli, et aux dépens du procès, à la taxe et modération du tribunal.

Fait en séance du 6 messidor, l'an 4me de la république française,
une et indivisible.

Étoient signés : G. F. Buyck, *présid.*; P. Botte; A. J. van Tieghem;
J. B. J. Roelandts, *et* Tegelberg.

140me. SENTENCE.

Le Tribunal civil du Département de l'Escaut,

Vu l'exploit d'ajournement en date 1 messidor, l'an 4me de la
république française, fait à la demande du citoyen *Jean Speelman*,
à Gand, demandeur d'une part, contre le citoyen *Gerard Verleeken*,
à Evergem, défendeur d'autre; vu aussi le procès verbal du juge de
paix du canton de Sleydinge, en date 28 prairial, l'an 4me de la république française, d'où résulte que la difficulté mue entre les parties
est de savoir, si le demandeur est fondé d'exiger à charge du défendeur
qu'il soit condamné à se départir de toute occupation ultérieure de
la partie de terre, reprise par l'acte d'ajournement susdit, et aux dommages et intérêts soufferts et à souffrir par ladite occupation, depuis
noël 1795 ; et 2°. d'exiger le payement au dire des experts, pour
l'occupation qu'a prise le défendeur de ladite partie de terre, pendant
deux années consécutives, le défendeur s'y opposant et alléguant la
reconduction tacite ;

Ouï les parties, le commissaire du pouvoir exécutif présent ;

Attendu que le demandeur a fait insinuer en tems et forme dues,
au défendeur l'interdiction de toute occupation ultérieure de la partie de terre, ci-devant prairie, dont il s'agit, jusqu'à la veille de
noël 1795 ;

Attendu que le demandeur a invité le défendeur, par acte du 3
avril 1796, de procéder à la prisée des engrais, ensemensage et
autres droits de fermier, par experts à choisir de part et d'autre ;

Attendu que le défendeur s'est opiniâtré à ne pas obtempérer à
ces interdiction et invitation ;

Le tribunal faisant droit, condamne le défendeur à se départir de
toute occupation ultérieure de la partie de terre dont il s'agit, et
en tous frais, dommages et intérêts soufferts et à souffrir par le demandeur, à cause que le défendeur ne s'est pas abstenu de ladite
occupation depuis noël 1795, condamne le défendeur ultérieurement
à payer au demandeur telle somme que sera fixée par des experts

à nommer de part et d'autre, pour l'occupation que le défendeur a pris de ladite partie de terre, durant le terme de deux années consécutives, la derniere échue noël 1795, et aux dépens du procès, à la taxe et modération du tribunal.

Fait en séance du 6 messidor, l'an 4me de la république française, une et indivisible.

Etoient signés : G. F. BUYCK, *présid.* ; J. B. J. ROELANDTS; P. BOTTE; A. J. VAN TIEGHEM, *et* TEGELBERG.

Mandons à tout huissier, etc.

141me. SENTENCE.

LE TRIBUNAL CIVIL DU DÉPARTEMENT DE L'ESCAUT,

En la cause de *Jean Baptiste Gysbrecht*, habitant de la commune de Wetteren, ajourné d'une part,

Contre la citoyenne *Bruyneel*, habitante de la commune de Gand, demanderesse par ajournement du 23 germinal dernier, en matiere de dommages et intérêts ;

Ouï les parties, le commissaire du pouvoir exécutif présent;

Attendu que le jugement du 18 germinal dernier adjuge définitivement les dommages et intéréts qu'auroit soufferts la demanderesse du chef y repris ;

Attendu qu'en conséquence ces intérêts ne se bornent point á un intérêt fixé au judiciaire, relativement au prix d'achat du cheval tué ;

Attendu que le défendeur a posé que la demanderesse se seroit servi du cheval de son frere, et qu'ainsi son négoce n'auroit point été interrompu ;

Attendu que, même cela étant, le défendeur auroit dû en offrir le dédommagement ;

Le tribunal faisant droit, déboute le défendeur de son offre du payement de l'intérêt judiciaire, lui ordonne de contester pertinemment le contenu du libel à la séance du 16 du présent mois de la demanderesse, et le condamne aux frais de l'incident, à la taxe et modération du tribunal.

Fait en séance du 6 messidor, l'an 4me de la république française, une et indivisible.

Etoient signés : G. F. BUYCK, *présid.*; J. B. J. ROELANDTS; A. J. VAN TIEGHEM; P. BOTTE, *et* TEGELBERG.

142me. SENTENCE.

LE TRIBUNAL CIVIL DU DÉPARTEMENT DE L'ESCAUT,

Vu l'exploit d'ajournement en date 7 prairial dernier, et la requête présentée au ci-devant conseil en Flandre le 6 mars 1794, et renvoyée en après par-devant les ci-devant échevins de la Keure de cette commune, par acte extrait du rôle du 21 mars suivant, entre *Philippe François Mertens*, négociant, joint à lui pour autant que de besoin, *Bernard Rogiers*, habitans de cette commune, demandeurs d'une part, et *Charles de Bisschop*, médecin, aussi dans cette commune, défendeur d'autre ;

Vu aussi les pièces du procès, servies par-devant les mêmes échevins, et les résumés de la cause, servis par lesdites parties par-devant ce tribunal, d'où il résulte que la difficulté mue entre les parties est de savoir : 1°. si les demandeurs sont en droit d'exiger du défendeur le payement, selon l'estimation d'experts, du loyer d'une maison appartenante aux demandeurs, et occupée par le défendeur depuis le 13 février 1792 jusqu'au 18 juillet 1795, sans s'être accordés sur les conditions du bail : 2°. si les demandeurs sont en droit d'exiger du défendeur les intérêts judiciaires d'une somme de quatre livres, sept escalins, un gros courant, insinuée par le défendeur aux demandeurs, conjointement avec sa duplique, en remboursement des débourses faites à la réquisition du premier demandeur, pour frais du blanchissage et nettoyement de la maison susdite ;

Ouï les parties, les demandeurs par leur fondé de pouvoir le citoyen *de Waele*, le défendeur par le citoyen *de Clercq* ;

Le commissaire du pouvoir exécutif entendu ;

Attendu qu'à l'égard du premier membre les demandeurs ont prouvé par l'aveu judiciel du défendeur, que celui-ci avoit réellement occupé leur maison depuis le 13 février 1792 jusqu'au 18 juillet 1795 ;

Attendu que le défendeur s'est constamment refusé à signer le projet de bail présenté par le premier demandeur, en alléguant que le projet ne contenoit point les vraies conditions sous lesquelles parties avoient contracté ;

Attendu que, de l'aveu du demandeur, le payement de la première année de loyer de la maison susdite, lui a été faite par le défendeur à raison de trente-deux livres de gros, et deux livres de gros en restitution des vingtiemes ;

Attendu que le payement susdit, formant un prix conventionel entre parties, la valeur du loyer de ladite maison ne doit point se fixer par estimation d'experts ;

Attendu qu'au second membre de contestation, les demandeurs ont agi par leur requête introductive sur une spécification tellement obscure et exagérée, qu'ils n'ont point hésité de réduire cette spécification par leur écrit de réplique de la somme de dix livres, dix escalins, neuf gros, à celle de quatre livres, sept escalins, un gros;

Attendu que le défendeur leur a fait insinuer cette somme, ainsi modifiée, avec son écrit de duplique, immédiatement subséquent, parmi quoi le second objet de contestation est venu à cesser et toute demeure judiciaire prévenue;

Attendu qu'il ne peut écheoir matiere à aucun intérêt judiciaire, là où il n'y a pas de délai moral et refus de payement;

Le tribunal faisant droit, condamne le défendeur à payer aux demandeurs le loyer de leur maison, pour l'occupation faite par lui depuis le 13 février 1793 jusqu'au 6 mars 1794, à raison de trente-deux livres de gros courant, et deux livres de gros, en restitutiou des vingtiemes, par an; condamne en outre le défendeur à tous dommages et intérêts, soufferts par les demandeurs, depuis le 6 mars 1794, jour de l'interpellation judiciaire sur l'évacuation, jusqu'au 18 juillet, jour de l'évacuation effective de la susdite maison;

Et faifant droit sur le second membre de la contestation, déclare les demandeurs non recevables ni fondés dans leur demande d'intérêt judiciaire de la somme de quatre livres, sept escalins, un gros, plus amplement reprise au procès par écrit, compense les frais et dépens du procès, à la taxe et modération du tribunal.

Fait en séance du 7 messidor, l'an 4me de la république française, une et indivisible.

Etoient signés: G. F. BUYCK, *présid.*; J. B. J. ROELANDTS; A. J. VAN TIEGHEM; P. BOTTE, *et* TEGELBERG.

Mandons à tout huissier, etc.

143me. SENTENCE.

LE TRIBUNAL CIVIL DU DÉPARTEMENT DE L'ESCAUT,

Vu l'exploit d'ajournement, fait à la demande du citoyen *Ferdinand Bernard de Groote*, habitant et marguillier du village de Vlierzeele, pays d'Alost, en date 12 floréal, l'an 4me de la république française, à la charge du citoyen *Constantin Benoît van Coppenolle*, curé dudit village, ajourné; vu aussi l'acte de renvoy du juge de paix de la section de l'égalité du 11 floréal susdit, et les pièces y rappellées, d'où résulte que la question mue entre les parties est de savoir, si le demandeur

mandeur est fondé dans ses conclusions tendantes, premierement à faire condamner le défendeur à restituer au demandeur tout ce qu'il a reçu par voie de fait et retenu des émolumens appartenants au demandeur, du chef de son état de marguillier du village de Vlierzeele, conformément à l'acte et commission donnée de la part du vicariat de l'évêché de Gand, en date 18 septembre 1795, l'acte de prise de possession du 19 du même mois; secondement à ce que le défendeur ait à lui laisser librement jouir de tous les revenus et émolumens concernant ladite place de marguillier; troisiemement à ce que le défendeur soit condamné à tous frais, dommages et intérêts soufferts et à souffrir, par la publication qu'il a fait faire à l'issue de la premiere et grande messe le 8 décembre 1795, et à ce qu'il soit permis au demandeur de faire afficher, où bon lui semblera, la sentence du tribunal à intervenir jusqu'au nombre de cent exemplaires, pour reparer l'injure et affront qu'a occasionné au demandeur une publication aussi singuliere que diffamante, le tout plus amplement repris par le susdit acte de renvoy;

Ouï le demandeur en personne, le commissaire du pouvoir exécutif entendu, le défendeur n'ayant point comparu, ni personne en son nom;

Attendu que le demandeur est légalement pourvu de la place de marguillier du village de Vlierzeele;

Attendu que la possession réelle et actuelle en est ensuivie d'après les formes et solemnités canoniques;

Attendu qu'il y concourre encore l'acte déclaratoire des ci-devant bourguemaître, échevins et notables du village de Vlierzeele, du 7 septembre 1795, qui affirment la bonne conduite et l'exactitude avec laquelle le demandeur à desservi ladite place de marguillier depuis environ quatre ans, sous les ordres du défendeur, comme curé, à l'appaisement entier de toute la communauté;

Attendu que cet acte prouve aussi la capacité et l'intelligence du demandeur à toucher l'orgue de l'église paroissiale, de même que son zèle et assiduité à instruire la jeunesse du village à lire et écrire;

Attendu que par conséquent le demandeur auroit dû jouir paisiblement des profits casuels et émolumens attachés à l'exercice de sa place;

Attendu que ce sont les paroles divines qui l'ont ainsi voulu par le texte apostolique, portant, *que celui qui sert l'autel, doit vivre de l'autel*;

Attendu que tout excès privé et voie de fait est défendu sévérement;

Attendu qu'il n'a pas été permis au défendeur de dépouiller le demandeur du fruit de ses travaux et peines, des émolumens attachés à l'exercice de sa place de marguillier et de se les approprier en contravention manifeste à l'acte de collation du vicariat de Gand, qui les alloue expressément au demandeur;

Attendu qu'il est injuste que le défendeur a fait publier le 7 décembre 1795, à la sortie du peuple, à l'issue de la premiere et grande messe, qu'il interdisoit à ses paroissiens de payer au demandeur les casuels et émolumens qui lui compétent comme marguillier;

D'ordonner qu'on devoit les compter directement à lui défendeur, et qu'il promettoit garantie envers tous ceux que le défendeur auroit provoqué en justice à ce sujet;

Attendu que telle publication a dû faire rejaillir sur le demandeur une diffamation odieuse et scandaleuse, qu'auroit dû sagement prévenir un chef de l'église catholique et curé;

Le tribunal donne défaut contre le défendeur, et faisant droit, maintient le demandeur dans l'exercice des fonctions de marguillier du village de Vlierzeele, déclare qu'il est en droit de jouir exclusivement de tous les profits, émolumens et casuels quelconques y inhérens, annulle l'acte et publication contraire du 7 décembre 1795, et interdit, au nom de la loi, à tous ceux qu'il peut appartenir, d'y donner aucune suite sous leur responsabilité personnelle, condamne le défendeur aux dommages et intérêts infligés de ce chef au demandeur, au surplus ordonne au défendeur de rendre compte par-devant deux commissaires du tribunal, à la salle des délibérations du 22 du présent mois messidor, à sept heures du matin, en présence du demandeur, des profits, émolumens et casuels qu'il s'est appropriés au préjudice du demandeur et de son état de marguillier susdit, et condamne le défendeur aux dépens du procès, à la taxe et modération du tribunal; permet au demandeur, en réparation de l'injure et diffamation ci-dessus reprises, de faire imprimer le présent jugement jusqu'au nombre de cent exemplaires, et de les faire placarder et afficher par-tout où bon lui semblera, aux frais du défendeur, le défendeur néanmoins en son entier à se pourvoir en opposition endéans le terme et conformément à la loi,

Fait en séance du 7 messidor, l'an 4me de la république française, une et indivisible.

Etoient signés : G. F. BUYCK, *présid.* ; P. BOTTE ; J. B. J. ROELANDTS ; TEGELBERG, *et* A. J. VAN TIEGHEM.

144me. SENTENCE.

LE TRIBUNAL CIVIL DU DÉPARTEMENT DE L'ESCAUT,

Vu l'exploit d'ajournement en date 18 prairial, l'an 4me de la république française, fait à la demande du citoyen *Philippe Jean van den Bossche*, en qualité de receveur du chapître de St. Bavon à Gand, demandeur d'une part, contre le citoyen *Pierre van Loo*, fils de *Livin*, à Wachtebeke, défendeur d'autre ; vu aussi le procès-verbal du juge de paix du canton de Loochristi en date 2 floréal l'an 4me, d'où résulte que la difficulté mue entre les parties est de savoir, si le demandeur, en sa dite qualité, est fondé d'exiger à charge du défendeur la somme de septante-un livres, neuf escalins, trois déniers argent courant de Brabant, pour achat des herbes, fait par ledit van *Loo*, le 31 août 1795 (v. st.), avec l'intérêt judiciaire et les frais et dépens de la poursuite ; le défendeur concluant à congé de tribunal, se fondant sur ce que le chapître de St. Bavon seroit supprimé, et avouant ledit achat ;

Ouï les parties par leurs fondés de pouvoir les citoyens *de Clercq* et *le Begue*, le commissaire du pouvoir exécutif entendu ;

Attendu que le défendeur avoue qu'il doit au chapître de St. Bavon la somme reprise au procès ;

Attendu qu'aucune loi n'a supprimé ledit chapître et ne lui a interdit l'administration de ses biens ;

Attendu encore qu'il résulte dudit procès verbal que le défendeur n'a pas comparu devant le juge de paix, nonobstant qu'il y étoit duement appellé, et par ainsi il a encouru la peine de trente livres tournois, portée par l'art. VII du paragraphe VI du titre X des lois et arrêtés sur l'organisation de l'ordre judiciaire en matiere civile ;

Le tribunal faisant droit en dernier ressort, sans avoir égard à l'exception du défendeur, le condamne à payer au demandeur, en sa dite qualité de receveur du chapître de St. Bavon, la somme de soixante-un livres de gros, neuf escalins, trois deniers, argent courant de brabant, à l'intérêt judiciaire, dès l'institution de la cause jusqu'au payement effectif, et aux dépens du procès, à la taxe et modération du tribunal ;

Condamne en outre le défendeur en l'amende de trente livres tournois, ci-dessus reprise, au profit de la république, payable dans la caisse du receveur de ce département.

Fait en séance du 7 messidor, l'an 4me de la république française ; une et indivisible.

Etoient signés : B. J. HEYSE, *présid.* ; DE MEYERE ; J. B. J. ROE-LANDTS ; A. J. VAN TIEGHEM, *et* STA.

Mandons à tout huissier, etc.

145me. SENTENCE.

LE TRIBUNAL CIVIL DU DÉPARTEMENT DE L'ESCAUT,

Vu l'exploit d'ajournement en date 18 prairial, l'an 4me de la république française, fait à la demande du citoyen *Philippe Jean van den Bossche*, en qualité de receveur du chapître de St. Bavon, à Gand, demandeur d'une part, contre le citoyen *Emanuel van de Calsyde*, à Wachtebeke, défendeur d'autre ; vu aussi le procès verbal du juge de paix du canton de Loochristi, en date 2 floréal, l'an 4me, d'où résulte que la difficulté mue entre les parties est de savoir, si le demandeur, en sadite qualité, est fondé d'exiger à charge du défendeur la somme de cent vingt-neuf livres, deux escalins, neuf gros, deux déniers, argent courant de brabant, pour achat des herbes fait par ledit *van de Calsyde* en l'année 1795 (v. st.), ensemble l'intérêt judiciaire et les frais et dépens de la poursuite; le défendeur concluant à congé de tribunal, se fondant sur ce que la chapître de St. Bavon seroit supprimé, et avouant ledit achat;

Ouï les parties par leurs fondés de pouvoir les citoyens *de Clercq* et *le Begue*, le commissaire du pouvoir exécutif entendu;

Attendu que le défendeur avoue qu'il doit au chapître de St. Bavon la somme reprise au procès;

Attendu qu'aucune loi n'a supprimé ledit chapître et ne lui a interdit l'administration de ses biens;

Attendu encore qu'il résulte dudit procès-verbal que le défendeur n'a pas comparu devant le juge de paix, nonobstant qu'il y étoit duement appellé, et que par ainsi il a encouru la peine de 30 livres tournois, portée par l'art. VII du paragraphe VI du titre X des lois et arrêtés sur l'organisation de l'ordre judiciaire en matiere civile.

Le tribunal faisant droit, sans avoir égard à l'exception du défendeur, le condamne à payer au demandeur, en sadite qualité de receveur du chapître de St. Bavon, la somme de cent vingt-neuf livres de gros, deux escalins, neuf gros, deux déniers, argent courant de brabant, à l'intérêt judiciaire dès l'institution de la cause jusqu'au payement effectif, et aux dépens du procès, à la taxe et modération du tribunal;

Condamne en outre le défendeur en l'amende de trente livres tournois, ci-dessus reprise, au profit de la république, payable dans la caisse du receveur de ce département.

Fait en séance du 7 messidor, l'an 4me de la république française, une et indivisible.

Etoient signés : B. J. HEYSE, *présid.* ; DE MEYERE ; J. B. J. ROELANDTS ; A. J. VAN TIEGHEM, *et* STA.   Mandons à tout huissier, etc.

146ᵐᵉ· SENTENCE.

LE TRIBUNAL CIVIL DU DÉPARTEMENT DE L'ESCAUT,

Vu l'exploit d'ajournement du 6 prairial, l'an 4me de la république française, fait à la demande du citoyen *Jean Baptiste de Ridder*, à Blasius-Boucle, y résumant la cause intentée par-devant les ci-devant bourguemaître et échevins de la paroisse d'Elst, partie de Pamel, comme demandeur par requête du 24 avril 1795, d'une part, contre le citoyen *Jean Baptiste Ghys*, habitant de ladite paroisse d'Elst, défendeur d'autre ;

Vu aussi ladite requête et les pieces des deux incidens y ensuivis ; le dernier incident instruit jusques et compris l'écrit de contre-super-solutions du défendeur, servi par sa requête du 9 décembre 1795, d'où résulte que la question principale mue entre les parties consiste à savoir, si le demandeur est fondé d'exiger du défendeur la livraison de huit sacs de froment, que ce dernier lui auroit vendus à raison de quatorze florins le sac, plus amplement repris par ladite requête, le défendeur n'ayant point contesté ce fait, ayant débattu, par son écrit servi le 7 mai 1795, la forme de l'appostille suivie à ladite requête, et proposé la nullité ;

Vu encore le désistement du demandeur, et l'offre des frais, dommages et intérêts, faite par son écrit du 20 mai 1795, et le décrétement y ensuivi ;

Il résulte desdites pieces, que le second incident, motivé par le défendeur, butte à invallider ledit acte de décrétement, aussi sur prétendue manque de forme ;

Ouï les parties, le commissaire du pouvoir exécutif présent ;

Attendu que par le mémoire fourni à la séance du 6 du présent mois de messidor, le défendeur a ouvert la contestation principale, y niant d'avoir vendu au demandeur le 7 avril 1795 lesdits huit sacs de grains, autrement que sous condition que le demandeur lui auroit averti le mercredi après, du lieu où la livraison desdits huit sacs de froment se devoit faire ;

Attendu qu'il a défié au demandeur et qu'il nie aussi qu'il auroit fait ladite avertence ;

Attendu que par cette contestation, l'objet desdits deux incidens tombe au néant ;

Attendu que d'après le décrétement suivi à l'offre du demandeur, fait par son dit écrit du 20 mai 1795, le défendeur n'avoit plus d'intérêt sur l'exception incidentelle, reprise par son écrit antérieur du 9 mai susdit ; d'autant que le demandeur y avoit offert les dommages et intérêts, de même que les frais de la procédure ;

Attendu que tout plaideur sans intérêt, ne peut être entendu en justice ;

Attendu qu'il est constant que le défendeur a médité le second incident pour tergiverser et éloigner la contestation principale ;

Attendu que pareille conduite contrarie les loix et ne peut être tolérée ;

Le tribunal, avant de faire droit au principal, admet le demandeur à preuve de l'achat des huit sacs de froment dont s'agit, à raison de quatorze florins le sac, et le défendeur pareillement à preuve du fait que le demandeur auroit dû l'avertir le mercredi après le 7 avril 1795, de l'endroit où il devoit livrer lesdits grains vendus, et qu'il a été en défaut d'y satisfaire, les parties respectivement en entier en leurs preuves contraires, réserve les dépens de ladite cause principale, ladite preuve directe et contraire à subministrer de part et d'autre à la séance du 6 thermidor prochain, conformément à la loi ;

Et faisant droit sur le premier incident, ordonne que le décrétement du 20 mai 1795 sortira son plein et entier effet envers le défendeur ;

Et faisant pareillement droit sur le second incident, rejette les écrits y servis par le défendeur, respectivement le 10 août, 7 novembre et 9 décembre 1795, tous non signés de personne, comme inadmissibles ; déclare de plus le contenu desdits écrits chicaneux et faits à mauvais dessein, le défendeur non-recevable dans ses conclusions y contenues, et le condamne aux dépens dudit second incident, à la taxe et modération du tribunal.

Fait en séance du 8 messidor, l'an 4me de la république française, une et indivisible.

Etoient signés : G. F. BUYCK, *présid.;* F. DANNEELS ; STA ; P. BOTTE, *et* A. J. VAN TIEGHEM.

147me. SENTENCE.

LE TRIBUNAL CIVIL DU DÉPARTEMENT DE L'ESCAUT,

Vu l'exploit d'ajournement, fait à la demande du citoyen *Pierre Ronsse,* marchand de bierres en la commune de Gand, le 19 germinal, l'an 4, y résumant la procédure entamée par son écrit de demande servi par-devant la ci-devant commission de la Keure de ladite commune de Gand le 23 octobre 1795, d'une part, contre le citoyen *Guilliaume Balthazar de Vlieger,* aubergiste dans la même commune, défendeur d'autre part ; vu aussi les pièces de ladite procédure, d'où résulte que la question mue entre les parties est de savoir, si le demandeur est fondé d'exiger à la charge du défendeur le payement de la somme de soixante livres de gros de change, pour trois années de cours d'une rente de quatre cent livres de gros, pareille monnoye, la derniere échue le 16 juin 1795, et de le contraindre au remboursement, ou bien de donner hypothéque ultérieure pour ledit capital; le défendeur soutenant le contraire et d'avoir payé lesdits canons de rente au moyen d'insinuation d'assignats, qu'il a fait parvenir au demandeur le 10 floréal, 3me année, et le 1 août 1795 (v. st.), de même que son offre reprise par l'art. V de son écrit de duplique, servi le 3 frimaire, 4me année, et de la consignation qu'il a fait au greffe du tribunal le 8 prairial, 4me année, de la somme de seize livres, dix-sept escalins, dix gros, six deniers; et quand à l'hypothéque ultérieure, soutenant que celle qu'il a donnée étoit suffisante ;

Ouï les parties, le commissaire du pouvoir exécutif présent ;

Attendu qu'il est constant par le titre constitutif du 16 juin 1792, que la rente dont s'agit a été créée pour le capital de quatre cent livres de gros de change, comptés au défendeur en espèces sonnantes et numéraire métallique ;

Attendu que l'obligation promise pour cette avance , ne peut être changée ni diminuée contre le gré du créancier de maniere quelconque ;

Attendu que la maison et hypothéque affectée à cet effet, doit toujours répondre et représenter sur l'événement du non-payement ;

Attendu qu'aucune loi ne peut opérer effet rétroactif ;

Attendu que l'arrêté du 12 thermidor, 3me année, annulle les payemens en assignats au pair, faits après le 9 prairial ;

Attendu que le demandeur a déclaré judiciairement que les assignats qu'avoit fait insinuer le défendeur restoient constamment à la disposition du défendeur ;

Attendu qu'un créancier ne peut être tenu, ni forcé à recevoir des payemens partiels de sa créance ;

Attendu que le défendeur s'est encore expressément obligé d'hypothéquer ultérieurement le capital et cours de la rente dont s'agit, sur le pied énoncé par ledit titre constitutif, ou d'en faire le remboursement ;

Attendu que telle stipulation est d'usage et n'est pas contraire aux lois ;

Attendu que le défendeur n'a pas discouvenu que l'hypothéque qu'il a donné au demandeur pour le capital et canons de ladite rente est encore affectée d'autres charges ;

Le tribunal faisant droit, condamne le défendeur à payer au demandeur la susdite somme de soixante livres de gros de change , et de fournir plus ample hypothéque pour sûreté du capital et canons de la rente dont il s'agit, à l'appaisement du demandeur, et aux dépens du procès, à la taxe et modération du tribunal;

A défaut de ce, décrétant la saisie du 13 novembre 1795, pratiquée par le demandeur, comme bien et légalement faite, adjuge au demandeur les objets saisis, afin d'y recouvrer en total ou en partie, tout ce qui est repris ci-dessus, aussi avec dépens;

Accorde cependant au défendeur, après avoir satisfait le demandeur, la levée tant des assignats que de la somme en numéraire de seize livres, dix-sept escalins, dix gros, six déniers, consignés respectivement au greffe du tribunal.

Fait en séance du 8 messidor, l'an 4me de la république française, une et indivisible.

Etoient signés : G. F. BUYCK, *présid.*; F. DANNEELS; P. BOTTE; STA, *et* A. J. VAN TIEGHEM.

148ᵐᵉ· SENTENCE.

LE TRIBUNAL CIVIL DU DÉPARTEMENT DE L'ESCAUT,

En la cause du citoyen *Jean François Vispoel*, négociant à Gand, demandeur d'une part, contre le citoyen *Guill. de Vlieger*, aubergiste à l'auberge *St. Luc*, aussi à Gand, défendeur et néanmoins opposant à la sentence rendue par défaut à son désavantage le 15 prairial dernier, d'autre;

Ouï les parties, le commissaire du pouvoir exécutif présent;

Attendu que le défendeur n'a pas proposé des moyens d'opposition capables d'apporter aucun changement au jugement du 15 prairial susdit;

Le tribunal faisant droit, déboute le défendeur de son opposition, déclare que ledit jugement sortira son plein et entier effet, condamne le défendeur aux dépens du procès, à la taxe et modération du tribunal.

Fait en séance du 8 messidor, l'an 4me de la république française, une et indivisible.

Etoient signés : G. F. BUYCK, *présid.*; P. BOTTE; DE MEYERE; STA, *et* A. J. VAN TIEGHEM.

149ᵐᵉ· SENTENCE.

LE TRIBUNAL CIVIL DU DÉPARTEMENT DE L'ESCAUT,

Vu l'exploit d'ajournement en date 4 et 5 messidor, l'an 4me de la république française, fait à la demande du citoyen *Luc Hendrickx*, habitant de la commune de Vracene, canton d'Haesdonk, demandeur d'une part, contre les citoyens *B. van de Velde*, huissier du juge de paix

du

du canton d'Haesdonk, et *C. J. Clais*, en la commune de Lokeren, défendeurs d'autre, d'où résulte que la difficulté mue entre les parties est de savoir si l'exécution, dressée à charge du demandeur, est nulle à défaut de condamnation, les défendeurs soutenant que la cause doit être renvoyée au tribunal correctionel;

· Ouï les parties par leurs fondés de pouvoir, le citoyen *van Toers*, pour le demandeur, le citoyen *van Aelbroek*, pour les défendeurs, le commissaire du pouvoir exécutif entendu;

Attendu que le procès-verbal du juge de paix du canton d'Haesdonk, en date 29 prairial dernier, ne contient qu'un simple renvoy à ce tribunal; que le mandement, mis à la suite de ce procès-verbal, ne pouvoit avoir pour objet qu'un ordre surabondant, afin de, par l'une et l'autre des parties, se traduire mutuellement audit tribunal;

Attendu qu'enfin, le procès-verbal ne contenant aucune condamnation contre l'un ni l'autre des parties, l'exécution réelle, la vente ensuivie chez le demandeur et la somme extorquée de son fils mineur, est faite sans titre, et par conséquent tortionnaire, vexatoire et oppressive;

Le tribunal faisant droit, déclare l'exécution dont il s'agit, et tout ce qui en est suivi nul, tortionnaire et oppressif, condamne les défendeurs solidairement à la restitution des sommes qui peuvent avoir été par eux perçues en conséquence d'icelles, condamne les défendeurs en outre en tous dépens, dommages et intérêts soufferts et à souffrir par le demandeur, et aux dépens du procès, à la taxe et modération du tribunal; et seront les pièces de la procédure et le présent jugement envoyées à la poursuite et diligence du commissaire du pouvoir exécutif près de ce tribunal, à l'accusateur public auprès du tribunal criminel de ce département, pour agir à la charge de ceux qu'il trouvera convenir.

· Fait en séance du 8 messidor, l'an 4me de la république française, une et indivisible.

Etoient signés: G. F. BUYCK, *présid.*; P. BOTTE; DE MEYÈRE; STA, *et* A. J. VAN TIEGHEM.

150me. S E N T E N C E.

LE TRIBUNAL CIVIL DU DÉPARTEMENT DE L'ESCAUT,

Vu l'exploit d'ajournement en date 26 prairial dernier, et la requête présentée aux ci-devant bourguemaître et échevins de la commune et ci-devant seigneurie de Zomergem, le 20 mars 1790, entre le citoyen *Jean Simphorien Toebast*, négociant en la commune d'Eecloo, demandeur d'une part, le citoyen *Guilliaume de Neve*, aubergiste en la même commune, défendeur d'autre; vu aussi les pièces du procès servies par-devant lesdits échevins de la commune de Zomergem, et le résumé de la cause fourni par le demandeur par-devant ce tribunal, d'où il résulte que la difficulté mue entre les parties est de savoir, si le demandeur est fondé d'exiger du défendeur la somme de vingt-quatre livres de gros, cinq escalins, argent de change, pour vente et livraison d'une pièce et demi de vin, dit *ingrande*, y compris les droits de province et autres; 2°. de seize et demi lots de brandevin, et pour la non-restitution d'un baril vuide appartenant au demandeur, le défendeur soutenant se pouvoir libérer moyennant de payer au demandeur une somme inférieure;

Oui les parties, le commissaire du pouvoir exécutif présent;

Attendu que de l'aveu du défendeur la livraison des objets, repris au procès, a été effectuée par le demandeur;

Attendu que par l'aveu susdit le contract entre parties étant prouvé, les livres des marchands font foi sur la quantité, qualité et prix des marchandises;

Attendu que le demandeur n'est tenu par aucune loi à vendre les objets susdits au même prix que d'autres marchands les vendoient;

Attendu que l'offre de payer par le défendeur, n'a pas été suivi de la consignation exigée pour la libération d'un débiteur;

Le tribunal faisant droit, admet le demandeur à la prestation du serment supplétif, lequel prêté, condamne le défendeur à payer au demandeur la somme de vingt-quatre livres de gros, cinq escalins, argent fort, pour vente et livraison des objets repris au procès, avec l'intérêt judiciaire, depuis l'institution de la cause jusqu'au payement effectif, et aux frais et dépens du procès, à la taxe et modération du tribunal; décrétant en outre la saisie faite par le demandeur, lui adjuge les biens saisis pour y recouvrir ses prétentions en total ou en partie, avec dépens comme ci-dessus.

Fait en séance du 12 messidor, l'an 4me de la république française, une et indivisible.

Etoient signés : G. F. Buyck, *présid.*; P. Botte; B. J. Heyse; Tegelberg, *et* A. J. van Tieghem.

151ᵐᵉ· SENTENCE.

Le Tribunal civil du Département de l'Escaut,

En la cause de *François Piens*, habitant du village de Zulte, deman‑

deur par exploit d'ajournement du 5 prairial, l'an 4me, et résumant
la procédure intentée au ci-devant conseil de Flandre, par requête
du 6 juin 1795, d'une part, contre le citoyen *Joseph Wallaert*, ci-devant greffier à Zulte, tant pour lui que ses consors, défendeurs d'autre part;

Ouï les défendeurs par leur fondé de pouvoir, le citoyen *Beyens*,
le commissaire du pouvoir exécutif présent;

Attendu la non-comparution du demandeur, ni personne en son nom;

Attendu que pour ce défaut, les défendeurs ont requis congé de
tribunal avec dépens;

Le tribunal faisant droit, donne défaut contre le demandeur, et pour
le profit, adjuge aux défendeurs congé de tribunal, condamne le demandeur aux dépens, à la taxe et modération du tribunal.

Fait en séance du 12 messidor, l'an 4me de la république française,
une et indivisible.

Etoient signés : G. F. BUYCK, *présid.*; P. BOTTE; B. J. HEYSE; A. J.
VAN TIEGHEM, *et* TEGELBERG.

152me. SENTENCE.

LE TRIBUNAL CIVIL DU DÉPARTEMENT DE L'ESCAUT,

En la cause de la citoyenne *Marie Antoinette de Buck*, demeurant
dans la ville de Gand, demanderesse par exploit du 26 prairial, d'une
part, contre le citoyen *Willem Poublon*, négociant dans la commune
de Gand, défendeur d'autre part;

Ouï la demanderesse par son fondé de pouvoir, le citoyen *van Toers*,
le défendeur non-comparant, le commissaire du pouvoir exécutif
présent;

Attendu la non-comparution du défendeur, ni personne pour lui, et
que la demanderesse a requis jugement par défaut;

Attendu que les exploits d'ajournement et de saisie ont été faits
par l'huissier *Hoornaert*, sans la permission du tribunal;

Attendu que par ce défaut ils sont nuls et inadmissibles;

Le tribunal faisant droit, annulle lesdits exploits d'ajournement et
de saisie, et condamne l'huissier *Hoornaert* en son propre et privé
nom aux dépens.

Fait en séance du 12 messidor, l'an 4me de la république française,
une et indivisible.

Etoient signés : G. F. BUYCK, *présid.*; P. BOTTE; B. J. HEYSE; A. J.
VAN TIEGHEM, *et* TEGELBERG.

153me. S E N T E N C E.

Le Tribunal civil du Département de l'Escaut,

Vu l'exploit d'ajournement fait le .... floréal, l'an 4me de la république française, à la demande du citoyen *Jacques Ambroise van Slyken*, négociant à Lokeren, demandeur primitif par requête présentée aux ci-devant gens de loi du village de Lokeren et Dakenam, et intimé d'une part, contre le citoyen *Paul Antoine Serraris*, ex-greffier dudit Lokeren et Dakenam, défendeur primitif et appellant devant le ci-devant chef-collège du pays de Waes, par requête du 22 mai 1795, de la sentence rendue par lesdits gens de loi de Lokeren et Dakenam le 15 juillet 1794, d'autre part; vu aussi les pièces respectives de la premiere et seconde instance, et les mémoires de l'appellant et de l'intimé, d'où résulte que la question mue entre les parties est de savoir, si l'appellant est fondé à faire infirmer ladite sentence du 15 juillet 1794, par laquelle le premier juge lui a ordonné de rendre compte et renseing de sa gestion, comme curateur établi à la faillite de *Laurent Verschelden* et son épouse, alléguant l'impossibilité qui dériveroit de quelques procès ouverts au sujet de ladite faillite, et nommément contre l'ex-procureur des Parchons *Jean Baptiste Ondereest*, fondé de pouvoir du citoyen *Mispreuve* et autres créanciers, plus amplement repris au procès, l'intimé soutenant au contraire sur le bien jugé par ladite sentence, et que l'établissement de la curatelle datteroit depuis l'année 1790, que l'appellant tenoit en son pouvoir des sommes importantes et considérables, sans avoir fait aucune répartition soit de préférence ou de concurrence; que d'ailleurs six années revolues, auroient dû suffire pour terminer définitivement lesdits procès, et dont l'appellant n'avoit pas fait voir la véritable consistance, ayant même débattu la demande de consignation que l'intimé avoit faite sur ce point;

Ouï les parties, le commissaire du pouvoir exécutif présent;

Attendu qu'il est constant que l'appellant a été établi curateur à la faillite de *Laurent Verschelden*, par acte du 20 mars 1790;

Attendu qu'il est constant que l'intimé est créancier reconnu à ladite faillite, pour une somme de mille florins;

Attendu qu'il est également constant que l'appellant, en sa qualité de curateur, a reçu des sommes très-considérables, provenues de la vente des biens, meubles et immeubles dudit failli.

Attendu qu'il a retenu sous lui et à sa propre disposition lesdits déniers;

Attendu que l'espace de six ans et trois mois, auroient notoirement
dû suffire à l'appellant, s'il en avoit eu la volonté bonne à terminer les
procès et contestations entre les créanciers respectifs de ladite faillite ;
, Attendu que la conduite qu'a tenue l'appellant, est vraiement chi-
canneuse et dilatoire ;
, Attendu que son refus opiniâtre de communiquer à l'intimé les actes
de sa gestion entiere, relativement à la même curatelle, est ténébreux;
, Attendu qu'il en résulte évidemment une mauvaise foi caractérisée ;
Le tribunal faisant droit, déclare bien avoir été jugé par les gens
de loi du village de Lokeren et Dakenam, par leur sentence du 15
juillet 1794, dont appel mal-appellé par l'appellant, ensuite ordonne
à l'appellant de rendre compte de toute sa gestion de la curatelle
dont s'agit, à l'audition de deux commissaires du tribunal, et en présence de l'intimé, à la salle des délibérations du même tribunal, le
26 du présent mois messidor, à huit heures du matin, et d'apporter
toutes les pièces justificatives dudit compte, et généralement toutes
celles des procès ci-dessus rappellées, soit en original ou par copies,
ou minutes, à peine d'y être contraint par exécution, *ad factum*,
condamne l'appellant à l'amende de fol appel, au profit de la répu-
blique-française, une et indivisible, et aux dépens du procès, à la
taxe et modération du tribunal.

Fait en séance du 12 messidor, l'an 4me de la république française,
une et indivisible.

Etoient signés : G. F. Buyck, *présid.*; P. Botte; A. J. van Tieghem;
Tegelberg, *et* B. J. Heyse.

154me. SENTENCE.

Le Tribunal civil du Département de l'Escaut,

Vu l'exploit d'ajournement du 3 messidor, l'an 4me de la république française, fait à la demande du citoyen *Jean François de Backer*,
habitant de la commune de Mendonk, appellant de la sentence du
juge de paix du canton de Loochristi le 29 germinal dernier, d'une
part, contre le citoyen *Jean Drubbel*, ex-procureur à Oostaker, intimé
d'autre ; vu aussi ladite sentence et les mémoires des parties, fournies
à la séance, d'où résulte que la difficulté mue entre les parties est de
savoir, si le juge de paix a été habile et compétent pour prononcer,
comme il a fait, sur des objets excédants de beaucoup la valeur de
cent livres de france, l'intimé soutenant le contraire, et que l'appellant auroit consenti que le juge de paix pouvoit prononcer, comme il a fait;

Ouï les parties, le commissaire du pouvoir exécutif entendu;

Attendu que l'article I. du §. IV. de la compétence et des fonctions de la justice de paix, en matiere civile, portent : « le juge de paix « assisté de deux assesseurs, connoîtra avec eux de toutes les causes « purement personnelles et mobiliaires sans appel, jusqu'à la valeur « de cinquante livres en numéraire métallique, et à charge d'appel « jusqu'à la valeur de cent livres; «

Attendu qu'il est constant que le jugement dont s'agit, excéde beaucoup ladite somme de cent livres;

Attendu que le juge de paix excédant ainsi le pouvoir de juris- diction lui délégué par la loi, a commis une nullité radicale et plenière;

Attendu que l'appellant a nié formellement avoir consenti à ce jugement;

Attendu que l'incompétence, si expressement prescrite par la loi, ne peut admettre prorogation;

Attendu que la sentence ne porte point que les parties auroient re- noncé à l'appel;

Attendu enfin que la voie de provocation et d'appel, doit par con- séquence être reçue et avoir lieu;

Le tribunal faisant droit en dernier ressort, annulle le jugement, dont est question au procès, interdit d'y donner suite, condamne l'in- timé aux dépens des deux instances, à la taxe et modération du tribunal.

Fait en séance du 12 messidor, l'an 4me de la république française, une et indivisible.

Etoient signés : G. F. BUYCK, *présid.*; P. BOTTE ; A. J. VAN TIEGHEM ; B. J. HEYSE, *et* TEGELBERG.

155me. SENTENCE.

LE TRIBUNAL CIVIL DU DÉPARTEMENT DE L'ESCAUT,

Vu l'exploit d'ajournement en date 2 messidor, 4me année de la république française, fait à la demande des citoyens *Ferdinand Au- gustin et Thérése Cornelie de Brabander*, habitans de cette commune de Gand, d'une part, contre le citoyen *Josse de Keyser*, agriculteur à Landegem, d'autre; vu aussi le procès verbal du juge de paix du can- ton de Nevel, d'où résulte que le différend mu entre les parties est de savoir, si les demandeurs ont droit de contraindre le défendeur à quitter la ferme et terres qu'il occupe, appartenantes aux demandeurs; et à déterminer le prix du droit de fermier;

Ouï les demandeurs par leur foudé de pouvoir, le notaire *de Clercq*; le défendeur n'ayant point comparu ni personne en son nom, le com- missaire du pouvoir exécutif présent;

Attendu que le défendeur a occupé la ferme et terres reprises au procès, en vertu du contract de bail fait entre lui et feu *J. B. de Brabander*, le 18 octobre 1786, exhibé en la séance d'aujourd'hui, pour un terme de six ans;

Que ce terme est expiré la veille de Noël, de l'an 1792 (v. st.);

Que depuis ce tems le défendeur a continué l'occupation de la prédite ferme et terres par tacite réconduction;

Attendu qu'il conste, que le 19 septembre 1795 (v. st.), les demandeurs ont interdit au défendeur d'occuper la même ferme et terres, plus long-tems que jusqu'à la veille de Noël de la même année 1795;

Que par ainsi le défendeur n'a plus aucun droit ni titre d'occuper davantage la ferme et terres dont il s'agit;

Le tribunal faisant droit, donne défaut contre le défendeur, et pour le profit, le condamne de quitter incessamment la ferme et terres qu'il occupe, appartenantes aux demandeurs, ci-dessus reprises, ordonne que le prix des impenses et fraix, appellées droit de fermier, qui se trouvent sur les prédites terres, sera fait par estimation de deux priseurs à dénommer à cet effet, l'un par lui défendeur, et l'autre par les demandeurs, condamne en outre le défendeur aux dommages et intérêts soufferts et à souffrir par les demandeurs, à cause de son refus, délai et opposition, et aux dépens du procès, à la taxe et modération du tribunal; le défendeur en son entier de se pourvoir en opposition, endéans le tems et conformément à la loi.

Fait en séance du 12 messidor, l'an 4me de la république française, une et indivisible.

Etoient signés : G. F. BUYCK, *présid.*; A. J. VAN TIEGHEM; B. J. HEYSE; TEGELBERG, *et* P. BOTTE.

Mandons à tout huissier, etc.

156me. SENTENCE.

LE TRIBUNAL CIVIL DU DÉPARTEMENT DE L'ESCAUT,

En la cause du citoyen *Pierre Joseph Cnudde*, habitant de la commune de Russignies, ajourné et défendeur d'une part, contre le citoyen *Pierre Antoine vanden Abeele*, habitant de la commune de Nieukerke, ajournant par exploit du 4 prairial, l'an 4me de la république française, et demandeur par requête du 28 juillet 1795, présentée à la ci-devant municipalité de Russignies, d'autre part;

Ouï l'ex-procureur *Brauwer*, pour le défendeur, le demandeur noncomparant ni personne pour lui, le commissaire du pouvoir exécutif présent;

Attendu que le défendeur a requis pour ce défaut de comparution, congé du tribunal;

Attendu qu'il s'agit d'un remboursement de rente en assignats au pair;

Attendu qu'aucun arrêté des représentans du peuple n'a regardé ni pû regarder les constitutions des rentes entre particuliers, comme de transactions commerciales, ni en autoriser le remboursement en assignats au pair;

Attendu que par les pièces déposées sur le bureau, il appert que le demandeur a tenté d'obtenir du juge, le décrétement d'un remboursement semblable, quoique la rente en fut constituée antérieurement à la seconde entrée des français dans la Belgique;

Le tribunal faisant droit, donne défaut contre le demandeur, et pour le profit, adjuge le congé de tribunal, condamne le demandeur aux dépens du procès, à la taxe et modération du tribunal.

Fait en séance du 12 messidor, l'an 4me de la république française, une et indivisible.

Etoient signés : G. F. BUYCK, *présid. ;* P. BOTTE; B. J. HEYSE; TEGELBERG, *et* A. J. VAN TIEGHEM.

157me. SENTENCE.

LE TRIBUNAL CIVIL DU DÉPARTEMENT DE L'ESCAUT,

Vu l'exploit d'ajournement en date 1 messidor, l'an 4me de la république française, fait à la demande du citoyen *Gautier Poelman*, à Gand, demandeur d'une part, contre le citoyen *Constantin de Rouck*, cabaretier, aussi à Gand, défendeur d'autre, d'où résulte que la difficulté mue entre les parties est de savoir, si le demandeur est fondé d'exiger à charge du défendeur, la somme de quarante-deux livres de gros, avec l'intérêt judiciaire, pour loyer de la maison et cabaret par lui occupé sans bail, et à ce qu'il soit ordonné de vuider incessamment ladite maison, et condamné aux dépens du procès, le défendeur reconnoissant la réalité du fait;

Ouï les parties, le commissaire du pouvoir exécutif présent;

Attendu que le défendeur a avoué en la séance de ce jour, qu'il doit au demandeur la somme ci-dessus reprise;

Attendu qu'il a occupé la maison, reprise au procès, appartenante au demandeur, sans aucun droit de bail;

Que par conséquent il n'a aucun titre d'occuper davantage la prédite maison;

Attendu que le demandeur en séance publique a accordé au défendeur

deur

deur un terme de six semaines pour l'évacuation de la susdite maison;

Le tribunal faisant droit, décrétant l'offre du demandeur, ordonne au défendeur de vüider endéans les six semaines la maison et cabaret qu'il occupe, appartenant au demandeur, le condamne de payer au demandeur endéans ledit terme, la somme de quarante-deux livres de gros, à l'intérêt judiciaire, depuis l'institution de la cause jusqu'au payement effectif, et aux dépens du procès, à la taxe et modération du tribunal.

Fait en séance du 13 messidor, l'an 4me de la république française, une et indivisible.

Etoient signés : B. J. HEYSE, *présid.* ; J. B. J. ROELANDTS ; DE LAN-THEERE ; A. J. VAN TIEGHEM, *et* TEGELBERG.

Mandons à tout huissier, etc.

158me· S E N T E N C E.

LE TRIBUNAL CIVIL DU DÉPARTEMENT DE L'ESCAUT,

En la cause de *Jacques vande Casteele*, chirurgien juré, en cette commune, demandeur par ajournement en date 3o floréal dernier, d'une part, le citoyen *N. vanden Broeke*, ci-devant portier à la porte de Bruxelles en cette ville, défendeur d'autre ;

Ouï le demandeur en personne, le défendeur n'ayant point comparu ni personne en son nom, le commissaire du pouvoir exécutif présent ;

Attendu que le demandeur en sa qualité de chirurgien, appellé au pansement des blessures et coups portés au défendeur, l'a constamment soigné jusqu'à l'entiere guérison ;

Attendu que des honoraires sont attachés à l'exercice de la fonction du demandeur, et que les débourses faites par le dernier au profit du défendeur, lui doivent être restitués ;

Attendu que la spécification desdits honoraires et débourses, taxée et modérée par les directeurs et assesseurs du collège de médecine de cette ville, et méritée par le demandeur à charge du défendeur, porte la somme de cent cinquante-deux florins, six sols et trois déniers ;

Le tribunal faisant droit, donne défaut contre le défendeur, et pour le profit, le condamne de payer au demandeur la somme de cent cinquante-deux florins, six sols et trois déniers, à l'intérêt judiciaire, depuis l'institution de la cause jusqu'au payement, et aux dépens du procès, à la taxe et modération du tribunal ; le défendeur en son

entier de se pourvoir en opposition, endéans le tems et conformément à la loi.

Fait en séance du 13 messidor, l'an 4me de la république française,
une et indivisible.

Etoient signés : B. J. Heyse, *présid.* ; J. B. J. Roelandts ; de Lantheere ; Tegelberg, *et* A. J. van Tieghem.

Mandons à tout huissier, etc.

159me. S E N T E N C E.

Le Tribunal civil du Département de l'Escaut,

En la cause de *Pierre Ferdinand Vervaet*, négociant en cette commune, demandeur par exploit d'ajournement en date 27 prairial dernier, d'une part, le citoyen *Speelman*, aubergiste, aussi en cette
commune, défendeur d'autre ;

Ouï le demandeur par son fondé de pouvoir, le citoyen *Eggermont*,
le défendeur n'étant point comparu ni personne en son nom, le commissaire du pouvoir exécutif présent ;

Attendu qu'il appert par le livre manuel du demandeur, que celui-ci
a vendu au défendeur de la bierre pour la somme de cent vingt-six
florins, argent courant ;

. Attendu que l'acte déclaratoire donné par le receveur des brouet-
teurs, dits *biervoerders*, prouve la livraison ;

Le tribunal faisant droit, donne défaut contre le défendeur, et pour
le profit, admet le demandeur à la prestation du serment supplétif,
lequel prêté, condamne le défendeur à payer au demandeur la somme
de cent vingt-six florins, argent courant, à l'intérêt judiciaire, depuis
l'institution de la cause jusqu'au payement effectif, et aux dépens du
procès, à la taxe et modération du tribunal ; le défendeur en son
entier de se pourvoir en opposition, endéans le tems et conformément à la loi.

Fait en séance du 13 messidor, l'an 4me de la république française,
une et indivisible.

Etoient signés : B. J. Heyse, *présid.* ; J. B. J. Roelandts ; A. J. van
Tieghem ; P. Botte, *et* Tegelberg.

Mandons à tout huissier, etc.

160me. S E N T E N C E.

Le Tribunal civil du Département de l'Escaut,

Vu l'exploit d'ajournement en date 9 prairial, l'an 4me de la république française, fait à la demande du citoyen *Jean Geernaert*, brasseur, habitant à Eecloo, demandeur d'une part, le citoyen *Jean Mariman*, cultivateur, aussi à Eecloo, défendeur d'autre ; vu aussi le procès verbal du juge de paix du canton d'Eecloo, d'où résulte que le différent mu entre les parties est de savoir, si le demandeur est en droit d'exiger du défendeur la somme de vingt-trois livres, six escalins et deux gros, argent courant de brabant, pour livraison de drêche, dit *draf*, le défendeur demandant congé du tribunal avec dépens ;

Ouï le défendeur par son fondé de pouvoir, *Ignace le Begue*, traducteur juré, le demandeur n'ayant point comparu ni personne en son nom, le commissaire du pouvoir exécutif présent ;

Attendu que le demandeur n'a point comparu ni personne en son nom ;

Le tribunal faisant droit, donne défaut contre le demandeur, et pour le profit, accorde le congé de tribunal au défendeur, condamne le demandeur aux dépens du procès, à la taxe et modération du tribunal.

Fait en séance du 13 messidor, l'an 4me de la république française, une et indivisible.

Etoient signés : B. J. HEYSE, *présid.* ; J. B. J. ROELANDTS ; DE MEYERE ; A. J. VAN TIEGHEM, *et* P. BOTTE.

161me. SENTENCE.

LE TRIBUNAL CIVIL DU DÉPARTEMENT DE L'ESCAUT,

En la cause du citoyen *François Drieghe*, architecte, en cette commune de Gand, demandeur par exploit d'ajournement en date 11 messidor, 4me année de la république française, d'une part, le citoyen *Jean François Lampo*, juge de paix du canton de Loochristi, ajourné d'autre ;

Ouï le demandeur en personne, l'ajourné n'ayant point comparu ni personne en son nom, le commissaire du pouvoir exécutif présent ;

Attendu que le tribunal a, par son appointé du 9 prairial dernier, tenu en surséance l'exécution comminée, reprise au procès, que cet appointé a été duement signifié à l'ajourné ; que ce surcis provisoire n'a point été levé ;

Attendu qu'au mépris de la loi l'ajourné a continué, à charge du demandeur, la prédite exécution; que par ainsi il a commis nullité et attentat manifeste ;

Le tribunal faisant droit, donne défaut contre l'ajourné, et pour le profit, déclare nul et attentatoire à la loi et à l'autorité du tribunal, l'exécution qu'il s'est permi de continuer à charge du demandeur et tout ce qui en est suivi ; ordonne à l'ajourné de l'abandonner pour telle, le condamne à tous dommages et intérêts soufferts et à souffrir par le demandeur, du chef de la prédite exécution, et aux dépens du procès, à la taxe et modération du tribunal ; l'ajourné en son entier de se pourvoir en opposition, endéans le tems et conformément à la loi.

Fait en séance du 13 messidor, l'an 4me de la république française, une et indivisible.

Etoient signés : B. J. HEYSE, *présid.* ; DE MEYERE ; A. J. VAN TIEGHEM ; TEGELBERG, *et* J. B. J. ROELANDTS.

162me. SENTENCE.

LE TRIBUNAL CIVIL DU DÉPARTEMENT DE L'ESCAUT,

Vu l'exploit d'ajournement en date 26 germinal, l'an 4me de la république française, fait à la demande du citoyen *Joffe vander Wee*, chartier, à Gand, demandeur par requête du 3 décembre 1795 (v. st.), présentée aux ci-devant échevins de St. Bavon à Gand, d'une part, contre le citoyen *Jean de Meulenaere*, habitant de la commune de Zele, défendeur d'autre ; vu aussi les pièces du procès intenté par-devant les susdits échevins de St. Bavon, d'où résulte que la difficulté mue entre les parties est de savoir, si le demandeur, comme ayant fait saisie et arrêt sur un cheval et charrette, que conduisoit le défendeur le 24 novembre 1795 (v. st.), sur la jurisdiction de St. Bavon, hors la porte d'Anvers de cette commune, étoit en droit d'actionner le défendeur par-devant lesdits échevins de St. Bavon, pour restitution du prix d'achat d'un cheval, vendu par le défendeur au demandeur ; le défendeur soutenant que les échevins de St. Bavon susdits, n'étoient point juges compétens, et que la saisie et arrêt susdits n'avoit pu fonder leur jurisdiction, puisque le cheval et charrette susdite ne lui appartenoient pas, concluant à congé de judicature ;

Ouï les parties, le commissaire du pouvoir exécutif présent ;

Attendu qu'il conste au procès, par l'enquête produite par le défendeur, que les objets saisis et arrêtés par le demandeur, ne compétoient en aucun façon au défendeur ; mais au contraire à *Jean van Driessche*, audit Zele ;

Attendu qu'un pareil arrêt, fait sur la propriété d'un tiers, n'a pu fonder la jurisdiction des échevins de St. Bavon à l'égard du défendeur ;

Le tribunal faisant droit, adjuge au défendeur le congé de judicature par lui proposé au procès, le demandeur en son entier d'agir à charge du défendeur en nouvelle instance là et où il appartiendra, s'il croit y être fondé, condamne ledit demandeur aux dépens du procès, à la taxe et modération du tribunal.

Fait en séance du 14 messidor, l'an 4me de la république française, une et indivisible.

Etoient signés : G. F. Buyck, *présid.* ; J. B. J. Roelandts ; A. J. van Tieghem ; F. Danneels, *et* Tegelberg.

163me. SENTENCE.

Le Tribunal civil du Département de l'Escaut,

Vu l'exploit d'ajournement en date 2 messidor, l'an 4me de la république française, fait à la demande du citoyen *Clément Levaert*, maréchal-ferrant, en la commune de Nevele, y résumant la procédure intentée par-devant les bourguemaître et échevins dudit Nevele, par requête du 4 avril 1793, d'une part, contre la citoyenne *Catharine de Sloovere*, veuve de *Joseph Nolf*, aussi en la commune de Nevele, défenderesse d'autre part; vu aussi les pieces de ladite procédure et le jugement préparatoire, rendu par le tribunal à la séance du 13 messidor, d'où résulte que la difficulté mue entre les parties est de savoir, si le demandeur est fondé d'exiger à charge de la défenderesse, le payement de la somme de vingt-quatre livres, trois escalins, six déniers courant, montant de la spécification jointe à ladite requête, la défenderesse s'y opposant, ayant nié que le demandeur auroit fait aucun travail de ferrage, qui n'ait pas été payé par son défunt mari au demandeur;

Ouï les parties, le commissaire du pouvoir exécutif présent;

Attendu que le demandeur au moyen de ses deux enquêtes, et le témoignage des témoins, qu'elles contiennent, a prouvé suffisamment son intention;

Attendu que la défenderesse n'a pas fait preuve contraire;

Attendu qu'elle en a été formellement déboutée;

Attendu qu'elle n'a pas satisfait à l'ordonnance portée par le jugement préparatoire du tribunal;

Attendu qu'elle a encourue le défaut, et que le demandeur s'en est prévalu;

Le tribunal faisant droit en dernier ressort, donne défaut au demandeur, et pour le profit, admet le demandeur au serment supplétif par lui offert au procès, ledit serment fait, condamne la défenderesse à payer au demandeur la susdite somme de vingt quatre livres, trois escalins, six déniers, à l'intérêt judiciaire, depuis l'institution de la cause jusqu'au payement parfait, et aux dépens du procès, à la taxe et modération du tribunal ; la défenderesse en son entier de se pourvoir en opposition, endéans le terme et conformément à la loi.

Fait en séance du 14 messidor, l'an 4me de la république française, une et indivisible.

Etoient signés : G. F. Buyck, *présid.*; F. Danneels ; Tegelberg ; J. B. J. Roelandts, *et* A. J. van Tieghem.

164me. SENTENCE.

Le Tribunal civil du Département de l'Escaut,

En la cause du citoyen *Gille Meert*, époux de *Thomasine Pissant*, à Moorsel, demandeur d'une part, contre *Jean vanden Bossche*, aussi à Moorsel, défendeur d'autre part ;

Ouï le défendeur par son fondé de pouvoir, le demandeur non-comparant ni personne pour lui ;

Attendu que le défendeur a satisfait à l'ordonnance portée par la sentence du tribunal du 26 prairial dernier ;

Attendu que le demandeur n'y a pas satisfait de son côté ;

Attendu que par son défaut de comparution à la séance de ce jour, le défendeur a proposé et requis congé de tribunal ;

Le tribunal faisant droit, donne défaut, et pour le profit, adjuge au défendeur congé de tribunal, et condamne le demandeur aux dépens, à la taxe et modération du tribunal.

Fait en séance du 14 messidor, l'an 4me de la république française, une et indivisible.

Etoient signés : G. F. Buyck, *présid.*; P. Botte ; F. Danneels ; De Lantheere, *et* A. J. van Tieghem.

165me. SENTENCE.

Le Tribunal civil du Département de l'Escaut,

En la cause du citoyen *Emmanuel Vevers*, demeurant en la commune de Gand, demandeur d'une part, contre le citoyen *Lefebure*, en la commune d'Assenede, défendeur d'autre part ;

Ouï le demandeur par son fondé de pouvoir, le défendeur non-comparant, ni personne en son nom ;

Attendu que les commissaires nommés à l'audition du compte, de même que le demandeur, ont attendu en vain les devoirs du défendeur, prescrits par le jugement préparatoire du 4 messidor courant ;

Attendu que le demandeur à cause de la non-comparution du défendeur, a fait requérir défaut et ordonnance ultérieure, selon l'exigence ;

Attendu que le défendeur manifeste de plus en plus ses intentions délatoires et d'illuder la justice ;

Le tribunal faisant droit, donne défaut contre le défendeur, et pour le profit, le condamne aux dépens, à la taxe et modération du tribunal ; ordonne, au nom de la loi, l'exécution du susdit jugement, jusqu'à ce que le défendeur aura obtenu préfixion d'un autre jour pour la reddition du compte dont s'agit.

Fait en séance du 14 messidor, l'an 4me de la république française, une et indivisible.

Etoient signés : G. F. BUYCK, *présid.* ; P. BOTTE ; A. J. VAN TIEGHEM ; F. DANNEELS, *et* DE LIANTHEERE.

166me. SENTENCE.

LE TRIBUNAL CIVIL DU DÉPARTEMENT DE L'ESCAUT,

Vu l'exploit d'ajournement fait à la demande du citoyen *Jacques Rosée*, maître de forges, à Anthée, département de Sambre et Meuse, le 8 prairial, l'an 4me de la république française, d'une part, contre le citoyen *Guilliáume François Gillis*, négociant, à Eecloo, défendeur d'autre, d'où résulte que la question mue entre les parties est de savoir, si le demandeur est fondé d'exiger à charge du défendeur, le payement de la somme de deux mille trois cent vingt-neuf florins, quinze sols, argent courant de brabant, pour l'import de ses deux promesses, dont l'une de mille deux cent florins, et l'autre de mille cent vingt-neuf florins, quinze sols, avec l'intérêt judiciaire, le défendeur s'y opposant, excipiant sur le retard de l'envoy des marchandises et l'intérêt à lui occasionné de ce chef, produisant en outre la saisie interposée entre ses mains sur ladite créance du demandeur, le 23 septembre 1795, de la part et pour recouvrement desdits intérêts ;

Ouï les parties, le commissaire du pouvoir exécutif présent ;

Attendu que la saisie qu'a fait pratiquer le défendeur pour sureté des dommages et intérêts qu'il prétend lui être infligés par le fait du demandeur, est autorisée par les coutumes flamandes ;

Attendu que l'exploit de ladite saisie est antérieure à l'institution de la présente cause ;

Attendu que le défendeur a offert à la séance de ce jour, de payer au demandeur ladite somme de deux mille trois cent vingt-neuf florins, quinze sols argent courant, moyennant de cautionner par le demandeur lesdits dommages et intérêts ;

Le tribunal faisant droit, déclare que le défendeur doit passer, parmi son dit offre, de payer au demandeur la somme de deux mille trois cent vingt-neuf florins, quinze sols, argent courant de brabant, import des deux promesses dont s'agit, moyennant de cautionner préalablement par le demandeur les dommages et intérêts ci-dessus repris, déclare le demandeur ultérieurement non-recevable ni fondé, et le condamne aux dépens, à la taxe et modération du tribunal.

Fait en séance du 14 messidor, l'an 4me de la république française, une et indivisible.

Etoient signés : G. F. BUYCK, *présid.* ; P. BOTTE ; F. DANNEELS ; DE LANTHEERE, *et* A. J. VAN TIEGHEM.

167me. SENTENCE.

LE TRIBUNAL CIVIL DU DÉPARTEMENT DE L'ESCAUT,

Vu l'exploit d'ajournement du 4 messidor, l'an 4me de la république française, fait à la demande du citoyen *Jean Baptise Meert*, négociant à Alost, contre le citoyen *Pierre Penneman*, habitant de la paroisse de St. Nicolas, pays de Waes, défendeur d'autre part ; vu l'acte de renvoi du 18 floréal dernier, dépêché par le juge de paix du canton de St. Nicolas, et les pièces fournies par les parties, d'où résulte que la question mue entre elles est de savoir, si le demandeur est fondé à exiger à la charge du défendeur, premierement le payement de la somme de quatre-vingt-six florins, trois sols, pour livraison de marchandises ; secondement à ce que le défendeur ait à retirer l'arrêt interposé par lui défendeur, le 30 décember 1795 (v. st.), entre les mains de l'ex-procureur et notaire *Pierre Jean Weewauters*, à St. Nicolas, sur les déniers appartenants au demandeur, pour sureté du capital et canons d'une obligation de huit cent florins, le défendeur reconnoissant ladite créance de quatre-vingt six florins, trois sols ; mais soutenant la validité de ladite saisie ;

Ouï les parties, le commissaire du pouvoir exécutif présent ;

Attendu que le défendeur a reconnu à la séance de ce jour la réalité de la dette de quatre-vingt-six florins, trois sols, au profit du demandeur ;

Attendu que le demandeur a convenu à son tour de la réalité de l'obligation de huit cent florins qu'il a reconnu en faveur du défendeur;

Attendu que les coutumes flamandes autorisent qu'un créancier sai-

sisse

sisse les biens de son débiteur, pour sureté et recouvrement de sa créance ;

Attendu que conformément aux mêmes coutumes, le saisissant est obligé à cautionner l'effet de sa saisie, à la premiere demande de celui à la charge de qui il a saisi ;

Attendu aussi que le demandeur, selon lesdites coutumes, peut ob·tenir la levée de la susdite saisie moyennant caution de sa part ;

Attendu enfin que le demandeur n'a pas proposé de moyens suffi·sans pour annuller la prédite saisie ;

Le tribunal faisant droit, sur le premier membre des conclusions du demandeur, condamne le défendeur à payer au demandeur ladite somme de quatre-vingt-six florins, trois sols, pour livraison des mar-chandises repris au procès ; et à l'égard du second membre, relative-ment à la saisie interposée par le défendeur, déboute le demandeur de ses conclusions, compense les dépens pour cause.

Fait en séance du 14 messidor, l'an 4me de la république française, une et indivisible.

Etoient signés : G. F. BUYCK , *présid.* ; P. BOTTE ; F. DANNEELS ; DE LANTHEERE, *et* A. J. VAN TIEGHEM.

Mandons à tout huissier, etc.

168ᵐᵉ· SENTENCE.

LE TRIBUNAL CIVIL DU DÉPARTEMENT DE L'ESCAUT,

Vu l'exploit d'ajournement du 6 messidor, l'an 4me de la république française, fait à la demande du citoyen *Pierre Cobbaert*, habitant de Denderleeuw, pays d'Alost, tant pour lui que comme fondé de pou-voir pour *Jean vander Weeden*, aussi à Denderleeuw, et *Jean van Droo-genbroek*, demeurant à Liedekerke, d'une part, contre et à la charge du citoyen *Michel Cobbaert*, cultivateur, en ladite commune de Den-derleeuw, défendeur d'autre ; vu aussi l'acte de renvoy du juge de paix du canton de Lebbeke, du 2 prairial, l'an 4me, d'où résulte que la question mue entre les parties est de savoir, si les demandeurs sont fondés à soutenir que le défendeur ne peut prétendre aucun droit de féodalité sur trois parties de terres et prés, situés en la com-mune de Denderleeuw, qu'il s'est appropriés comme héritier féodal aîné, et qu'il prétend lui être dévolues seul, par la mort *d'Adrien Steppe*, décédé en la commune de Denderleeuw, le 19 mars 1796, et que lesdites trois parties de terres et prés sont allodialles, et doivent être divisées entre les freres et sœurs descendants du susdit *Adrien Steppe*, plus amplement repris dans le susdit acte de renvoy ;

Ouï les demandeurs, le défendeur non-comparant ni personne en son nom, le commissaire du pouvoir exécutif présent;

Attendu la non-comparution du défendeur, et que les demandeurs ont requis jugement par défaut;

Le tribunal faisant droit, donne défaut, et pour le profit, interdit au défendeur de prétendre aucun droit de féodalité sur les trois parties de terres et prés, situées en la commune de Denderleeuw, delaissées par la mort d'*Adrien Steppe*, déclare que lesdites trois parties sont divisibles entre les freres et sœurs et descendans du susdit *Adrien Steppe*, et condamne le défendeur aux dépens du procès, à la taxe et modération du tribunal, le défendeur entier à se pourvoir en opposition, endéans le terme et conformément à la loi; condamne le défendeur au surplus, pour son défaut de comparution devant le bureau de paix, du canton de Lebbeke, en l'amende de trente livres de france, au profit de la république française, selon le prescrit du VI §, titre X, des dispositions particulieres pour les juges de paix.

Fait en séance du 14 messidor, l'an 4me de la république française, une et indivisible.

Etoient signés : G. F. BUYCK, *présid.*; F. DANNEELS; P. BOTTE; A. J. VAN TIEGHEM, *et* DE LANTHEERE.

Mandons à tout huissier, etc.

169me. SENTENCE.

LE TRIBUNAL CIVIL DU DÉPARTEMENT DE L'ESCAUT,

Vu l'exploit d'ajournement en date 7 messidor, l'an 4me de la république française, fait à la demande de *Marie Thérèse van Waesberghe*, veuve de *Jean François Bourdeaux*, d'une part, contre *Ignace Caueen*, instituteur, demeurant dans la commune de Waerschoot, ajourné d'autre; vu aussi le procès verbal du juge de paix du canton de Waerschoot, en date 25 prairial, 4me année, d'où résulte que la difficulté mue entre les parties est de savoir, si la demanderesse est fondée d'exiger à charge du défendeur la somme de trente-six livres de gros argent courant, pour deux années de loyer d'une maison et terrein occupés par le défendeur, dont la derniere est échue la veille de mai 1796, le défendeur soutenant que l'exploit d'ajournement est nul, n'ayant point joui du délai accordé par la loi;

Ouï les parties, la demanderesse par son fondé de pouvoir, *Jean François Bourdeaux*, le défendeur en personne, le commissaire du pouvoir exécutif présent;

Attendu que conformément à l'art. XXXVIII, du titre III, de la suite des loix et arrêtés sur l'organisation de l'ordre judiciaire, le délai de huitaine franche est le délai général accordé à tout plaideur, pour comparoître ou pour dire ou faire contre sa partie;

Attendu que la citation produite par le défendeur, est faite le 7 messidor, 4me année de la république, pour comparoître par-devant ce tribunal ce jourd'hui 15 du même mois, que par ainsi le défendeur n'a point joui du délai que la loi accorde à tout plaideur;

Le tribunal faisant droit, déclare nul l'ajournement ci-dessus repris, ordonne à la demanderesse de l'abandonner pour tel, la condamne aux dépens de la comparution, à la taxe et modération du tribunal,

Fait en séance du 15 messidor, l'an 4me de la république française une et indivisible.

Etoient signés; B. J. HEYSE, *présid.*; J. B. J. ROELANDTS; A. J. VAN TIEGHEM; DE LANTHEERE, *et* DE MEYERE.

170me. SENTENCE.

LE TRIBUNAL CIVIL DU DÉPARTEMENT DE L'ESCAUT,

Vu l'exploit d'ajournement en date 29 floréal, l'an 4me de la république française, fait à la demande du citoyen *Gilliaume Boule*, à Gand, demandeur d'une part, contre la citoyenne veuve de *Jean d'Hooge*, à Sleydinge, défenderesse d'autre; vu aussi le procès verbal du juge de paix du canton de Sleydinge, d'où résulte que la difficulté mue entre les parties est de savoir, si le demandeur est fondé d'exiger à charge de la défenderesse la restitution de la somme de six livres, douze escalins, cinq gros et trois déniers, comme induement défalquée par elle de la succession de l'épouse du demandeur, à la mortuaire de son pere *Jean Baptiste d'Hooge*;

Ouï les parties, le commissaire du pouvoir exécutif présent;

Attendu qu'à la séance de ce jour, la défenderesse a convenu que le demandeur étoit mal chargé de la moitié de la somme de treize livres, deux escalins, dix gros et six déniers;

Attendu qu'elle a consenti de refondre au demandeur la prédite somme de six livres, douze escalins, cinq gros et trois déniers;

Attendu qu'elle a offert en outre de payer la moitié des dépens;

Attendu que dès le principe la défenderesse n'a pas été fondée d'endosser au demandeur une dette à laquelle il n'étoit pas tenu;

Attendu que selon droit la plus pétition ne porte point de peine;

Attendu que la défenderesse n'a pas fait, ni devant le juge de paix, ni dans les deux premieres séances, aucune offre pour appaiser le demandeur ;

Le tribunal faisant droit en dernier ressort, condamne la défenderesse à restituer au demandeur le susdite somme de six livres, douze escalins, cinq gros et trois déniers, et aux dépens du procès, à la taxe et modération du tribunal.

Fait en séance du 16 messidor, l'an 4me de la république française, une et indivisible.

Etoient signés : G. F. Buyck, *présid.*; de Meyere ; P. Botte ; A. J. van Tieghem, *et* de Lantheere.

Mandons à tout huissier, etc.

171me. SENTENCE.

Le Tribunal civil du Département de l'Escaut,

Vu l'exploit d'ajournement en date 6 messidor, l'an 4me de la république française, fait à la demande du citoyen *Michel Joseph de Poorter*, habitant de la commune de Gand, demandeur par ajournement fait sous l'autorisation du ci-devant lieutenant civil, le 7 décembre 1795, d'une part, contre le citoyen *Pierre L. Sonneville*, à Alderheyligen-Zwaluwen, défendeur d'autre, d'où résulte que la difficulté mue entre les parties est de savoir, si le demandeur est fondé d'exiger à charge du défendeur la somme de neuf livres de gros, argent de change, pour l'import d'une lettre de change en date 3 novembre 1793 ;

Ouï le demandeur, le défendeur non-comparant, le commissaire du pouvoir exécutif présent ;

Attendu que le demandeur a fourni la lettre de change, signé par le défendeur et son cautionnaire *Stevens* ;

Attendu que le défendeur n'est point comparu ni personne pour lui ;

Attendu que le demandeur a demandé jugement par défaut ;

Le tribunal donne défaut, et pour le profit, faisant droit en dernier ressort, condamne le défendeur à payer au demandeur la somme de neuf livres de gros, argent de change, montant de la lettre de change joint au procès, à l'intérêt judiciaire, depuis l'institution de la cause jusqu'au payement parfait, et aux dépens du procès, à la taxe et modération du tribunal; le défendeur entier à se pourvoir en opposition, endéans le terme et conformément à la loi.

Fait en séance du 16 messidor, l'an 4me de la république française, une et indivisible.

Etoient signés : G. F. Buyck, *présid.*; de Meyere ; de Lantheere ; P. Botte, *et* A. J. van Tieghem.   Mandons à tout huissier, etc.

172me. SENTENCE.

LE TRIBUNAL CIVIL DU DÉPARTEMENT DE L'ESCAUT,

Vu l'exploit d'ajournement fait à la demande du citoyen *François van Pringen*, cocher de profession, demeurant en la commune de Gand, le 5 messidor, l'an 4me de la république française, contre le citoyen *Joseph François de Vos*, serrurier dans la même commune, défendeur de l'autre part; vu aussi l'acte de renvoy, expédié par le juge de paix de la section de la fraternité, du 1 messidor susdit, d'où résulte que la question est de savoir, si le demandeur est fondé à exiger du défendeur le payement de la somme de douze livres de gros argent de change, pour trois années d'arriérages d'une rente de cent livres de gros argent de change au capital, constituée par ledit *de Vos*, au profit de feu *François de Vos*, étant marié avec *Josine van Damme*, étant veuve et héritiere nécessaire dudit *de Vos*, convolée en secondes noces avec le demandeur, la derniere année échue le 30 novembre 1795 (v. st.), avec l'intérêt judiciaire; secundo, si le demandeur est encore fondé de contraindre le défendeur au remboursement dudit capital ou de l'hypothéquer suffisamment, à l'appaisement du demandeur;

Ouï le demandeur, le défendeur non-comparant ni personne en son nom, le commissaire du pouvoir exécutif présent;

Attendu que le demandeur a suffisamment prouvé son intention, par l'acte constitutif de la rente du 30 novembre 1784;

Attendu que le défendeur ne l'a point contredit, et qu'il n'est pas comparu;

Attendu que le demandeur a requis pour cela jugement par défaut;

Le tribunal faisant droit, donne défaut, et pour le profit, condamne le défendeur à payer au demandeur la susdite somme de douze livres de gros argent de change, pour les trois années des canons de la rente ci-dessus reprise, à l'intérêt judiciaire, depuis l'institution de la cause devant le bureau de paix jusqu'au payement réel, et en outre de rembourser ou hypothéquer, à l'appaisement du demandeur, le capital de ladite rente, portant cent livres de gros argent de change, et condamne ledit défendeur aux dépens du procès, à la taxe et modération du tribunal, le défendeur en son entier de se pourvoir en opposition, endéans le terme et conformément à la loi;

Fait en séance du 16 messidor, l'an 4me de la république française, une et indivisible.

Etoient signés: G. F. BUYCK, *présid.*; DE MEYERE; DE LANTHEERE; P. BOTTE, *et* A. J. VAN TIEGHEM,

173me. SENTENCE.

LE TRIBUNAL CIVIL DU DÉPARTEMENT DE L'ESCAUT,

Vu l'exploit d'ajournement en date 13 prairial, l'an 4me de la république française, fait à la demande du citoyen *Josse de Wulf*, à Aeltre, demandeur d'une part, contre le citoyen *Pierre Livin Maenhaut*, ajourné d'autre; vu aussi le procès verbal du juge de paix du canton de Nevele, en date 10 floréal, l'an 4me, d'où résulte que la difficulté mue entre les parties est de savoir, si le demandeur est fondé d'exiger à charge de l'ajourné la somme de dix-huit livres de gros, huit escalins et neuf gros, argent courant de flandre, pour débourses de rapports faits dans la cause dudit *de Wulf*, comme demandeur par requête du 7 septembre 1790, contre ledit *Maenhaut*, défendeur;

Ouï le demandeur, le défendeur non-comparant, ni personne pour lui, le commissaire du pouvoir exécutif présent;

Attendu que le demandeur a prouvé d'avoir payé pour le défendeur la somme de huit livres, trois escalins, dix gros, six déniers, pour épices;

Attendu qu'il n'a point prouvé la seconde demande, tendante à la restitution d'autres épices, qui résulteroient d'un incident terminé par sentence du 4 septembre 1792, et d'autres jugemens interlocutoires;

Attendu que le défendeur n'a point comparu ni personne en son nom;

Le tribunal faisant droit en dernier ressort, donne défaut à la charge du défendeur, et pour le profit, le condamne à restituer au demandeur la somme de huit livres, trois escalins, dix gros, six déniers, pour vingt-trois vingt-quatriemes des épices ci-dessus reprises; et avant faire droit sur les conclusions ultérieures, ordonne au demandeur de vérifier à la séance du 19 thermidor l'avance des épices, taxée sur l'incident du 4 septembre 1792, et jugemens interlocutoires ci-dessus repris, le défendeur entier d'y contredire; condamne le défendeur à la moitié des dépens du procès, à la taxe et modération du tribunal, réserve la moitié restante jusqu'à la décision ultérieure; le défendeur cependant en son entier de se pourvoir en opposition, endéans le terme et conformément à la loi.

Fait en séance du 16 messidor, l'an 4me de la république française, une et indivisible.

Etoient signés : G. F. BUYCK, *présid.*; P. BOTTE; DE MEYERE; DE LANTHEERE, *et* A. J. VAN TIEGHEM.

Mandons à tout huissier, etc.

174me. S E N T E N C E.

Le Tribunal civil du Département de l'Escaut,

Vu l'exploit d'ajournement en date 4 messidor, l'an 4me de la république française, fait à la demande du citoyen *Jean Taets*, à Evergem, demandeur d'une part, contre le citoyen *Jean François van Verdegem*, aussi habitant de la commune d'Evergem, défendeur d'autre, d'où résulte que la difficulté mue entre les parties est de savoir, si la sentence rendue par le juge de paix du canton de Sleydinge en date 18 floréal, 4me année, est nulle en la forme ;

Ouï les parties, le commissaire du pouvoir exécutif entendu en ses conclusions ;

Attendu que dans la présente cause il s'agit de nullité en la forme, qui se seroit commise en la procédure par-devant le juge de paix ;

Attendu que l'art. CCLV de la constitution porte : « Le tribunal de « cassation ne peut jamais connoître du fond des affaires; mais il casse « les jugements rendus sur des procédures dans lesquelles les formes « ont été violées, ou qui contiennent quelque contravention expresse « à la loi, et il renvoye le fond du procès au tribunal qui doit en con- « noître ; que par ainsi le tribunal est incompétent de connoître de la « question ci-dessus. ”

Le Tribunal faisant droit, se délare incompétent pour juger la question dont il s'agit, renvoye les parties par-devant le tribunal de cassation.

Fait en séance du 17 messidor, l'an 4me de la république française, une et indivisible.

Etoient signés : B. J. Heyse, *présid.*; de Meyere ; de Lantheere ; A. J. van Tieghem ; *et* Tegelberg.

175me. S E N T E N C E.

Le Tribunal civil du Département de l'Escaut,

Vu l'exploit d'ajournement en date 5 prairial, l'an 4 de la république française, fait à la demande du citoyen *Pierre François de Jans*, habitant de la commune de Cruyshautem, demandeur d'une part, contre le citoyen *Benoît van Henes*, défendeur d'autre, d'où résulte que la difficulté mue entre les parties est de savoir, si le demandeur a pu citer par-devant ce tribunal le défendeur, en vertu de l'acte de renvoy du juge de paix du canton de Nazareth, le défendeur alléguant qu'il n'y a eu un interstice d'un jour franc entre la citation et le jour de comparution ;

Ouï les parties, le commissaire du pouvoir exécutif entendu en ses conclusions ;

Attendu que la citation dont il s'agit, n'a pas été faite d'après la loi, qui prescrit un jour franc entre la citation et la comparution au bureau de paix ;

Que par ainsi le défendeur n'a pu encourir par sa non-comparution l'amende de trente livres, statuée contre les non comparans ;

Que par conséquent, le demandeur n'a pu légalement ajourner le défendeur par-devant ce tribunal ;

Le tribunal faisant droit, déclare le demandeur non recevable, le condamne aux dépens de la comparution, à la taxe et modération du tribunal, sauf son recours contre qui il appartiendra.

Fait en séance du 17 messidor, l'an 4me de la république française, une et indivisible.

Etoient signés : B. J. HEYSE, *présid.* ; DE LANTHEERE ; A. J. VAN TIEGHEM ; DE MEYERE, *et* TEGELBERG.

176me. SENTENCE.

LE TRIBUNAL CIVIL DU DÉPARTEMENT DE L'ESCAUT,

Vu l'exploit d'ajournement en date 9 messidor, l'an 4me de la république française, fait à la demande du citoyen *Pierre de Nyckere*, tailleur, en cette commune de Gand, demandeur d'une part, contre le citoyen *G. Camberlyn*, aussi à Gand, défendeur d'autre, d'où résulte que la difficulté mue entre les parties est de savoir, si le demandeur est fondé d'exiger à charge du défendeur que celui-ci soit ordonné de lever la saisie qu'il a fait practiquer sur les déniers du demandeur, le défendeur alléguant que le demandeur auroit du agir par résumption, vu qu'il y avoit litispendence entre les parties sur cet objet, demandant congé d'instance ;

Ouï les parties, le commissaire du pouvoir exécutif présent ;

Attendu que le défendeur par sa requête présentée au ci-devant conseil de Flandre, le 13 mai 1795 (v. st.), a conclu au décrétement de la saisie y reprise ;

Que copie de la même requête a été duement insinuée au demandeur ;

Que par ainsi il existe litispendence entre les parties sur l'objet porté par-devant ce tribunal ;

Attendu que par les loix sur l'organisation de l'ordre judiciaire en

matiere

matiere civile, les contestations ouvertes doivent être portées par-
devant les tribunaux civils par résumption ;

Le tribunal faisant droit, accorde au défendeur le congé d'instance
par lui proposé, et condamne le demandeur aux fraix et dépens du
procès, à la taxe et modération du tribunal.

Fait en séance du 17 messidor, l'an 4me de la république française,
une et indivisible.

Etoient signés : B. J. HEYSE, *présid.* ; DE MEYERE ; DE LANTHEERE ;
TEGELBERG, *et* A. J. VAN TIEGHEM.

177me. S E N T E N C E.

LE TRIBUNAL CIVIL DU DÉPARTEMENT DE L'ESCAUT,

Vu l'exploit d'ajournement en date 3 messidor, l'an 4me de la république française, fait à la demande du citoyen *Emanuel Ranfon*,
agriculteur, à Lootenhulle, demandeur d'une part, comme tuteur des
enfans mineurs de feu *Jacques Verschemoet*, contre le citoyen *Pierre
Martens*, à Bellem, défendeur d'autre ; vu aussi le procès verbal du
juge de paix du canton de Nevele, en date 8 prairial, 4me année de
la république, d'où résulte que la difficulté mue entre les parties est
de savoir, si le demandeur est fondé d'exiger à charge du défendeur
que celui-ci ait à se départir de prétendre aucun droit de bail à la
maison et héritage par lui occupée, appartenante aux mineurs susnom-
més, le défendeur opposant la tacite réconduction ;

Ouï les parties, le commissaire du pouvoir exécutif entendu ;

Attendu que le défendeur a pris en bail du demandeur en qualité
de tuteur des enfans mineurs de *Jacques Verschemoet*, la maison et
héritage dont il s'agit, pour un terme de trois années consécutives ;

Que ce terme est expiré le dernier du mois d'avril 1795 (v. st.) ;

Attendu que le demandeur en sa qualité susdite, a interdit au défendeur d'occuper davantage la prédite maison ;

Attendu enfin que l'article IV, section II, de la loi du 28 septembre 1791, sur la police rurale dit : » la tacite réconduction n'aura plus
» lieu à l'avenir en bail à ferme ou à loyer des biens ruraux. «

Que par ainsi le défendeur n'a plus aucun titre ni droit de continuer
l'occupation de la même maison et héritage ;

Le tribunal faisant droit, ordonne au défendeur d'évacuer la maison et
héritage reprise au procès, le condamne à tous dommages et intérêts
soufferts et à souffrir par les enfans mineurs susdits, à cause de son refus
ou délai, et aux dépens du procès, à la taxe et modération du tribunal.

Fait en séance du 17 messidor, l'an 4me de la république française, une et indivisible.

Etoient signés : B. J. Heyse, *présid.*; A. J. van Tieghem; P. Botte; de Lantheere, *et* Tegelberg.

178me. SENTENCE.

Le Tribunal civil du Département de l'Escaut,

Vu l'exploit d'ajournement en date 9 messidor, l'an 4me de la république française, fait à la demande du citoyen *Jean François Adams*, à Thielt, demandeur d'une part, contre le citoyen *Antoine Hervynck*, cabaretier, à Olsene, ajourné d'autre; vu aussi le procès verbal du juge de paix du canton de Deynse, en date 9 floréal, l'an 4me, d'où résulte que la difficulté mue entre les parties est de savoir, si le demandeur est fondé d'exiger à charge de l'ajourné, 1°. la somme de cinq livres de gros, argent courant, pour trois mois, échus le dernier avril 1794, et en outre vingt livres de gros, pour une année de loyer de l'année échue le dernier avril 1796 (v. st.), et une couronne à titre de pot de vin, sauf à déduire tous les objets fournis à compte de la somme ci-dessus;

Ouï le demandeur, vu la non-comparution de l'ajourné, le commissaire du pouvoir exécutif présent;

Attendu qu'il conste par le contract de bail, exhibé à la séance de ce jour, que l'ajourné occupe la maison et cabaret ci-dessus repris;

Attendu que l'ajourné n'est point comparu ni personne en son nom, et que le demandeur a demandé jugement par défaut;

Attendu que l'ajourné ne s'est pas sisté au bureau de conciliation, y étant légalement cité;

Attendu que par le § VI, du titre X des lois et arrêtés sur l'organisation de l'ordre judiciaire en matiere civile, il est dit »que si la partie assignée ne comparoît pas au bureau de paix, elle sera condamnée à une amende de trente livres, payables dans la caisse du receveur du département. »

Le tribunal faisant droit, donne défaut contre l'ajourné, et pour le profit, le condamne à payer, 1°. au demandeur la somme de cinq livres de gros, argent courant, pour trois mois de loyer, échus le dernier avril 1794 (v. st.); et 2°. la somme de vingt livres de gros, argent courant, pour une année de loyer, échue le dernier avril 1796 (v. st.), et une couronne pour le pot de vin, sauf à déduire les objets par lui ajourné fournis au demandeur; condamne en outre l'ajourné à l'amende de trente livres tournois, payables dans la caisse du receveur du département, et aux dépens du procès, à la taxe et modération du tribunal; sauf à l'ajourné à se pourvoir en opposition, endéans le terme et conformément à la loi.

Fait en séance du 17 messidor, l'an 4me de la république française, une et indivisible.

Etoient signés : B. J. HEYSE, *présid.;* DE LANTHEERE ; TEGELBERG ; P. BOTTE, *et* A. J. VAN TIEGHEM.

___

179me· SENTENCE.

LE TRIBUNAL CIVIL DU DÉPARTEMENT DE L'ESCAUT,

JUGEMENT PRÉPARATOIRE.

En la cause du citoyen *Daniel Couradi*, maître cordonnier, en la commune de Schellebelle, demandeur d'une part, contre le citoyen *Emanuel Roggeman*, habitant de la commune d'Heusden, défendeur d'autre;

Ouï les parties, le commissaire du pouvoir exécutif présent;

Attendu que le jugement du 24 prairial est clair, et qu'il incomboit au défendeur d'y satisfaire;

Attendu que le défendeur est en défaut de remplir cette tâche;

Le tribunal, inhérant à son dit jugement, ordonne au défendeur itérativement d'y satisfaire, et aux parties de recomparoître à la séance du 28 courant, condamne le défendeur pour son défaut aux dépens de la présente comparution, à la taxe et modération du tribunal.

Fait en séance du 18 messidor, l'an 4me de la république française, une et indivisible.

Etoient signés : G. F. BUYCK, *présid.;* P. BOTTE; A. J. VAN TIEGHEM; F. DANNEELS, *et* TEGELBERG.

___

180me· SENTENCE.

LE TRIBUNAL CIVIL DU DÉPARTEMENT DE L'ESCAUT,

Vu l'exploit d'ajournement du 27 floréal, l'an 4me de la république française, fait à la demande du citoyen *Daniel Couradi*, maître cordonnier, en la commune de Schellebelle, et Wanzele, d'une part, contre le citoyen *Emanuel Roggeman*, habitant de la commune d'Heusden, défendeur d'autre, d'où résulte que la question mue entre les parties est de savoir. si le demandeur est fondé dans son exception de nullité, proposé contre la sentence rendue contre lui à la poursuite du défendeur, le 12 novembre 1795, comme n'étant pas motivé, couformément à l'arrêté des représentans du peuple du 30 vendémiaire, l'an 4me, le défendeur ne s'y opposant point, et ayant déclaré à la séance de ce jour qu'il n'entendoit pas se prévaloir de ladite sentence envers le défendeur;

Ce qu'attendu le tribunal faisant droit, décréte la déclaration du défendeur ci-dessus reprise, en conséquence met la sentence du 12 novembre 1795 dont s'agit en néant, condamne le défendeur aux dommages et intérêts soufferts de ce chef par le demandeur, et aux dépens du procès à la taxe et modération du tribunal; le défendeur entier contre l'ex-procureur *Leirens*, comme il trouvera convenir.

Fait en séance du 18 messidor, l'an 4me de la république française, une et indivisible.

Etoient signés : G. F. BUYCK, *présid.*; P. BOTTE; F. DANNEELS; A. J. VAN TIEGHEM, *et* TEGELBERG.

181me. SENTENCE.

LE TRIBUNAL CIVIL DU DÉPARTEMENT DE L'ESCAUT,

En la cause du citoyen *Pierre François Verniers*, habitant de la commune d'Asper, impétrant de lettres de relievement, contre la forclusion de preuve directe décrêtée contre lui par les ci-devant bourguemaître et échevins de la paroisse d'Eyne et de Heurne, le 25 août 1794, d'une part, contre la veuve et héritiers de feu le citoyen *Emanuel van Lancker*, habitant de la commune de Synghem, ajournés d'autre part;

Ouï les parties, le commissaire du pouvoir exécutif présent;

Attendu que les ajournés ont consenti à l'entérinement des clauses de ladite requête civile, moyennant et à condition que l'impétrant ait à payer les frais de retardement;

Attendu que l'impétrant est tenu de payer lesdits frais pour cause de sa négligence;

Attendu que pour cette raison le défendeur ne s'y est pas opposé;

Le tribunal faisant droit, intérine les clauses de ladite requête civile, en conséquence lui permet de subministrer la preuve dont s'agit à la séance du 6 thermidor prochain, à deux heures de relevée, les ajournés entier à preuve contraire si bon leur semble, conformément à la loi, condamne l'impétrant aux dépens de retardement requis par les ajournés, à la taxe et modération du tribunal.

Fait en séance du 18 messidor, l'an 4me de la république française, une et indivisible.

Etoient signés : G. F. BUYCK, *présid.*; P. BOTTE; F. DANNEELS; TEGELBERG, *et* A. J. VAN TIEGHEM.

182.me. SENTENCE.

Le Tribunal civil du Département de l'Escaut,

En la cause des citoyens *Guilliaume Momaert*, *François Eeckman*, *Corneille de Waele*, *Livin Helderweirt*, habitans de la commune de Saffelaere, et *André de Bruyne*, demeurant à Loochristi, demandeurs d'une part, contre les citoyens *Servaes de Cleene*, à Lokeren, *Philippe van den Bossche*, receveur du chapître de St. Bavon, et le receveur de l'abbaye de St. Pierre, à Gand, ajournés d'autre;

Ouï les demandeurs et le citoyen *de Cleene*, le commissaire du pouvoir exécutif présent;

Attendu que l'objet dont il s'agit, regarde directement l'administration départementale;

Attendu que le chapître de St. Bavon, ni l'abbaye de St. Pierre, à Gand, n'ont formé aucune opposition au payement exigé à la charge des demandeurs pour le droit de dîmes, dont il s'agit;

Le tribunal renvoye la cause par-devant l'administration départementale, leve le surcis rendu sur la pétition des demandeurs en date 13 courant, et condamne les demandeurs au payement des frais de voyage pour la comparution de ce jour du citoyen *Servaes de Cleene*.

Fait en séance du 18 messidor, l'an 4me de la république française, une et indivisible.

Etoient signés : G. F. BUYCK, *présid.*; F. DANNEELS; DE LANTHEERE; P. BOTTE, *et* A. J. VAN TIEGHEM.

183.me. SENTENCE.

Le Tribunal civil du Département de l'Escaut,

Vu l'exploit d'ajournement en date 28 ventose, l'an 4me de la république française, fait à la demande des citoyens *Pierre van Geen*, *Louis Cnudde*, *Benoît de Coster*, *Livin Tange*, la veuve de *Gerard Schoevaert*, *Josse Monfoye*, *François Klepkens*, maître tonnelier, *Pierre van Heesbeke*, *Pierre Janssens*, *Jean Baptiste Vlaminck*, tonnelier, *Emanuel Laforce*, et *Jacques Vereecken*, demandeurs d'un part, contre les citoyens *Joseph Pieters*, ci-devant conseiller et procureur-général provisoire, et *Livin de Keyser*, ci-devant substitut du procureur-général, défendeurs d'autre; vu aussi toutes les pièces de la procédure, d'où résulte que la difficulté mue entre les parties est de savoir, 1°. si les demandeurs sont fondés d'exiger à charge des défendeurs, que la poursuite criminelle que les défendeurs en leurs qualités respectives de procureur-général provisoire, et substitut-procureur-général, ont entamée à charge des demandeurs, soit déclaré nulle ; et 2°. à ce que les défendeurs soient condamnés solidairement en tous dommages et intérêts par eux soufferts à cause des suites de la même poursuite criminelle, les défendeurs soutenant le contraire, alléguant qu'ayant entamé la prédite poursuite en leurs qualités respectives de procureur-général provisoire et substitut-procureur-général, et en vertu de l'autorisation du ci-devant conseil de Flandre, leur qualité cesse ;

Ouï les parties, le commissaire du pouvoir exécutif entendu ;

Attendu que les demandeurs ont déclarés en séance publique de désister du premier membre de leurs conclusions ;

Attendu que d'après les lois et la jurisprudence de la ci-devant province de Flandre, et nottament l'art. 16 de la rub. 11 de la coutume de Gand ; « Aucun fonctionnaire public ne peut être pris à partie pour cause des poursuites faites lui en sa qualité de fonctionnaire public, sauf dans le cas de calomnie ou de prévarication. "

Attendu que les défendeurs n'ont agi à charge des demandeurs, qu'en leurs qualités respectives de procureur-général provisoire et de substitut-procureur-général.

Attendu que les défendeurs dans leur requête introductive en date du 15 octobre 1793, ont suivi littéralement les lois, la jurisprudence et les coutumes alors existantes ;

Qu'ils n'ont pris aucune conclusion, ni directe ni indirecte, à charge des prévenus ;

Qu'ils n'ont agi criminellement qu'après une autorisation expresse du ci-devant conseil de Flandre ; qu'enfin cette autorisation n'a été accordée par ledit conseil, qu'après un rapport préalable et pertinent d'un commissaire expressement député aux fins d'examiner les inculpations à charge des demandeurs ;

Attendu que l'autorisation du ci-devant conseil de Flandre est une preuve parfaite, que dans l'exposé de la prédite requête le conseil ne trouvoit de la part des défendeurs ni prévarication ni calomnie ; qu'en outre, l'autorisation du conseil de Flandre en matiere criminelle importoit aux défendeurs officiers du souverain, l'obligation d'exécuter les fins pour lesquelles cette autorisation étoit donnée ;

Attendu que dans tous les autres actes de ladite poursuite, les défendeurs ont suivi la même marche prescrite par les lois et jurisprudence d'alors ; que c'est en tout et par tout le conseil de Flandre qui décerne, qui dirige les progrès de la procédure et la marche à suivre par les fiscaux ; que dans aucune des pièces produites

au bureau de ce tribunal et appointées par le conseil de Flandre,
pour la poursuite de cette affaire, il ne se voit aucun vestige de prévarication, ni de calomnie de la part des officiers publics; que les
appointements mêmes du conseil en sont des preuves irréfragables;

Attendu enfin, que les défendeurs se sont contenus dans les bornes
du devoir qu'imposoit la loi à leur qualité;

Le tribunal faisant droit, déclare les demandeurs non-recevables,
ni fondé dans leurs conclusions, à charge des défendeurs, condamne
les demandeurs aux frais et dépens du procès, à la taxe et modération du tribunal.

Fait en séance du 19 messidor, l'an 4me de la république française,
une et indivisible.

Etoient signés: B. J. Heyse, *présid.*; J. B. J. Roelandts; de Lantheere; Tegelberg; A. J. van Tieghem, *et* P. Botte.

184me. SENTENCE.

Le Tribunal civil du Département de l'Escaut,

Vu l'exploit d'ajournement en date 2 messidor, l'an 4me de la république française, fait à la demande du citoyen *Ferdinand Augustin* et
la citoyenne *Thérése Cornelie de Brabander*, comme héritiers de feu
Jean Baptiste de Brabander, demandeurs par requête présentée à la municipalité de Nevel, le 14 novembre 1795 (v. st.), d'une part, le citoyen *Josse de Keyser*, habitant de la commune de Landegem, défendeur d'autre; vu aussi les pièces du procès servies par-devant ladite
municipalité de Nevel, et le résumé de la cause servi par le demandeur par-devant ce tribunal, d'où résulte que la difficulté mue entre
les parties est de savoir, si les demandeurs sont fondés d'exiger à charge
du défendeur: 1°. la somme de deux cent vingt-trois livres, quinze
escalins et neuf gros, argent courant, pour six années de loyer d'une
ferme et terres y adjacentes, et appartenantes aux demandeurs; 2°. la
somme de trente-six livres de gros courant, pour l'année échue le 24
décembre 1795 (v. st.);

Ouï les demandeurs par leur fondé de pouvoir, le citoyen *de Clercq*,
le défendeur n'étant point comparu, ni personne en son nom, le commissaire du pouvoir exécutif présent;

Attendu que le défendeur a occupé la ferme et terres susdites à
titre de bail;

Attendu que la somme de deux mille quatre cent soixante-et-dix
livres dix sols en assignats au pair, insinuée par le défendeur aux

demandeurs, et réinsinuée par ces derniers, n'a point été suivie de
la consignation exigée pour l'extinction de la dette susdite ;

Attendu que les demandeurs ont demandé jugement par défaut ;

Le tribunal faisant droit, donne défaut contre le défendeur non-
comparant, ni personne en son nom, et pour le profit, condamne le
défendeur à payer aux demandeurs : 1º. la somme de deux cent vingt-
trois livres, quinze escalins et neuf gros, argent courant, pour l'occupation faite par le défendeur de la ferme et terres susmentionées ;
2º. la somme de trente-six livres de gros pour l'année de loyer, échue
le 24 décembre 1795, à l'intérêt judiciaire depuis la derniere jusqu'au
payement effectif, et aux dépens du procès, à la taxe et modération
du tribunal ; le défendeur en son entier de se pourvoir en opposition,
endéans le terme et conformément à la loi.

Fait en séance du 19 messidor, l'an 4me de la république française,
une et indivisible.

Etoient signés : B. J. HEYSE, *présid.*; J. B. J. ROELANDTS; TEGEL-
BERG; A. J. VAN TIEGHEM, *et* DE LANTHEERE.

185me. SENTENCE.

LE TRIBUNAL CIVIL DU DÉPARTEMENT DE L'ESCAUT,

Vu l'exploit d'ajournement en date 3 messidor, l'an 4me de la république française, fait à la demande du citoyen *Pierre Bernaert*,
à Dunkerque, demandeur d'une part, contre les citoyens *J. P. Rycke-
waert*, aussi à Dunkerque, et *Nicolas Myngers*, marchand à Bruxelles,
défendeurs d'autre, d'où résulte que la difficulté mue entre les parties
est de savoir, si le demandeur est fondé d'exiger à charge des défendeurs la somme de cinq cent quarante-neuf florins, sept sols, argent
de brabant, pour prix du frêt de son bateau, jours de planche, frais
et dommages à ses voiles ;

Ouï le demandeur en personne ; vu la non-comparution des défendeurs, ni personne pour eux, le commissaire du pouvoir exécutif
entendu en ses conclusions ;

Attendu que le bateau du demandeur a été chargé et fait le transport des marchandises vendues par voie d'exécution par l'huissier *Hoornaert*, à la poursuite des défendeurs ;

Attendu que le demandeur a droit d'exiger les frais et débourses
du transport desdites marchandises ;

Attendu que par la saisie practiquée par les défendeurs, sur les
mêmes marchandises et tout ce qui en est suivi, le bateau du demandeur

deur a dû rester en cette commune ; que par ce fait, les jours de planches sont dûs au demandeur

Attendu enfin que le demandeur a demandé jugement par défaut ;

Le tribunal faisant droit, donne défaut contre les défendeurs, et pour le profit, adjuge au demandeur la somme de cinq cent quarante-neuf florins, sept sols, argent courant, pour les frais et débourses du transport ci-dessus repris ; ainsi que pour les jours de planches, ordonne à l'huissier *Hoornaert*, de payer au demandeur la prédite somme hors les déniers provenus de la vente des marchandises susdites, condamne les défendeurs aux dépens du procès, à la taxe et modération du tribunal ; sauf à eux de se pourvoir en opposition, endéans le terme et conformément à la loi.

Fait en séance du 19 messidor, l'an 4me de la république française, une et indivisible.

Etoient signés : B. J. Heyse, *présid.* ; de Lantheere ; J. B. J. Roelandts ; Tegelberg, *et* A. J. van Tieghem.

186me. SENTENCE.

Le Tribunal civil du Département de l'Escaut,

Vu l'exploit d'ajournement en date 9 messidor, l'an 4me de la république française, fait à la demande du citoyen *Dominique van Wonterghem*, tant pour lui qu'en qualité de tuteur, d'une part, contre le citoyen *Antoine Cadet*, menuisier dans la ville de Deynse, défendeur d'autre, d'où résulte que la difficulté mue entre les parties est de savoir, si le demandeur est fondé d'exiger à charge du défendeur la somme de vingt-huit livres, sept escalins argent de change, pour livraison de vins, avec l'intérêt judiciaire, depuis l'institution de la cause jusqu'au payement réel, et aux dépens du procès, le défendeur ayant convenu de la réalité de la susdite prétention, et demandant à payer endéans le terme d'une année, de trois en trois mois ;

Ouï les parties, le commissaire du pouvoir exécutif présent ;

Attendu que le défendeur a convenu de la réalité des prétentions du demandeur, et qu'il a offert d'y satisfaire endéans le terme d'un an ;

Le tribunal faisant droit, condamne le défendeur à payer au demandeur la somme de vingt-huit livres, sept escalins argent de change, pour la livraison des vins ci - dessus repris, endéans le terme de six mois, et en trois payemens égaux, de deux en deux mois, et aux dépens du procès, à la taxe et modération du tribunal.

Fait en séance du 19 messidor, l'an 4me de la république française, une et indivisible.

Etoient signés : B. J. Heyse, *présid.*; A. J. van Tieghem; Tegelberg; de Lantheere, *et* J. B. J. Roelandts.

187me. SENTENCE.

Le Tribunal civil du Département de l'Escaut,

Vu l'exploit d'ajournement en date 11 messidor, l'an 4me de la république française, fait à la demande du citoyen *Emanuel Ranson*, demandeur d'une part, contre les citoyens *Pierre Martens*, négociant à Bellem, et *Albert François Dierickx*, à Aeltre, défendeurs d'autre; vu aussi le procès-verbal du juge de paix du canton de Nevele, en date 8 prairial dernier, d'où résulte que la difficulté mue entre les parties est de savoir, si le demandeur, en qualité de tuteur des enfans mineurs de feu *Jacques Verschemoet* et *Jeanne Wulteput*, est fondé d'exiger à charge des défendeurs, le premier comme débiteur principal, et le second comme caution-obligé comme principal, la somme de trente-cinq livres, un escalin et trois gros, argent courant, avec l'intérêt judiciaire, pour loyer d'une maison et héritage, échu jusqu'au 1 mai 1796 (v. st.);

Ouï le demandeur, vu la non-comparution des défendeurs, le commissaire du pouvoir exécutif présent;

Attendu qu'il conste par le susdit procès-verbal de la réalité de la dette;

Attendu qu'il conste que le second défendeur s'est constitué caution-obligé comme débiteur principal pour la prédite dette;

Attendu enfin, que le demandeur a demandé jugement par défaut;

Le tribunal faisant droit, donne défaut contre les défendeurs, et pour le profit, les condamne solidairement à payer au demandeur, en sa prédite qualité, la somme de trente-cinq livres, un escalin et trois gros, argent courant, pour causes ci-dessus reprises, à l'intérêt judiciaire, depuis l'institution de la cause jusqu'au payement effectif, et aux dépens du procès, à la taxe et modération du tribunal; les défendeurs en leur entier de se pourvoir en opposition, endéans le tems et conformément à la loi.

Fait en séance du 19 messidor, l'an 4me de la république française, une et indivisible.

Etoient signés: B. J. Heyse, *présid.*; de Lantheere; J. B. J. Roelandts; A. J. van Tieghem, *et* Tegelberg.

Mandons à tout huissier, etc.

188me. SENTENCE.

LE TRIBUNAL CIVIL DU DÉPARTEMENT DE L'ESCAUT,

En la cause de la citoyenne veuve de *Louis van Melle*, à Gand, demanderesse par exploit d'ajournement en date 12 messidor, 4me année de la république française, d'une part, le citoyen *Josse Rogge*, aussi en cette commune, défendeur d'autre ;

Ouï le défendeur, la demanderesse n'étant point comparue, ni personne en son nom, le commissaire du pouvoir exécutif présent ;

Attendu que le défendeur a demandé congé de tribunal ;

Le tribunal faisant droit, accorde au défendeur le congé demandé, condamne la demanderesse aux dépens de la comparution, à la taxe et modération du tribunal.

Fait en séance du 21 messidor, l'an 4me de la république française, une et indivisible.

Etoient signés ; B. J. HEYSE, *présid.* ; J. B. J. ROELANDTS ; A. J. VAN TIEGHEM ; DE LANTHEERE, *et* F. DANNEELS.

189me. SENTENCE.

LE TRIBUNAL CIVIL DU DÉPARTEMENT DE L'ESCAUT,

Vu l'exploit d'ajournement en date 12 prairial, l'an 4me de la république française, et les conclusions ensuivies, fait et pris par le citoyen *François du Buis*, demeurant hors de la porte d'Anvers, joint à lui le citoyen *Guilliaume Rogier*, aussi habitant dudit lieu, demandeurs d'une part, contre le citoyen *Pierre vanden Abeele*, négociant, rue dite *Veldstraete*, en cette commune, défendeur d'autre part, les demandeurs insistant à la levée d'une somme de vingt-six livres, dix-huit escalins et deux gros, argent courant de Brabant, nantie par le second demandeur au greffe du ci-devant conseil de Flandre, afin de valider l'acte-caution qu'il avoit passé pour le premier demandeur, comme ladite caution étant venu à cesser par la sentence qui en déclare l'objet nul et invalide, le défendeur opposant qu'il avoit appellé de cette sentence, que le premier demandeur avoit acquiescé à cet appel, et que conséquemment la sentence portée étoit suspendue ;

Ouï les parties en personne, le commissaire du pouvoir exécutif présent ;

Attendu que la somme de vingt-six livres, dix-huit escalins et deux gros dont il s'agit, est nantie par le second demandeur pour valider l'acte de caution par lui passé pour le premier demandeur, au profit du défendeur, afin de stater une exécution que celui-ci poursuivoit à charge du premier demandeur ;

Attendu que cette exécution étant déclarée nulle et invalide par sentence de ce tribunal, le défendeur a interjeté appel de cette sentence, et qu'en excludant un des trois tribunaux déterminés par la loi, le demandeur a par ainsi acquiescé audit appel;

Attendu finalement, que par cet appel l'effet de ladite sentence est provisoirement suspendu, de sorte que les demandeurs ne peuvent en profiter qu'en donnant la caution usitée;

Le tribunal faisant droit, déclare les demandeurs dans leurs demande et conclusions jusqu'à présent non-recevables ni fondés, et les condamne aux frais et dépens de l'instance, à la taxe et modération du tribunal.

Fait en séance du 21 messidor, l'an 4me de la république française, une et indivisible.

Etoient signés : B. J. HEYSE; *présid.*; DE MEYERE; DE LANTHEERE; J. B. J. ROELANDTS, *et* A. J. VAN TIEGHEM.

190me. SENTENCÈ.

LE TRIBUNAL CIVIL DU DÉPARTEMENT DE L'ESCAUT,

En la cause des citoyens *Pierre Jean*, *Jeanne Marie*, *Jean Baptiste* et *Marie Anne Beeckman*, demandeurs par exploit d'ajournement en date 9 messidor, 4me année de la république française, d'une part, contre les citoyens *Jean Catharin Joseph*, *Thérèse* et *Jeanne Françoise Beeckman*, ajournés d'autre;

Ouï les défendeurs en personne, les demandeurs n'étant point comparus, ni personne en leur nom, le commissaire du pouvoir exécutif présent;

Attendu que les défendeurs ont demandé congé d'audience;

Le tribunal faisant droit, accorde aux défendeurs le congé demandé, condamne les demandeurs aux dépens de la comparution, à la taxe et modération du tribunal.

Fait en séance du 21 messidor, l'an 4me de la république française, une et indivisible.

Etoient signés : B. J. HEYSE, *présid.*; DE MEYERE; J. B. J. ROELANDTS; A. J. VAN TIEGHEM, *et* DE LANTHEERE.

191ᵐᵉ· SENTENCE.
LE TRIBUNAL CIVIL DU DÉPARTEMENT DE L'ESCAUT,
JUGEMENT PRÉPARATOIRE.

En la cause du citoyen *Jean Guilliaume Landuyt*, habitant de la commune de Gand, demandeur d'une part, contre les citoyens *Livin Landuyt* et *Jean Baptiste Driessens*, aussi habitans dans la même commune, défendeurs d'autre part;

Ouï le demandeur, les défendeurs non-comparants, le commissaire du pouvoir exécutif présent;

Attendu que les défendeurs, après avoir requis et obtenu un délai extraordinaire, ne sont point comparus à la séance de ce jour;

Attendu qu'ils sont constamment en défaut de satisfaire au premier membre du jugement préparatoire du 22 prairial dernier, à l'ordonnance y reprise;

Attendu que le demandeur a requis une ordonnance itérative à leur charge et les dépens du jour;

Le tribunal faisant droit, donne défaut contre les défendeurs, et pour le profit, leur ordonne itérativement de satisfaire à la production et expurgation reprise par le susdit jugement préparatoire du 22 prairial dernier, à la séance du 2 thermidor prochain, à peine d'y être contraint par exécution *ad factum*, condamne lesdits défendeurs aux dépens, à la taxe et modération du tribunal.

Fait en séance du 22 messidor, l'an 4me de la république française, une et indivisible.

Etoient signés : G. F. BUYCK, *présid.*; P. BOTTE; DE LANTHEERE; J. B. J. ROELANTS, *et* A. J. VAN TIEGHEM.

192ᵐᵉ· SENTENCE.
LE TRIBUNAL CIVIL DU DÉPARTEMENT DE L'ESCAUT,

En la cause du citoyen *Gerard de Vuyst*, habitant du village de Borsbeke, canton d'Herzele, résumant la cause ouverte entre lui comme défendeur d'une part, contre la citoyenne *Jeanne Marie vander Linden*, veuve de *Pierre van Cleemputte*, habitante de la commune de Grammont, tant pour elle que pour ses co-héritiers du côté maternel à la mortuaire de *Marie Jeanne vander Straeten*, demanderesse par requête du 22 octobre 1795 (v. st.), présentée à la municipalité de la commune et territoire d'Alost, d'autre;

Ouï les parties, le commissaire du pouvoir exécutif présent;

Attendu que la demanderesse n'a point fourni la preuve à laquelle elle a été admise par le jugement préparatoire du 28 prairial ;

Attendu que ledit jugement est basé sur les inductions et faits qu'avoit allégués et posés la défenderesse ;

Attendu que pour éluder ladite preuve, elle a fait une dénégation nouvelle, à laquelle le demandeur a soutenu de ne devoir répondre encore ;

Attendu que le demandeur a satisfait de son côté à l'ordonnance du tribunal, portée à son égard par le susdit jugement préparatoire ;

Attendu que la rétroacte et l'ordre judiciaire exigent que la demanderesse propose ses contredits à l'encontre des actes que le défendeur réclame ;

Le tribunal inhérent audit jugement préparatoire, sans avoir égard jusqu'ici à l'allégation nouvelle de la demanderesse, lui ordonne de subministrer la preuve à laquelle ledit jugement l'a admise, à la séance du 12 thermidor prochain, à sept heures du matin, à peine de forclusion de maintenant pour lors, ordonne au défendeur de déposer au greffe du tribunal les actes dont il a fait emploi à la séance de ce jour, et à la demanderesse d'y contredire pertinemment à ladite séance du 12 thermidor, condamne la demanderesse aux dépens de la comparution de ce jour et accessoires, à la taxe et modération du tribunal.

Fait en séance du 22 messidor, l'an 4me de la république française, une et indivisible.

Etoient signés : G. F. BUYCK, *présid.* ; P. BOTTE ; DE LANTHEERE ; J. B. J. ROELANDTS, *et* A. J. VAN TIEGHEM.

193me. SENTENCE.

LE TRIBUNAL CIVIL DU DÉPARTEMENT DE L'ESCAUT,

Vu l'exploit d'ajournement en date 12 messidor, 4me année de la république française, fait à la demande de la citoyenne *Marie Rosséel*, actuellement en mariage avec *François van Ertvelde*, domicilié à Gand, demanderesse d'une part, contre la citoyenne veuve de *François de Coninck*, défenderesse d'autre ; vu aussi le procès-verbal servi pardevant le juge de paix du canton de Gand, section de la liberté, d'où résulte que la difficulté mue entre les parties est de savoir, si la demanderesse est en droit d'exiger à charge de la défenderesse la somme de quatre-vingt florins, argent de change, pour deux années d'arriérages d'une rente de quarante florins par an, constituée au profit de *Therese Baval*, sa fille, la défenderesse n'y étant point comparue ;

Ouï la demanderesse en personne, la défenderesse n'étant point comparue, le commissaire du pouvoir exécutif présent ;

Attendu que la demanderesse a prouvé à suffisance de droit son intention ;

Attendu que la défenderesse n'est point comparue, ni personne en son nom ;

Attendu que la demanderesse a demandé jugement par défaut ;

Le tribunal faisant droit, donne défaut, et pour le profit, condamne la défenderesse à payer à la demanderesse la susdite somme de quatre-vingt florins, argent de change, pour deux années d'arriérages d'une rente, et aux dépens du procès, de même que ceux engendrés par-devant le juge de paix, à la taxe et modération du tribunal, sauf à elle de se pourvoir en opposition, endéans le terme et conformément à la loi ; au surplus, et conformément le § VI du titre X des Lois et arrêtés sur l'ordre judiciaire, condamne la défenderesse pour son défaut de comparution au bureau de paix, en l'amende de 30 livres, au profit de la république française.

Fait en séance du 22 messidor, l'an 4me de la république française, une et indivisible.

Etoient signés : G. F. BUYCK, *présid.* ; P. BOTTE ; A. J. VAN TIEGHEM ; DE LANTHEERE, *et* J. B. J. ROELANDTS.

194me. SENTENCE.

LE TRIBUNAL CIVIL DU DÉPARTEMENT DE L'ESCAUT,

Vu l'exploit d'ajournement en date 27 prairial, l'an 4me de la république française, fait à la demande des citoyens *François vande Putte*, boulanger, et *Joseph van Dries*, son beau-fils, préposé à sa boulangerie, tous deux habitans de cette commune, demandeurs par saisie faite le 18 mai 1794 (v. st.), d'une part, contre le citoyen *Livin D'haese*, charpentier, dans la même commune, défendeur d'autre ; vu aussi les pièces du procès et le résumé de la cause, servis par les demandeurs par-devant ce tribunal, d'où résulte que la difficulté mue entre les parties, est de savoir, si les demandeurs sont fondés d'exiger à charge du défendeur 1°. la somme de quatre-vingt-quatre florins de Brabant, à cause que le préposé du demandeur a depuis le 20 novembre 1793, jusqu'au 25 juin 1794, cuit et livré à la demande du défendeur 3704 pains, faisant quarante sacs de farine, à six escalins de change le sac ;

2°. vingt-cinq florins et quatre sols de Brabant, pour avoir pareillement cuit et livré le 12 et 13 décembre 1793, 430 pains, du poids de six livres; 3°. cent cinquante et un florins, quatre sols de Brabant, pour cuisson et livraison de 4098 pains, chacun d'environ quatre livres, faisant au moins 72 sacs, les trois susdites sommes ensemble deux cent soixante florins, huit sols de Brabant;

Ouï les demandeurs en personne, le défendeur n'étant point comparu, ni personne en son nom, le commissaire du pouvoir exécutif présent;

Attendu que les livraisons des pains dont s'agit au procès, ont été faites au défendeur;

Attendu que le défendeur a délivré les acquits desdites livraisons sans s'être qualifié d'employé;

Attendu que les prétentions formées par les demandeurs à charge du défendeur, ne paroissent point être acquittées;

Attendu enfin, que les demandeurs ont demandé jugement par défaut;

Le tribunal faisant droit, donne défaut contre le défendeur non-comparant, ni personne en son nom, et pour le profit, condamne le défendeur de payer au demandeur les trois sommes susmentionnées, montant ensemble à deux cent soixante florins, huit sols argent courant de Brabant, sauf à lui à déduire de ladite somme tout ce que le défendeur produira avoir payé aux demandeurs à compte desdites prétentions, à l'intérêt judiciaire, depuis l'institution de la cause jusqu'au payement effectif, et aux dépens du procès, à la taxe et modération du tribunal; et à défaut de ce, décrétant la saisie faite par le premier demandeur, lui adjuge les biens saisis, pour y recouvrer en total ou en partie tout ce qui est repris ci-dessus, aussi avec dépens, sauf au défendeur de se pourvoir en opposition, endéans le terme et conformément à la loi.

Fait en séance du 23 messidor, l'an 4me de la république française, une et indivisible.

Etoient signés : B. J. HEYSE, *présid.;* DE LANTHEERE; J. B. J. ROELANDTS; P. BOTTE, *et* A. J. VAN TIEGHEM.

195me. SENTENCE.

LE TRIBUNAL CIVIL DU DÉPARTEMENT DE L'ESCAUT,

En la cause de *Jean Baptiste Bekaert*, marchand, en la commune de Seeverghem, demandeur par exploit d'ajournement en date 14 messidor, 4me année de la république française, d'une part, contre le citoyen tóyen *P. J. Haentjens*, maçon, en cette commune, défendeur d'autre ;

Ouï le demandeur par son fondé de pouvoir, le citoyen *de Clercq*, le défendeur n'étant point comparu, ni personne en son nom, le commissaire du pouvoir exécutif présent ;

Attendu qu'il conste de la réalité de la dette par la promesse en original exhibée en la séance de ce jour ;

Attendu que le demandeur a demandé jugement par défaut ;

Le tribunal faisant droit, donne défaut contre le défendeur non-comparant ni personne en son nom, et pour le profit, le condamne de payer au demandeur la somme de vingt-huit livres de gros, argent courant, import de ladite promesse, à l'intérêt judiciaire, depuis l'institution de la cause jusqu'au payement effectif, et aux dépens du procès, à la taxe et modération du tribunal ; le défendeur en son entier de se pourvoir en opposition, endéans le terme et conformément à la loi.

Fait en séance du 23 messidor, l'an 4me de la république française, une et indivisible.

Etoient signés : B. J. HEYSE, *présid.* ; J. B. J. ROELANDTS ; P. BOTTE ; A. J. VAN TIEGHEM, *et* DE LANTHEERE.

196me. SENTENCE.

LE TRIBUNAL CIVIL DU DÉPARTEMENT DE L'ESCAUT,

En la cause du citoyen *François Joseph van Wambeke*, et consors, demandeurs par exploit d'ajournement en date 8 messidor, 4me année de la république française, d'une part, contre les citoyens *Egide Wynant, Louis Wynant* et *Pascal Temmerman*, habitans de la commune de Denderhautem, ajournés d'autre ;

Ouï le demandeur en personne, les défendeurs n'étant point comparus, ni personne en leur nom, le commissaire du pouvoir exécutif présent ;

Attendu que le demandeur a été admis, par sentence rendue par la municipalité de Denderhautem le 17 décembre 1795 (v. st.), au serment supplétif que les prétentions qu'il a formées à charge des défendeurs, en sa requête du 10 septembre, même année, présentée à la susdite municipalité, sont réelles et non-acquittées ;

Attendu que le demandeur a demandé jugement par défaut, et d'être admis au serment supplétif ;

Le tribunal faisant droit, donne défaut contre les défendeurs, et pour le profit, admet le demandeur au serment supplétif que les pré-

II. Partie. N°. 12.   M

tentions dont s'agit, sont réelles et non-acquittées, lequel serment prêté, déclare la sentence ci-dessus reprise exécutoire, selon la forme et teneur, et condamne les défendeurs aux dépens de l'ajournement et de la comparution, à la taxe et modération du tribunal; les défendeurs en leur entier de se pourvoir en opposition, endéans le terme et conformément à la loi;

Fait en séance du 23 messidor, l'an 4me de la république française, une et indivisible.

Etoient signés : B. J. HEYSE, *présid.* ; DE LANTHÉERE ; P. BOTTE ; J. B. J. ROELANDTS, *et* A. J. VAN TIEGHEM.

197me. S E N T E N C E.

LE TRIBUNAL CIVIL DU DÉPARTEMENT DE L'ESCAUT,

En la cause du citoyen *Jean François vander Cruycen*, boulanger, en la commune de Nevele, demandeur par exploit d'ajournement du 17 messidor, l'an 4me de la république française, d'une part, contre la citoyenne *Eugenie Goemaes*, habitante du village d'Haesdonck, défenderesse d'autre part;

Ouï les parties, le commissaire du pouvoir exécutif présent;

Attendu qu'il résulte des pièces de la procédure, entamée entre les parties par-devant la ci-devant officialité de l'évêché de Gand, que le demandeur a refusé de solemniser mariage avec la défenderesse, conformément aux fiançailles qu'il avoit déja contractées avec elle;

Attendu qu'il a offert d'affirmer sous serment, qu'il abhorroit la défenderesse;

Attendu qu'il a reconnu être tenu envers elle à des dommages et intérêts;

Attendu qu'il a fait offre de payer à la demanderesse lesdits dommages et intérêts;

Attendu que cette offre a été débattue par la défenderesse, comme n'étant pas accompagnée de l'offre ultérieure des dépens de la procédure;

Attendu que le demandeur a pareillement offert à la séance de ce jour, de payer lesdits dépens, tant ceux engendrés par-devant le susdit official de l'évêché de Gand, qu'à ce tribunal;

Attendu enfin, que la défenderesse alors s'est appaisée, et en a requis le décrétement,

Le tribunal, d'après les offres et acceptation des parties, faisant droit, décrete lesdits offres; en conséquence, condamne le demandeur de payer à la défenderesse les dommages et intérêts à elle occasionnés par son refus de l'épouser, et aux frais et dépens engendrés tant par-devant le ci-devant official de l'échêvé de Gand, qu'à ce tribunal, à due taxe et modération; déclare que parmi ce, viennent à cesser les conclusions principales prises à charge du demandeur, par sa requête introductive de l'instance, portant date 8 août 1795; au surplus, le tribunal leve l'interdiction interposée par le juge de paix du canton de Nevele, le 5 du présent mois messidor, et l'empêchement au mariage du défendeur avec la citoyenne *Marie Jacqueline van Wanseele.*

Fait en séance du 24 messidor, l'an 4me de la république française, une et indivisible.

Etoient signés : G. F. BUYCK, *présid.* ; F. DANNEELS; J. B. J. ROELANDTS; P. BOTTE, *et* A. J. VAN TIEGHEM.

198me. SENTENCE.

LE TRIBUNAL CIVIL DU DÉPARTEMENT DE L'ESCAUT,

Vu l'exploit d'ajournement en date 9 messidor, l'an 4me de la république française, fait à la demande du citoyen *Jean Baptiste Rasson*, fils *d'Alexis*, maître d'école, demeurant dans la commune de bas-Boulers, y résumant la procédure intentée par-devant les ci-devant bourguemaître et échevins de la commune de Saradique, par requête du 6 février 1794 (v. st.), d'une part, contre le citoyen *Chrétien Vermeulen*, habitant de la commune d'Everbeeq, défendeur d'autre part; vu aussi les pieces de ladite procédure, déposées de la part du demandeur au greffe du tribunal, d'où résulte que la question mue entre les parties est de savoir, si le demandeur est fondé dans les réclamation et révendication des trois parties de terres spécifiquement désignées par sadite requête, et que le défendeur possédait sans aucun titre, plus amplement repris audit procès;

Ouï le demandeur en personne, le défendeur non-comparant, ni personne en son nom, le commissaire du pouvoir exécutif présent;

Attendu que le défendeur est en défaut de comparution, et de produire ses pieces de ladite procédure;

Attendu que par les pieces produites et consignées au procès, de la part du demandeur, ils a acquise la preuve de propriété auxdites trois parties de terres, et nommément par le titre d'achat qu'a fait feu *Alexis Rasson*, pere au demandeur, par acte du 9 septembre 1749, avec *André Josez*, fils de *Jean*;

Attendu qu'il est constant que le défendeur possede lesdites trois parties de terres;

Attendu que le demandeur a requis notre jugement par défaut;

Le tribunal faisant droit, donne défaut contre le défendeur, et pour le profit, lui ordonne d'abandonner au profit du demandeur, les trois parties de terres mentionnées par la requête introductive, et de rendre compte par-devant deux commissaires du tribunal, à la séance du 18 du mois thermidor prochain, à deux heures de relevée, en présence du demandeur, des fruits, profits et émolumens qu'il en a reçus et pu recevoir, depuis son usurpation jusqu'à son désistement effectif; condamne le défendeur aux dommages et intérêts que le demandeur a soufferts et souffrira encore par l'opposition, refus et délai du défendeur, et aux dépens du procès, à la taxe et modération du tribunal; le défendeur entier de se pourvoir en opposition, endéans le terme et conformément à la loi.

Fait en séance du 24 messidor, l'an 4me de la république française, une et indivisible.

Etoient signés : G. F. BUYCK, *présid.* ; F. DANNEELS J. B. J. ROELANDTS, TEGELBERG *et* A. J. VAN TIEGHEM.

199ᵐᵉ· SENTENCE.

LE TRIBUNAL CIVIL DU DÉPARTEMENT DE L'ESCAUT,

Vu l'exploit d'ajournement en date 16 messidor, l'an 4me de la république française, fait à la demande du citoyen *Jean François Bourdeaux*, receveur à Eecloo, fondé de pouvoir de *Marie Thérése van Waesberghe*, veuve de *Jean François Bourdeaux*, sa mere, demandeur d'une part, contre le citoyen *Ignace Alexis Catteen*, maître d'école, à Waerschoot, défendeur d'autre, d'où résulte que la difficulté mue entre les parties est de savoir, si le demandeur est fondé d'exiger, pour sa principale, à charge du défendeur la somme de dix-huit livres de gros, en numéraire, pour une année de loyer de la maison occupée par le défendeur, échue la veille de mai 1795, le défendeur soutenant qu'il doit passer parmi l'insinuation des assignats au pair, par lui faite le 22 juin 1795, postérieurement au 9 prairial;

Ouï les parties, le commissaire du pouvoir exécutif entendu;

Attendu que par l'arrêté des représentans du peuple du 12 thermidor, l'an 3me, les payemens en assignats ne pouvaient plus s'effectuer au pair depuis le 9 prairial;

Attendu que l'insinuation des assignats dont il s'agit, a été faite au pair le 22 juin 1795 (v. st.), conséquemment postérieurement au 9 prairial susdit;

Attendu que les assignats, en vertu du prédit arrêté, étoient fixés au cours d'Amsterdam ; qu'il ne faisoit donc qu'un payement partiel ; que personne n'est tenu de recevoir un payement partiel ;

Le tribunal faisant droit, sans appel, condamne le défendeur à payer au demandeur la somme de dix-huit livres de gros, argent courant, pour l'année de loyer de la maison qu'il occupe , échue le dernier avril 1795 (v. st.), et aux dépens du procès, à la taxe et modération du tribunal.

Fait en séance du 25 messidor, l'an 4me de la république française, une et indivisible.

Etoient signés : B. J. HEYSE , *présid.* ; DE MEYERE ; J. B. J. ROELANDTS ; TEGELBERG , *et* A. J. VAN TIEGHEM.

Mandons à tout huissier, etc.

200me. SENTENCE.

LE TRIBUNAL CIVIL DU DÉPARTEMENT DE L'ESCAUT,

En la cause de *Pierre de Lobel.*, maître charpentier , demeurant á Ste. Croix, près de Bruges, demandeur par exploit d'ajournement du 3 prairial , 4me année de la république française , d'une part, contre le citoyen *Ferdinand de Lobel*, demeurant à l'Ecluse, ajourné d'autre ;

Ouï le demandeur en personne, le défendeur n'étant point comparu, ni personne en son nom, le commissaire du pouvoir exécutif présent ;

Attendu que le demandeur a demandé jugement par défaut ;

Attendu que le défendeur légalement cité devant le juge de paix du canton de l'Ecluse, n'y a point comparu ;

Le tribunal faisant droit, donne défaut contre le défendeur, et pour le profit, le condamne à payer au demandeur la somme de dix livres , dix-neuf escalins et neuf gros, argent courant de Flandre, pour livraison de bois et travail, fait par le demandeur, à l'intérêt judiciaire , depuis l'institution de la cause, jusqu'au payement effectif, et aux dépens du procès, à la taxe et modération du tribunal ; en outre, condamne le défendeur à l'amende de trente livres, payables dans la caisse du receveur du département , conformément au § VI du titre X des lois et arrêtés sur l'organisation de l'ordre judiciaire en matiere civile, sauf au défendeur de se pourvoir en opposition , endéans le tems et conformément à la loi.

Fait en séance du 25 messidor, l'an 4me de la république française, une et indivisible.

Etoient signés : B. J. HEYSE , *présid.* ; DE MEYERE ; TEGELBERG ; J. B. J. ROELANDTS , *et* A. J. VAN TIEGHEM.   Mandons à tout huissier, etc.

201me. SENTENCE.

Le Tribunal civil du Département de l'Escaut,

En la cause du citoyen *Jacques Ambroise van Slyke*, négociant à Lokeren, demandeur primitif par requête présentée aux ci-devant gens de loi du village de Lokeren, et ensuite intimé d'une part, contre le citoyen *Antoine Paul Serraris*, ex-greffier dudit lieu, actuellement juge de paix audit Lokeren, défendeur primitif et ensuite, appellant d'autre;

Ouï le demandeur en personne, le défendeur non-comparant, le commissaire du pouvoir exécutif présent;

Attendu que le demandeur et son fondé de pouvoir sont comparus par-devant les commissaires du tribunal, à l'effet d'être présent à la reddition des comptes, conformément à l'ordonnance reprise en notre jugement du 12 messidor courant;

Attendu que le défendeur n'a pas comparu et qu'il n'a pas satisfait à la dite ordonnance;

Attendu que par ce défaut le demandeur a requis ordonnance exécutoire, et les dépens, dommages et intérêts qu'il a soufferts par le défaut du défendeur susdit;

Le tribunal inhérant au jugement du 12 courant, accorde au nom de la loi le mandat d'exécution, et condamne le défendeur, pour son défaut, aux dommages, intérêts et dépens.

Fait en séance du 26 messidor, l'an 4me de la république française, une et indivisible.

Etoient signés : G. F. Buyck, *présid.*; J. B. J. Roelandts; de Lantheere; Tegelberg *et* A. J. van Tieghem.

202me. SENTENCE.

Le Tribunal civil du Département de l'Escaut,

En la cause du citoyen *Philippe Maes*, à Gand, demandeur d'une part, contre le citoyen *Jean Baptiste d'Hayere*, ex procureur des parchons, aussi à Gand, défendeur d'autre;

Ouï le demandeur par son défenseur officieux, le citoyen *van Crombrugghe*, le défendeur non-comparant, ni personne en son nom, le commissaire du pouvoir exécutif présent;

Attendu que le défendeur par sa non-comparution à la séance de ce jour, est censé avoir abandonné sa prétendue opposition;

Attendu que par ce défaut le demandeur a soutenu que le défendeur est déchu de ladite opposition;

Le tribunal faisant droit, déclare le défendeur déchu de toute opposition contre le jugement du 3 messidor dernier, et que le même jugement sera exécuté en tous ses points, condamne le défendeur aux dépens, à la taxe et modération du tribunal.

Fait en séance du 26 messidor, l'an 4me de la république française, une et indivisible.

Etoient signés: G. F. BUYCK, *présid.;* DE LANTHEERE; J. B. J. ROELANTS; TEGELBERG, *et* A. J. VAN TIEGHEM.

203me· SENTENCE.

LE TRIBUNAL CIVIL DU DÉPARTEMENT DE L'ESCAUT,

Vu l'exploit d'ajournement en date 6 messidor, l'an 4me de la république française, fait à la demande du citoyen *Pierre François de Vreese*, épicier à Bruxelles, fondé de pouvoir de la citoyenne *Anne Marie Bidar*, à Liége, demandeur d'une part, contre les citoyens *Ambroise Joseph van Laerebeke, Mathieu Ambroise van Laerebeke, Gilles Marie Joseph van Laerebeke*, à Gand, défendeurs d'autre; vu aussi le procès-verbal du juge de paix de la section de la fraternité, en date 5 prairial dernier; vu en outre le jugement préparatoire, rendu par ce tribunal le 14 du courant, d'où résulte que la difficulté mue entre les parties est de savoir, si le demandeur est fondé d'exiger le payement de la somme de treize cent cinquante florins, pour pension alimentaire pendant le tems exprimé par ledit procès-verbal, appliquant à son appui la sentence provisoire rendue par le ci-devant conseil en Flandre, le 31 Juillet 1777; le premier défendeur soutenant le contraire, disant que la gestion tutélaire des citoyens *Gilles Marie Joseph* et *Mathieu Ambroise Jean van Laerebeke* seroit finie, ayant depuis soutenu avec eux que les deux enfans, pour lesquels on demande l'alimentation dont il est question, sont majeurs d'âge, et qu'ainsi ils peuvent agir eux-mêmes à cet égard;

Ouï les parties, le commissaire du pouvoir exécutif présent;

Attendu que les défendeurs se sont plaints des termes inconsidérés et injurieux dont le défenseur officieux *van Aelbroek*, s'est servi par le mémoire produit à la séance du 24 courant;

Attendu que par reprise, les défendeurs ont conclu à réparation desdites injures, mais qu'ils se sont contentés envers le demandeur de son désaveu à ce sujet;

Attendu que le premier défendeur a convenu à la séance de ce jour, qu'il n'a pas encore rendu son compte tutélaire;

Attendu qu'il a reconnu d'être héritier du défunt pere naturel des enfans en question ;

Attendu que son obligation de satisfaire à la sentence provisoire du ci-devant conseil en Flandre du 31 juillet 1777 est notoire ;

Attendu que tous les défendeurs ont reconnus que le demandeur est fondé de réclamer l'effet de ladite provision, du chef desdits enfans, jusqu'au moment de leur majorité ;

Attendu que les défendeurs sont en défaut d'avoir accompli cette obligation envers le demandeur ;

Le tribunal faisant droit, condamne les défendeurs à payer au demandeur la somme qui lui revient pour l'alimentation des deux enfans susdits jusqu'au moment de leur majorité, à raison de deux cens florins par an, conformément à ladite sentence provisoire du 31 juillet 1777, et aux dépens du procès, depuis l'institution de la cause devant le bureau de paix, à la taxe et modération du tribunal, les défendeurs et lesdits enfans majeurs entier de résumer la cause principale comme ils trouveront convenir ; au surplus, le tribunal ordonne au défenseur officieux *van Aelbroek* d'être plus circonspect à l'avenir, et de ne plus user de termes injurieux pour sa partie et scandaleux dans un tribunal.

Fait en séance du 26 messidor, l'an 4me de la république française, une et indivisible.

Etoient signés : G. F. Buyck, *présid.* ; J. B. J. Roelandts ; Tegelberg ; A. J. van Tieghem, *et* de Lantheere.

Mandons à tout huissier, etc.

204me. SENTENCE.

Le Tribunal civil du Département de l'Escaut,

En la cause du citoyen *Pierre Yserbey*, en cette commune, demandeur par exploit d'ajournement en date 17 messidor, 4me année de la république, d'une part, contre le citoyen *François Magenen*, chirurgien, en cette ville, ajourné d'autre part ;

Ouï le défendeur en personne, le demandeur n'étant point comparu, ni personne en son nom, le commissaire du pouvoir exécutif présent ;

Attendu que le demandeur n'est point comparu à la séance de ce jour, ni personne en son nom ;

Attendu que par ce défaut le défendeur a demandé congé de tribunal ;

Le tribunal accorde le défaut requis, et pour le profit adjuge, au
défendeur

défendeur le congé de tribunal, et condamne le demandeur aux dépens, à la taxe et modération du tribunal.

Fait en séance du 26 messidor, l'an 4me de la république française,
une et indivisible.

Etoient signés : G. F. Buyck, *présid.*; de Lantheere; J. B. J. Roelandts; Tegelberg, *et* A. J. van Tieghem.

205me. SENTENCE.

Le Tribunal civil du Département de l'Escaut,

En la cause de *Philippe van Suydt*, domicilié dans la commune d'Eecloo,
demandeur par exploit d'ajournement en date 15 messidor, 4me année de la république, d'une part, la citoyenne veuve de *Pierre Thien-
pont*, domiciliée dans la commune d'Heusden, défenderesse d'autre
part;

Ouï la défenderesse par son fondé de pouvoir, le citoyen *De Clercq*,
le demandeur n'étant point comparu, ni personne en son nom, le
commissaire du pouvoir exécutif présent;

Attendu que le demandeur n'a point comparu à la séance de ce
jour, ni personne en son nom;

Attendu qu'à ce défaut la défenderesse a demandé congé du tribunal;

Le tribunal accorde le défaut requis, et pour le profit, adjuge à la
défenderesse le congé de tribunal, et condamne le demandeur aux dépens, à la taxe et modération du tribunal.

Fait en séance du 26 messidor, l'an 4me de la république française,
une et indivisible.

Etoient signés : G. F. Buyck, *présid.*; J. B. J. Roelandts; Tegelberg; A. J. van Tieghem, *et* de Lantheere.

206me. SENTENCE.

Le Tribunal civil du Département de l'Escaut,

Vu l'exploit d'ajournement en date 12 messidor, l'an 4me de la
république française, fait à la demande du citoyen *Pierre François
Backx*, négociant, à Lokeren, demandeur en opposition contre la sentence rendue le 28 prairial dernier, d'une part, contre le citoyen
Jean Sohier, demeurant en cette commune, défendeur d'autre, d'où
résulte que la difficulté mue entre les parties est de savoir, si le demandeur est fondé dans ses moyens d'oppositions, alléguant de n'avoir

jamais reçu aucune facture des toiles dont il s'agit, et en outre qu'il n'auroit acheté lesdites toiles que pour le compte du citoyen *Paridans*, négociant et entrepreneur, à Bruxelles, le défendeur soutenant le contraire et appliquant les lettres reprises par le susdit jugement;

Ouï les parties, le commissaire du pouvoir exécutif entendu;

Attendu que les moyens d'oppositions alléguans contre le jugement du 28 prairial dernier, sont chicaneuses et mal fondées;

Attendu qu'il a été confondu par la production de ses propres lettres dont il n'a pas disconvenu;

Attendu que toute chicane et mauvaise foi doit être bannie du sanctuaire de la justice, principalement entre des négocians;

Le tribunal faisant droit, déboute le demandeur de son opposition, déclare que le jugement du 28 prairial dernier, sortira son plein et entier effet, et condamne le demandeur aux dépens du procès, à la taxe et modération du tribunal.

Fait en séance du 26 messidor, l'an 4me de la république française, une et indivisible.

Etoient signés : G. F. Buyck, *présid.*; J. B. J. Roelandts; De Lantheere; Tegelberg, *et* A. J. van Tieghem

207ᵐᵉ· SENTENCE.

Le Tribunal civil du Département de l'Escaut,

Vu l'exploit d'ajournement en date 14 prairial, l'an 4me de la république française, fait à la demande du citoyen *Louis Aernaut*, marchand, à Gand, demandeur d'une part, contre le citoyen *Livin van de Putte*, demeurant en la commune de Leerne Ste. Marie, défendeur ajourné d'autre; vu aussi le procès-verbal du juge de paix du canton de Deynse, en date 14 floréal, l'an 4me, d'où résulte que le demandeur exige à charge du défendeur ajourné, la somme de cent quatre-vingt-treize florins, dix-sept sols, trois déniers, argent courant, pour livraison de caffé, sucre et autres marchandises graissieres, en outre sept florins seize sols argent courant, pour livraison de merceries;

Ouï le demandeur, le défendeur n'étant point comparu, ni personne en son nom, le commissaire du pouvoir exécutif présent;

Attendu que le défendeur n'a point comparu devant le juge de paix, ni devant ce tribunal;

Attendu que le demandeur a demandé jugement par défaut;

Le tribunal donne défaut, et pour le profit, condamne le défendeur à payer au demandeur la somme de cent quatre-vingt-treize florins, dix-sept sols et trois déniers, et la somme de sept florins seize sols argent courant, pour la livraison susdite, et aux dépens du procès, à la taxe et modération du tribunal; condamne en outre le défendeur, pour sa non-comparution par-devant le susdit juge de paix, à une amende de trente livres, payable en la caisse du receveur du département, conformément à la loi, le défendeur entier de se pourvoir en opposition, endéans le terme et conformément à la loi.

Fait en séance du 27 messidor, l'an 4me de la république française, une et indivisible.

Etoient signés : B. J. HEYSE, *présid.*; DE MEYERE; J. B. J. ROELANDTS; TEGELBERG, *et* A. J. VAN TIEGHEM. Mandons à tout huissier, etc.

208me. SENTENCE.

LE TRIBUNAL CIVIL DU DÉPARTEMENT DE L'ESCAUT,

Vu l'exploit d'ajournement en date 10 messidor, l'an 4me de la république française, fait à la demande du citoyen *Joseph de Bast*, négociant, à Gand, demandeur d'une part, contre le citoyen *Benoît Poppe*, marchand, en la commune de Lokeren, défendeur ajourné d'autre, d'où résulte que la difficulté mue entre les parties est de savoir, si le demandeur est fondé d'exiger à charge du défendeur ajourné, la somme de cent quatre-vingt-seize florins, dix-huit sols, neuf déniers, argent courant avec l'intérêt judiciaire, pour livraison de marchandises ;

Ouï le demandeur par son fondé de pouvoir, le citoyen *de Clercq*, le défendeur non-comparant, ni personne en son nom, le commissaire du pouvoir exécutif présent ;

Attendu que le défendeur n'est point comparu, quoique légalement cité, ni personne en son nom ;

Attendu que le demandeur a demandé jugement par défaut ;

Le tribunal faisant droit, et pour le profit, condamne le défendeur à payer au demandeur, à cause de la livraison ci-dessus reprise, la susdite somme de cent quatre-vingt-seize florins, dix-huit sols, neuf déniers, argent courant, à l'intérêt judiciaire, depuis l'institution de la cause jusqu'au payement réel et effectif, et aux dépens du procès, à la taxe et modération du tribunal; le défendeur en son entier de se pourvoir en opposition, endéans le terme et conformément à la loi.

Fait en séance du 27 messidor, l'an 4me de la république française, une et indivisible.

Etoient signés : B. J. HEYSE, *présid.*; DE LANTHEERE; STA; TEGELBERG, *et* A. J. VAN TIEGHEM.

209me. SENTENCE.

LE TRIBUNAL CIVIL DU DÉPARTEMENT DE L'ESCAUT,

Vu l'exploit d'ajournement en date 14 messidor, 4me année de la république française, fait à la demande du citoyen *Brismaille*, négociant, en cette commune de Gand, demandeur d'une part, contre les citoyens *François de Buck* et *Jacques Verstraeten*, agriculteurs, demeurans sur Ayghem St. Pierre, ajournés d'autre ; vu aussi le procès-verbal du juge de paix de la section des champs, canton de Gand, d'où résulte que la difficulté mue entre les parties est de savoir, si le demandeur est fondé d'exiger des ajournés la somme de soixante-seize florins quatorze sols, argent courant, pour loyer d'une partie de terre et vingtiemes de l'année 1794 ;

Ouï le demandeur par son fondé de pouvoir, le citoyen *de Clercq*, les ajournés n'étant point comparus, ni personne en leur nom, le commissaire du pouvoir exécutif présent ;

Attendu que les ajournés ne se sont point sistés par-devant ce tribunal ; qu'ils y ont été légalement cités ;

Attendu que le demandeur a demandé jugement par défaut ;

Le tribunal faisant droit, donne défaut contre les ajournés, et pour le profit, les condamne à payer au demandeur la somme de soixante-seize florins quatorze sols, argent courant, pour loyer d'une partie de terre et vingtiemes de l'année 1794, à l'intérêt judiciaire, depuis l'institution de la cause jusqu'au payement effectif, et aux dépens du procès, à la taxe et modération du tribunal, sauf aux ajournés de se pourvoir en opposition, endéans le terme et conformément à la loi.

Fait en séance du 27 messidor, l'an 4me de la république française, une et indivisible.

Etoient signés : B. J. HEYSE ; *présid.* ; DE LANTHEERE ; STA ; TEGELBERG, *et* A. J. VAN TIEGHEM.

210me. SENTENCE.

LE TRIBUNAL CIVIL DU DÉPARTEMENT DE L'ESCAUT,

Vu l'exploit d'ajournement en date 14 messidor, l'an 4me de la république française, fait à la demande du citoyen *Jean Denis Brismaille*, négociant, en cette commune de Gand, demandeur d'une part, le citoyen N. *Adriansens*, perruquier, aussi en cette commune, défendeur d'autre ; vu aussi le procès-verbal devant le juge de paix de la section des droits de l'homme, canton de Gand, et le renvoi devant ce tribunal, d'où il résulte que la difficulté mue entre les parties est de savoir, si le demandeur est fondé d'exiger que le défendeur évacuera promptement l'appartement appartenant au demandeur, et occupé par le défendeur sans titre de bail, le défendeur ne voulant point se soumettre à la prompte évacuation de la maison ou appartement susdit, alléguant en outre qu'il s'en iroit du moment qu'il auroit trouvé une autre demeure convenable ;

Ouï le demandeur par son fondé de pouvoir, le citoyen *de Clercq*, le défendeur n'étant point comparu, ni personne en son nom, le commissaire du pouvoir exécutif présent ;

Attendu que le défendeur occupe la maison du demandeur sans titre de bail ;

Attendu que tout propriétaire est le maître de faire de son bien ce que bon lui semble ;

Attendu enfin, que le demandeur a demandé jugement par défaut ;

Le tribunal faisant droit, donne défaut contre le défendeur, noncomparant, ni personne en son nom, et pour le profit, ordonne au défendeur d'évacuer promptement la maison ou appartement susdit, le condamne aux dépens de la comparution, à la taxe et modération du tribunal, le défendeur en son entier de se pouvoir en opposition, endéans le terme et conformément à la loi.

Fait en séance du 27 messidor, l'an 4me de la république française, une et indivisible.

Etoient signés : B. J. HEYSE, *présid.* ; DE LANTHEERE ; A. J. VAN TIEGHEM ; STA, *et* TEGELBERG.

211me. SENTENCE.

LE TRIBUNAL CIVIL DU DÉPARTEMENT DE L'ESCAUT,

En la cause du citoyen *Jean Maes*, à Bruxelles, agissant et stipulant par son fondé de pouvoir le citoyen van *Tours*, homme de loi, en cette ville de Gand, demandeur par exploit d'ajournement du 6 praireal, l'an 4me, d'une part, contre le citoyen *Galliot*, à Ninove, défendeur d'autre part ; vu le dit exploit d'ajournement et la sentence préparatoire du 14 du présent mois ;

Ouï le demandeur, le défendeur n'étant point comparu, ni personne en son nom, le commissaire du pouvoir exécutif présent ;

Attendu que le demandeur a fourni à l'appui de sa demande à la séance de ce jour, deux extraits probatoires de son livre de comptes ouvert entre lui et le défendeur ;

Secondement, la lettre de change de quatre cent florins, reconnue par le défendeur au profit du demandeur, le 15 avril 1792, qui a été protestée par défaut de payement;

Et troisiemement, deux lettres écrites par le défendeur à lui demandeur, respectivement le 30 avril et 22 mai 1796;

Attendu que par là le demandeur a prouvé son intention à suffisance de droit;

Le tribunal faisant droit, donne défaut contre le défendeur, et pour le profit, le condamme à payer au demandeur la somme de mille cinquante-six florins, neuf déniers argent courant de Brabant, restant de celle de mille deux cent-cinquante-six florins neuf déniers, même argent, pour marchandises à soieries, livrées au défendeur depuis le 27 mai 1789 jusques et y compris le 31 octobre 1792, à l'intérêt judiciaire, depuis l'institution de la cause jusqu'au payement parfait, et aux dépens du procès, à la taxe et modération du tribunal; le défendeur en son entier de former opposition, endéans le terme et conformément à la loi.

Fait en séance du 28 messidor, l'an 4me de la république française, une et indivisible.

Etoient signés : G. F. Buyck, *présid.*; de Lantheere; Sta; P. Botte; *et* A. J. van Tieghem.

212me. SENTENCE.

Le Tribunal civil du Département de l'Escaut,

Vu le procès entre le citoyen *Louis Ocket*, négociant, à Ostende, appellant de la sentence rendue par le tribunal civil du département de la Lys, du 27 floréal, an 4me de la république française, d'une part, contre *Jean Lammers*, ci-devant capitaine de navire, habitant actuellement la commune de Bruges, intimé d'autre.

Ledit procès a été entamé par ledit intimé par-devant la ci-devant municipalité d'Ostende, par requête du 27 mai 1791, (v. st.), d'une part, contre les citoyens *Vercoustre-Flanegan* et *Comp.* à Ostende, poursuivi ensuite par l'appellant seul, défendeurs d'autre part.

Il a été entamé un autre procès par-devant le susdit citoyen *Lammers*, demandeur par requête du 9 décembre 1791, d'une part, et le citoyen *Louis Ocket*, négociant, à Ostende, et co-intéressé dans le navire *l'Espérance* (*de Verwagtinge*), défendeur d'autre part; ces deux causes pour la connexité et les rapports entre leurs objets, ayant été plaidées et rapportées ensemble et jugées par ladite sentence du 27 floréal, 4me année.

La question mue entre les parties dans le premier procès étoit de savoir, si l'intimé, le capitaine *Lammers*, est fondé d'exiger à charge de l'appellant le tiers de la somme de six cent quatre-vingt dix florins, huit sols et trois déniers, avec les intérêts judiciaires jusqu'au payement effectif, pour le montant du compte ayant pour objet l'armement, ainsi que le commandement du navire dont l'intimé avoit été l'associé et le capitaine; quant à la deuxieme cause, entamée par la requête de l'intimé du 9 décembre 1791, elle a eue pour objet la nullité de son arrêt personnel, nullité qu'il a fondé 1°. sur les voies de fait de l'appellant dans l'exploit d'arrêt; 2°. sur ce qu'il étoit pratiqué pendant la quinzaine avant la foire d'Ostende; 3°. sur ce que la signification dudit exploit ne lui avoit été faite que deux jours après; 4°. sur ce que l'appellant étant bourgeois d'Ostende, il n'y étoit pas arrêtable;

Vu aussi ladite sentence du 27 floréal, 4me année, par laquelle l'appellant est condamné sur le premier chef des conclusions de l'intimé, au payement du tiers de la somme de six cent quatre-vingt-dix florins, huit sols et trois déniers, faisant cette principale, au payement de laquelle, l'appellant a conclu par sa requête introductive à l'intérêt judiciaire et aux dépens du procès; et au second procès ladite sentence a déclaré du 24 novembre 1791, pratiqué sur la personne de l'intimé, nul et de nulle valeur, et a condamné l'appellant au tiers des dommages et intérêts soufferts et à souffrir, ainsi qu'au tiers des dépens du procès;

Vu le jugement préparatoire de ce tribunal du 2 de ce mois, les pieces produites et les devoirs y ensuivis;

Ouï les parties dans leurs défenses respectives, le commissaire du pouvoir exécutif présent;

Attendu que la sentence rendue par le tribunal civil du département de la Lys, dont l'appel est fondé sur les véritables faits et points de la contestation, tant à l'égard du premier que du second procès;

Attendu que les motifs rappellées par ladite sentence sont sages et justes;

Attendu que les moyens employés par l'appellant dans la cause d'appel, ne peuvent rien changer à l'état de la question agitée dans l'une des deux instances ci-devant distinctes et actuellement combinées;

Attendu que les renseignemens acquis d'après le jugement préparatoire, concourent puissamment en faveur de l'intimé;

Le tribunal faisant droit, sur l'appel des deux causes, accumulées et rapportées ensemble d'après le consentement mutuel des parties, déclare bien avoir été jugé tant dans l'une que dans l'autre par le tribunal civil du département de la Lys, en date 27 floréal, 4me année, mal et sans griefs appellé, ordonne que ledit jugement sortira son plein et entier effet, condamne l'appellant en deux amendes chacune de soixante livres tournois, au profit de la république française, conformément à l'art. X du titre X de la loi du 24 août 1790 (v. st.), et aux dépens du procès, à la taxe et modération du tribunal.

Fait en séance du 28 messidor, l'an 4me de la république française, une et indivisible.

Etoient signés : G. F. BUYCK, *présid.;* DE LANTHEERE; P. BOTTE; STA, *et* A. J. VAN TIEGHEM.

213me. SENTENCE.

LE TRIBUNAL CIVIL DU DÉPARTEMENT DE L'ESCAUT,

Vu l'exploit d'ajournement fait à la demande de la citoyenne *Bernardine Claire Schellekens*, fille mineure de feu *Jean François*, habitante de cette commune de Gand, le 15 messidor, d'une part, contre les citoyens *Pierre de Vilder*, négociant, *Bernard Turlure*, la citoyenne veuve *Impens*, *Jeanne Marie Schellekens*, *Jeanne Martens*, veuve de *Jacques Snoeck*, tous parens et amis respectifs de la demanderesse, défendeurs d'autre part ; vu aussi la sentence rendue par le juge de paix section de la fraternité, du 3 messidor, an 4me, d'où résulte que la question mue entre les parties est de savoir, si la demanderesse est fondée dans sa demande tendante à ce que les défendeurs auront à rejetter leurs déclarations, conventions et acceptations, contenus dans le procès verbal qui a précédé ladite sentence du juge de paix, le citoyen *Turlure* et la citoyenne veuve *Impens* s'y opposant, alléguant que la demanderesse n'auroit point la capacité requise pour administrer ses biens et pour obtenir l'émancipation ;

Ouï les parties, le commissaire du pouvoir exécutif présent ;

Attendu que la citoyenne *Jeanne Martens*, veuve de *Jacques Snoek*, a déclaré de consentir et acquiescer à la demande susdite ;

Attendu que le citoyen *Pierre de Vilder* ne s'y est point opposé ;

Attendu que le citoyen *Verkerken* n'est pas comparu, ni personne en son nom ;

Attendu que le citoyen *Turlure* et la veuve *Impens*, n'ont pas allégués des raisons en droit capables à faire refuser ladite demande d'émancipation ;

Attendu que les parens sont tenus de servir de guide et de conseil aux mineurs, lorsque ceux-ci inclinent à acquérir un état honnête dans la société civile ;   Le

Le tribunal faisant droit, donne défaut contre le citoyen *Verkerken*, non-comparant pour la seconde fois, et sans avoir égard à l'opposition du citoyen *Turlure* et de la citoyenne veuve *Impens*, confirme la sentence du juge de paix ci-dessus reprise, qui a émancipé la demanderesse pour l'administration de ses déniers et revenus de ses biens immeubles, sans pouvoir aliéner cependant sesdits biens immeubles ou l'engager de maniere quelconque, et lui confirme à cet effet pour curateur, le citoyen *de Vilder*, ordonne à tous ceux qu'il peut appartenir de s'y conformer, condamne les citoyens *Verkercken*, *Turlure*, et la veuve *Impens* aux dépens, à la taxe et modération du tribunal.

Fait en séance du 23 messidor, l'an 4me de la république française, une et indivisible.

Etoient signés : G. F. BUYCK, *présid.*; DE LANTHEERE ; P. BOTTE; STA, *et* A. J. VAN TIEGHEM.

214me. SENTENCE.

LE TRIBUNAL CIVIL DU DÉPARTEMENT DE L'ESCAUT,

Vu l'exploit d'ajournement en date 13 messidor, 4me année de la république française, fait à la demande du citoyen *Jean François Stokmans*, ci-devant greffier à Lembeke, demandeur par requête présentée aux ci devant bourguemaître et échevins de la commune d'Eecloo, le 11 mai 1795 (v. s.), d'une part, le citoyen *Joseph Rombaut*, habitant de la même commune d'Eecloo, défendeur d'autre; vu aussi toutes les pièces de la procédure, d'où résulte que le différent mu entre les parties est de savoir, si le demandeur est fondé d'exiger que le défendeur soit déclaré déchu de son droit de bail, depuis le dernier avril 1795, et qu'il lui soit ordonné de se départir de la jouissance de la maison qu'il occupe, appartenante au demandeur, avec condamnation aux dommages, intérêts et dépens, le défendeur soutenant le contraire, disant avoir payé, moyennant l'insinuation d'une somme de cent quatre-vingt treize livres, en assignats au pair, le loyer au tems fixé par le contract de bail;

Ouï les parties, le demandeur par son fondé de pouvoir, le citoyen *de Clercq*, notaire, le défendeur en personne, le commissaire du pouvoir exécutif présent;

Attendu que le défendeur s'est obligé par le contract de bail, en vertu duquel il occupe la maison appartenante au demandeur, de payer le loyer au tems fixé par le même contract, à peine de déchéance du bail;

II. Partie. N°. 14.   O

Attendu que le demandeur a fait réinsinuer au défendeur, les cent quatre-vingt-treize livres en assignats, que celui-ci avait fait insinuer au demandeur pour le loyer à échoir le dernier avril 1795 (v. s.);

Attendu que le défendeur ne les a pas consignés, parties ouïes et avec autorisation du juge, que partant la prédite insinuation ne peut lui valoir comme payement;

Le tribunal faisant droit, déclare le défendeur déchu du droit de bail depuis le dernier avril 1795, de la maison qu'il occupe appartenante au demandeur, lui ordonne de l'évacuer, et le condamne à tous dommages et intérêts soufferts et à souffrir par le demandeur, à cause de son délai et opposition, et aux dépens du procès, à la taxe et modération du tribunal.

Fait en séance du 29 messidor, l'an 4me de la république française, une et indivisible.

Etoient signés : B. J. HEYSE, *présid.*; J. B. J. ROELANDTS; DE LANT-HEERE; A. J. VAN TIEGHEM, *et* P. BOTTE.

Mandons à tout huissier, etc.

215me. SENTENCE.

LE TRIBUNAL CIVIL DU DÉPARTEMENT DE L'ESCAUT,

Vu l'exploit d'ajournement en date 11 messidor, l'an 4me de la république française, fait à la demande du citoyen *Benoit Piens*, habitant de la commune d'Alost, demandeur d'une part, contre le citoyen *Jean Alexandre Lenaert*, marchand de vins, aussi à Alost, défendeur d'autre ; vu aussi le procès verbal du juge de paix du canton d'Alost, section de l'humanité, en date 26 prairial, l'an 4me, d'où résulte que la difficulté mue entre les parties est de savoir, si le demandeur est fondé d'exiger à charge du défendeur, que celui-ci soit ordonné de remettre sous bon et fidele inventaire entre les mains d'un fonctionnaire public, tous les titres, papiers et documens relatifs aux successions des *Lenaert* et de *vand r Waerden*, le défendeur niant avoir quelques pieces communes, mais seulement des dépêches concernans ces propriétés, offrant au demandeur d'en donner l'inspection chez lui;

Ouï les parties en personne, le commissaire du pouvoir exécutif présent;

Attendu que le défendeur a offert au demandeur l'inspection des pieces dont il est pourvu chez lui;

Attendu qu'il ne conste point que le défendeur seroit pourvu de quelques pieces entre parties communes;

Le tribunal faisant droit, déclare que le défendeur doit passer parmi son offre susdit, déboute le demandeur de ses conclusions ultérieures, et le condamne aux dépens de la comparution, à la taxe et modération du tribunal.

Fait en séance du 29 messidor, l'an 4me de la république française, une et indivisible.

Etoient signés : B. J. HEYSE, *présid.*; A. J. VAN TIEGHEM; J. B. J. ROELANDTS; P. BOTTE, *et* DE LANTHEERE.

216me. SENTENCE.

LE TRIBUNAL CIVIL DU DÉPARTEMENT DE L'ESCAUT,

Vu l'exploit d'ajournement en date 8 messidor, l'an 4me de la république française, fait à la demande du citoyen *Jean Bruynswyck*, fils de *François*, habitant de la commune d'Oostacker, canton de Loochristi, y résumant ses conclusions prises par requête présentée aux ci-devant échevins de St. Bavon, le 25 juillet 1738, d'une part, contre le citoyen *Jean Baptiste Schauthæt*, habitant de la commune de Gand, défendeur d'autre, d'où résulte que la difficulté mue entre les parties est de savoir, si le demandeur est fondé de prétendre que la vente faite à la poursuite du défendeur, le 23 juillet 1788, de la moisson et fruits de campagne, nés sur les terres cultivées alors par le demandeur, soit déclarée nulle, avec adjudication des dommages et intérêts à charge du défendeur, qui a fait procéder à la vente dont s'agit, en vertu du consentement accordé par provision et sous caution par lesdits échevins de St. Bavon, le 19 juillet 1788, le défendeur soutenant le contraire, et se fondant en ce qu'il n'étoit point chargé de prêter la caution avant de faire procéder à la vente susdite, et qu'il en a prêté une immédiatement après la vente en question;

Ouï les parties, le commissaire du pouvoir exécutif présent;

Attendu que les ci-devant échevins de St. Bavon, n'out permis au défendeur de faire procéder à la vente de la moisson et fruits des terres cultivées par le demandeur, que moyennant caution préalable;

Attendu que le cautionnement requis par la susdite disposition, étoit un devoir auquel le défendeur étoit indispensablement tenu de satisfaire, avant de pouvoir y donner exécution;

Attendu que le défendeur n'a constitué de caution que postérieurement à ladite vente, et qu'ainsi à l'ép que où s'est faite la susdite vente, le défendeur n'avoit point satisfait au devoir que lui étoit prescrit;

Attendu enfin, que tout acte nul en son commencement, ne peut valoir par la suite;

Le tribunal faisant droit, déclare nulle la vente faite à la poursuite du défendeur, le 28 juillet 1788, de la moisson et fruits des terres cultivées alors par le demandeur; condamne le défendeur aux dommages et intérêts soufferts et à souffrir par le demandeur, et aux dépens du procès, à la taxe et modération du tribunal.

Fait en séance du 1 thermidor, l'an 4me de la république française, une et indivisible.

Etoient signés : B. J. Heyse, *présid.*; de Lantheere; J. B. J. Rozlandts, *et* Tegelberg.

Mandons à tout huissier, etc.

217me. SENTENCE.

Le Tribunal civil du Département de l'Escaut, .

Vu l'exploit d'ajournement, en date 6 messidor, l'an 4me de la république française, fait à la demande du citoyen *Pierre van Dorpe,* habitant de cette commune de Gand, demandeur par requête présentée au ci devant conseil de Flandre le 20 brumaire, l'an 4me, d'une part, la citoyenne *Anne Dellafailie,* aussi à Gand, défenderesse d'autre ; vu aussi toutes les pieces de la procédure, d'où résulte que la difficulté mue entre les parties est de savoir, si le demandeur est fondé d'exiger de la défenderesse la somme de deux cent vingt-huit florins, deux sols et six déniers, argent courant, pour avoir gardé la maison et meubles de la défenderesse, celle-ci soutenant le contraire , et alléguant que la chose est jugée par sentence du premier jour complémentaire, 3me. année;

Ouï les parties, le demandeur en personne, la défenderesse par son fondé de pouvoir, le citoyen *de Clercq*, notaire, le commissaire du pouvoir exécutif présent;

Attendu que le procès que résume le demandeur, a été terminé par jugement rendu par la municipalité de la commune de Gand;

Attendu qu'il est constant par l'aveu même du demandeur que la défenderesse lui a payé en conséquence du même jugement la somme de douze livres de gros, argent de change, que partant, les prétentions du demandeur à charge de la défenderesse cessent;

Le tribunal faisant droit, déboute le demandeur de ses conclusions, et le condamne aux dépens du procès, à la taxe et modération du tribunal;

Fait en séance du 1 thermidor, l'an 4me de la république française, une et indivisible.

Etoient signés : B. J. HEYSE, *présid.*; DE MEYERE, DE LANTHEERE ; *et* TEGELBERG.

218me. SENTENCE.

LE TRIBUNAL CIVIL DU DÉPARTEMENT DE L'ESCAUT,

Vu l'exploit d'ajournement en date 18 prairial, l'an 4me de la ré-publique française, fait à la demande du citoyen *Michel Hovaere*, marchand de vins, à Gand, demandeur d'une part, contre le citoyen *N. Darguet*, à Zelzaete, défendeur, ajourné d'autre, d'où résulte que la difficulté mue entre les parties est de savoir, si le demandeur est fondé d'exiger à charge de l'ajourné une somme de dix-huit livres, seize escalins, six gros, argent de change, pour livraison d'une piece de vin ingrande, dépens d'ouvriers, dits *Wynwerkers*, deux cent bouteilles vuides, livrées et payées par le demandeur, avec l'intérêt judiciaire;

Ouï le demandeur en personne, le défendeur n'étant point comparu, ni personne en son nom; le commissaire du pouvoir exécutif présent;

Attendu que le défendeur n'est point comparu, ni personne en son nom, quoique légalement cité;

Attendu que le demandeur a demandé jugement par défaut;

Le tribunal faisant droit, donne défaut contre le défendeur non-comparant, ni personne en son nom, et pour le profit, condamne le défendeur à payer au demandeur la prédite somme de dix-huit livres, seize escalins, six gros, argent de change, pour livraison du vin ci-dessus repris, à l'intérêt judiciaire, depuis l'institution de la cause jusqu'au payement réel et effectif, et aux dépens du procès, à la taxe et modération du tribunal, sauf à lui à se pourvoir en opposition, endéans le terme et conformément à la loi.

Fait en séance du 1 thermidor, l'an 4me de la république française, une et indivisible.

Etoient signés : B. J. HEYSE, *présid.*; J. B. J. ROELANDTS; DE LANT-HEERE, *et* TEGELBERG.

219me. SENTENCE.

LE TRIBUNAL CIVIL DU DÉPARTEMENT DE L'ESCAUT,

Vu l'exploit d'ajournement en date 17 messidor, l'an 4me de la ré-publique française, fait à la demande du citoyen *Josse Billy*, à Gand, demandeur d'une part, contre le citoyen *Emanuël le Fevre*, à Gand, défendeur d'autre ; vu aussi le procès verbal du juge de paix de la section de la réunion, à Gand, en date 28 floréal, l'an 4me de la république française, d'où résulte que la difficulté mue entre les parties est de savoir, si le demandeur est fondé d'exiger à charge du défendeur, que celui-ci paye au citoyen *Jean Varkevesser*, à Rattewyck, en Hollande, la somme de deux cent cinquante florins, argent de Hollande, le défendeur soutenant que ce payement ne concerne point le demandeur ;

Ouï les parties en personne, le commissaire du pouvoir exécutif présent ;

Attendu que le demandeur n'est point autorisé par le prédit *Jean Varkevesser*, à agir en son nom à charge du défendeur ;

Le tribunal faisant droit, déclare le demandeur en ses conclusions prises à charge du défendeur, non-recevable ni fondé, et le condamne aux dépens du procès, à la taxe et modération du tribunal.

Fait en séance du 1 thermidor, l'an 4me de la république française, une et indivisible.

Etoient signés : B. J. HEYSE, *présid.* ; J. B. J. ROELANDTS ; STA ; TEGELBERG, *et* DE LANTHEERE.

220me. SENTENCE.

LE TRIBUNAL CIVIL DU DÉPARTEMENT DE L'ESCAUT,

Vu l'exploit d'ajournement en date 13 prairial, 4me année de la république française, fait à la demande du citoyen *Michel Hovaere*, marchand de vins, en cette commune de Gand, demandeur d'une part, le citoyen *Pierre Verguysse*, à Zelzaete, défendeur d'autre, d'où résulte que la difficulté mue entre les parties est de savoir, si le demandeur est fondé d'exiger à charge du défendeur la somme de huit livres de gros, dix-huit escalins, pour livraison d'une demie pièce de vin d'ingrande, avec l'intérêt judiciaire ;

Ouï le demandeur en personne, le défendeur n'ayant pas comparu, ni personne en son nom, le commissaire du pouvoir exécutif présent ;

Attendu que le défendeur a été duement ajourné pour comparaître par-devant ce tribunal, en la séance de ce jour, et qu'il n'y a pas comparu, ni personne en son nom ;

Attendu que le demandeur a demandé jugement par défaut ;

Le tribunal faisant droit, donne défaut contre le défendeur, et pour le profit, le condamne à payer au demandeur la somme de huit livres de gros, dix-huit escalins, argent de change, pour la livraison du vin ci-dessus repris, à l'intérêt judiciaire, depuis l'institution de la cause jusqu'au payement effectif, et aux dépens du procès, à la taxe et modération du tribunal, sauf au défendeur de se pourvoir en opposition, endéans le terme et conformément à la loi.

Fait en séance du 1 thermidor, l'an 4me de la république française, une et indivisible.

Etoient signés: B. J. HEYSE, *présid.*; J. B. J. ROELANDTS; STA; TE-GELBERG, *et* DE LANTHEERE.

221me. SENTENCE.

LE TRIBUNAL CIVIL DU DÉPARTEMENT DE L'ESCAUT,

Vu l'exploit d'ajournement en date 26 floréal, l'an 4me de la république française, fait à la demande du citoyen *Antoine vanden Broeke*, cultivateur, demeurant à Denderbelle, demandeur d'une part, la citoyenne *Marie Jeanne de Smet*, journaliere, aussi à Denderbelle, défenderesse d'autre; vu aussi le procès-verbal du juge de paix du canton de Lebbeke, d'où résulte que la difficulté mue entre les parties est de savoir, si le demandeur est fondé d'exiger que la défenderesse leve l'acte de défense et interdiction fait par la ci-devant cour spirituelle de Malines, le 5 janvier 1790, et impétrée par la défenderesse à charge du demandeur, la défenderesse alléguant qu'il y a cause pendante et ouverte devant la même cour au sujet de cette défense et interdiction, ainsi que sur l'objet d'icelles, étant la défloration de la défenderesse, soutenant sur le fondement la nullité de l'exploit d'ajournement;

Ouï les parties en personne, le commissaire du pouvoir exécutif présent;

Attendu que sur l'objet qui divise les parties, il y a cause pendante et ouverte; que partant le demandeur en se conformant aux loix et arrêtés sur l'organisation de l'ordre judiciaire en matiere civile, auroit dû ajourner la défenderesse sur un résumé succint de ladite cause, et diligenter le dépôt des pièces de la procédure au greffe de ce tribunal;

Le tribunal faisant droit, annulle l'exploit d'ajournement du demandeur, lui ordonne de s'en départir, et le condamne aux dommages et intérêts soufferts et à souffrir par la défenderesse, et aux dépens du procès, à la taxe et modération du tribunal.

Fait en séance du 2 thermidor, l'an 4me de la république française, une et indivisible.

Etoient signés: B. J. HEYSE, *présid.*; DE LANTHEERE; DE MEYERE; TEGELBERG, *et* P. BOTTE.

222ᵐᵉ· SENTENCE.

Le Tribunal civil du Département de l'Escaut,

En la cause du citoyen *Pierre de Smet*, en la commune de Merchtem, département de la Dyle, demandeur d'une part, contre le citoyen *A. Ghysels*, marchand, à Bruxelles, défendeur d'autre ;

Ouï le demandeur, l'ajourné non-comparant, le commissaire du pouvoir exécutif présent ;

Attendu que l'ajourné sur anticipation est encore en défaut de satisfaire au jugement du 18 messidor dernier ;

Attendu qu'on allégue que son défenseur *de Clercq*, l'a abandonné et ne veut plus le défendre ;

Attendu que l'obtenant dudit jugement se prévaut du défaut itératif, et en demande l'effet ;

Le tribunal faisant droit, donne défaut, et pour le profit, déclare l'appel dont il s'agit perdu et désert, condamne l'ajourné aux dépens du procès, à la taxe et modération du tribunal, lui en son entier de se pourvoir en opposition, endéans le terme et conformément à la loi.

Fait en séance du 2 thermidor, l'an 4me de la république française, une et indivisible.

Etoient signés : G. F. Buyck, *présid.* ; de Meyere ; Tegelberg ; P. Botte, *et* de Lantheere.

223ᵐᵉ· SENTENCE.

Le Tribunal civil du Département de l'Escaut,

Vu l'exploit d'ajournement en date 28 messidor, l'an 4me de la république française, fait à la demande du citoyen *Laurent de Coster*, vitrier, habitant de cette commune, demandeur d'une part, contre le citoyen *Livin d'Haese*, charpentier, aussi dans cette commune, défendeur d'autre part, d'où résulte que la difficulté mue entre les parties est de savoir, si le demandeur est fondé d'exiger à charge du défendeur la somme de trois livres de gros, neuf escalins et quatre gros courant, pour restant de ce qu'il lui doit pour raccommodage de vitres et livrance d'ustensiles y besoin ;

Ouï le demandeur en personne, vu la non-comparution du défendeur, le commissaire du pouvoir exécutif présent ;

Attendu que le défendeur n'est point comparu, ni personne en son nom ;

Attendu que le demandeur a demandé jugement par défaut ;

Le tribunal faisant droit, donne défaut contre le défendeur non-

comparant,

comparant, et pour le profit, le condamne de payer au demandeur la somme de trois livres, neuf escalins et quatre gros, argent courant, à l'intérêt judiciaire, depuis l'institution de la cause jusqu'au parfait payement, et aux dépens du procès, à la taxe et modération du tribunal; le défendeur en son entier de se pourvoir en opposition, endéans le terme et conformément à la loi.

Fait en séance du 3 thermidor, l'an 4me de la république française, une et indivisible.

Etoient signés : B. J. HEYSE, *présid.*; J. B. J. ROELANDTS; TEGELBERG; STA, *et* DE LANTHEERE.

224me. SENTENCE.

LE TRIBUNAL CIVIL DU DÉPARTEMENT DE L'ESCAUT,

Vu l'exploit d'ajournement en date 8 messidor, l'an 4me de la république française, fait à la demande du citoyen *Jacques de Noyelle*, négociant à Gand, fondé de pouvoir des citoyens *la Riviere* et *Bayon*, négocians à Lyon, tant en leur nom qu'en qualité de liquidateurs de la maison de commerce des citoyens *Garde*, *la Riviere* et compagnie, et ainsi demandeurs par requête présentée à la ci-devant municipalité d'Alost, le 6 octobre 1795 (v. st.), d'une part, la veuve de *Michel Koucke*, habitante de la ville d'Alost, défenderesse d'autre; vu aussi les pièces du procès, servies par-devant ladite municipalité, et le résumé de la cause, servi par le demandeur par-devant ce tribunal, d'où il résulte que la difficulté mue entre les parties est de savoir, si le demandeur est fondé dans son soutenement de nullité du nantissement en assignats au pair, fait par la défenderesse, de la somme de quinze cents livres tournois, import de deux promesses, ainsi que si le demandeur est en droit d'exiger de la défenderesse la somme de sept mille un cent neuf livres tournois, dix sols et trois déniers, pour des objets de commerce, la défenderesse prétendant en outre que le demandeur avoit à se contenter pour les deux promesses susdites et prétentions ultérieures, avec les actes conservatoires qu'il avoit fait pratiquer sur les biens de la défenderesse;

Attendu que le nantissement, fait par la défenderesse le 28 nivôse, 4me année, en assignats au pair, est postérieur au 9 prairial de la même année;

Attendu que le nantissement susdit ne pourroit par ainsi valoir tout au plus que pour un payement partiel;

Attendu qu'aucun créancier n'est tenu de recevoir un payement partiel;

II. Partie. N°. 15.   P

Attendu enfin, que les parties n'ont contesté au fond;

Le tribunal faisant droit, déclare la défenderesse non-recevable ni fondée dans ses conclusions prises par son écrit du 28 nivôse dernier; ordonne aux parties de contester au fond, et de se rencontrer mutuellement et pertinemment à la séance du 16 thermidor courant, condamne la défenderesse aux dépens du procès, depuis la requête introductive jusqu'à ce jour, ceux de ladite requête reservés, à la taxe et modération du tribunal.

Fait en séance du 3 thermidor, l'an 4me de la république française, une et indivisible.

Etoient signés : B. J. HEYSE, *présid.*; DE MEYERE; TEGELBERG; STA, *et* A. J. VAN TIEGHEM.

225me. SENTENCE.

LE TRIBUNAL CIVIL DU DÉPARTEMENT DE L'ESCAUT,

Vu l'exploit d'ajournement en date 24 messidor, l'an 4me de la république française, fait à la demande du citoyen *Livin vander Verren*, ayant en mariage *Marie Vergeylen*, habitant de la commune de Lokeren, demandeur d'une part, *Jean Baptiste Vergeylen*, *Daniel Vergeylen* et *Marie Anne Vergeylen*, veuve de *Jean François Goossens*, à Zele, défendeurs d'autre; vu aussi le procès-verbal du juge de paix du canton de Zele, d'où résulte que la difficulté mue entre les parties est de savoir, si le demandeur est fondé d'exiger que le contract ou transaction faite entre les défendeurs et feu le citoyen *Adrien Vergeylen*, leur pere et beau-pere respectifs, et passé par-devant gens de loi de la ci-devant cour féodale de Termonde, résidant à Zele, le 10 février 1795 (v. st.), soit déclarée nulle et de nulle valeur;

Ouï le demandeur en personne, les défendeurs n'étant point comparus, ni personne en leur nom, le commissaire du pouvoir exécutif présent;

Attendu que les coutumes et la jurisprudence de la ci-devant province de Flandre ne permettent pas aux parens de bénéficiër, soit par donation, testament ou autre contract quelconque, qui ne soit rémunératoire pour des services rendus, l'un de leurs enfans au préjudice de l'autre;

Attendu qu'il ne conste pas que les défendeurs auraient rendus des services à leur pere *Adrien Vergeylen*, qui mériteraient récompense, que partant le contract dont il s'agit est basé sur des faux prétextes, et contraire aux lois et dispositions coutumieres de ce pays;

Attendu enfin que le demandeur a demandé jugement par défaut;

Le tribunal faisant droit, donne défaut contre les défendeurs, et pour le profit déclare nul et de nulle valeur le contract repris au procès, condamne les défendeurs aux dommages et intérêts soufferts et à souffrir par le demandeur, à cause de leur opposition faite devant le juge de paix, et aux dépens du procès, à la taxe et modération du tribunal, sauf aux défendeurs de se pourvoir en opposition, endéans le tems et conformément à la loi.

Fait en séance du 3 thermidor, l'an 4me de la république française, une et indivisible.

Etoient signés : B. J. HEYSE, *présid.*; STA; J. B. J. ROELANDTS; DE LANTHEÈRE, *et* TEGELBERG.

226me. SENTENCE.

LE TRIBUNAL CIVIL DU DÉPARTEMENT DE L'ESCAUT,

Vu l'exploit d'ajournement en date 21 messidor, l'an 4me de la république française, fait à la demande du citoyen *Jean van Lysbeth*, en cette commune de Gand, demandeur d'une part, contre le citoyen *Josse Fermaudt*, aussi à Gand, défendeur d'autre, d'où résulte que la difficulté mue entre les parties est de savoir, si le demandeur est fondé d'exiger à charge du défendeur, que celui-ci lui rende compte de leur association, le défendeur alléguant d'y avoir satisfait passé quatorze mois, même en lui signifiant copie dudit compte et l'interpellant de se rendre au jour indiqué chez le notaire *van Hecke*, à l'effet de prendre communication des pièces justificatives et de couler ledit compte;

Ouï les parties, le commissaire du pouvoir exécutif présent;

Attendu que de l'aveu du demandeur, le défendeur lui a fait signifier le prédit compte avec l'interpellation susmentionnée, et que par ainsi il a prévenu l'action intentée aujourd'hui par le demandeur;

Le tribunal faisant droit, déclare le demandeur en ses conclusions prises à charge du défendeur, non-recevable ni fondé, le condamne aux dépens du procès, à la taxe et modération du tribunal.

Fait en séance du 3 thermidor, l'an 4me de la république française, une et indivisible.

Etoient signés : B. J. HEYSE, *présid.*; STA; DE MEYERE; J. B. J. ROELANDTS; TEGELBERG, *et* DE LANTHEERE.

227me. S E N T E N C E.

Le Tribunal civil du Département de l'Escaut,

En la cause du citoyen *Jean Baptiste Donsel*, habitant de Bruxelles, demandeur par requête du 7 juin 1783, présentée au ci-devant conseil de Flandre, d'une part, contre le prévôt ou supérieur de la congrégation de l'oratoire, défendeur d'autre;

Ouï les parties, le commissaire du pouvoir exécutif présent;

Attendu que le demandeur agit en matiere d'alimentation contre la congrégation de l'oratoire;

Attendu que le demandeur objecte que sa qualité de supérieur de ladite congrégation a cessé depuis long-tems;

Attendu que cette assertion se trouve vérifiée par différentes pieces de la procédure dirigée contre le supérieur de la même congrégation, sans désignation individuelle;

Attendu finalement, que le résumé même du demandeur est intitulé contre le prévôt ou supérieur de la congrégation de l'oratoire, et que le demandeur a reconnu de savoir ne plus être le citoyen *Tollenaere*;

Le tribunal faisant droit, accorde au défendeur congé de tribunal, condamne le demandeur aux dépens de la comparution, à la taxe et modération du tribunal; sauf à lui de se pourvoir contre qui il appartiendra, s'il s'y croit fondé.

Fait en séance du 3 thermidor, l'an 4me de la république française, une et indivisible.

Etoient signés : B. J. Heyse; *présid.*; Sta; J. B. J. Roelandts; Tegelberg, *et* P. Botte.

228me. S E N T E N C E.

Le Tribunal civil du Département de l'Escaut,

Vu l'exploit d'ajournement en date 24 messidor, l'an 4me de la république française, fait à la demande du citoyen *Felix Villiot-Voet*, négociant en la commune de Gand, demandeur d'une part, la citoyenne *Jeanne Marie Lampaert*, veuve de *Josse François van Landeghem*, à Looten-hulle, défenderesse d'autre; vu aussi le procès-verbal du juge de paix du canton de Nevele, d'où résulte que la difficulté mue entre les parties est de savoir, si le demandeur est fondé d'exiger de la défenderesse le payement d'une somme de cent soixante florins, quatorze sols et six déniers, argent courant;

Ouï la défenderesse par son fondé de pouvoir, le citoyen *Engelbert*

Joseph van Landeghem, son fils, le demandeur n'ayant pas comparu, ni personne en son nom, le commissaire du pouvoir exécutif présent;

Attendu que la défenderesse, vu la non-comparution du demandeur, a demandé congé de tribunal

Le tribunal faisant droit, donne défaut contre le demandeur, et pour le profit, adjuge à la défenderesse le congé de tribunal demandé, condamne le demandeur aux dépens de la comparution, à la taxe et modération du tribunal.

Fait en séance du 3 thermidor, l'an 4me de la république française, une et indivisible.

Etoient signés : B. J. HEYSE, *présid.*; STA; J. B. J. ROELANDTS; DE LANTHEERE, *et* TEGELBERG.

229me. SENTENCE.

LE TRIBUNAL CIVIL DU DÉPARTEMENT DE L'ESCAUT,

En la cause de la citoyenne *Marie Catharine Maertens*, épouse de *Théodore Janssens*, à Hulst, demanderesse par exploit d'ajournement en date 17 messidor, d'une part, contre ledit *Théodore Janssens*, défendeur d'autre;

Ouï les parties, le commissaire du pouvoir exécutif entendu;

Attendu qu'il existe pour le divorce entre les époux une loi du 20 septembre 1792, qui détermine le mode de constater l'état civil des citoyens, publiée dans les neuf départemens réunis, en vertu de l'arrêté du directoire exécutif en date 29 prairial, l'an 4me de la république française;

Attendu que d'après cette loi, le tribunal civil du département est incompétent pour prononcer sur le fait du divorce;

Le tribunal faisant droit, renvoye les parties à se pourvoir ainsi qu'ils jugeront convenir et conformément à la loi, sans dépens.

Fait en séance du 4 thermidor, l'an 4me de la république française, une et indivisible.

Etoient signés: G. F. BUYCK, *présid.*; J. B. J. ROELANDTS; TEGELBERG; STA, *et* P. BOTTE.

230me. SENTENCE.

LE TRIBUNAL CIVIL DU DÉPARTEMENT DE L'ESCAUT,

En la cause du citoyen *Jean de Blauwe*, maréchal en la commune de Gand, demandeur d'une part, contre le citoyen *Pierre Baar*, aussi maréchal dans cette commune, défendeur d'autre;

Ouï les parties, le commissaire du pouvoir exécutif entendu ;

Considérant que l'ajourné non seulement a convenu de la nécessité absolue de se prémunir contre les dangers auxquels la conduite et les défectuosités de la maison dont il s'agit au procès, exposent le demandeur qui l'occupe et le public ;

Considérant aussi qu'il a mis déja des ouvriers dans ladite maison aux fins ci-dessus, en conformité des conclusions du demandeur, et qu'il a offert en cette séance de faire continuer les travaux commencés ;

Le tribunal faisant droit, décréte les aveux et offres du demandeur ; en conséquence, lui ordonne de faire travailler constamment et par un nombre d'ouvriers suffisans dans chaque espece de travail, aux réparations de la maison dont il est question au procès, de maniere que le demandeur et les citoyens soyent à l'abri des accidens qui pourroient résulter de son état de caducité, à péril d'être contraint auxdites réparations par exécution *ad factum*, et condamne le défendeur aux dépens, à la taxe et modération du tribunal ; le demandeur entier d'agir afin de dommages et intérêts, s'il s'y croit fondé.

Fait en séance du 4 thermidor, l'an 4me de la république française, une et indivisible.

Etoient signés : G. F. Buyck, *présid.* ; J. B. J. Roelandts ; Tegelberg ; Sta, *et* P. Botte.

231me. SENTENCE.

Le Tribunal civil du Département de l'Escaut,

JUGEMENT PRÉPARATOIRE.

En la cause du citoyen *Jean François de Rycke*, organiste et négociant dans la commune de Lembeke, demandeur par requête du 12 novembre 1795, présentée à la ci-devant municipalité de Capryke, d'une part, contre le citoyen *Pierre Martens*, fils de *Jean*, à Capryke, défendeur débouté de réponse, toutes exceptions et défenses, d'autre ;

Ouï les parties, le commissaire du pouvoir exécutif présent ;

Attendu que par appointement du 23 décembre 1795, le demandeur a été admis à preuve de ce qu'il avoit posé par sa requête introductive ;

Attendu que le demandeur, pour faciliter ladite preuve, a soutenu que le défendeur devoit répondre à son écrit de positions ;

Attendu que le défendeur oppose un écrit de réponse qu'il auroit servi devant la ci-devant municipalité d'Eecloo, le 9 décembre 1795 ;

Attendu que la cause du demandeur étoit intentée devant la ci-devant municipalité de Caprycke ;

D'où résulte que l'écrit de réponse du défendeur a été incompétemment fourni ;

Le tribunal sans avoir égard audit écrit de réponse, ordonne au défendeur de servir responsif, et de l'affirmer sous serment de calumnia à la séance du 24 courant, et condamne le défendeur aux dépens de l'incident, à la taxe et modération du tribunal.

Fait en séance du 4 thermidor, l'an 4me de la république française, une et indivisible.

Etoient signés : G. F. BUYCK , *présid.* ; P. BOTTE ; J. B. J. ROELANDTS, TEGELBERG , *et* SPA.

232me. SENTENCE.

LE TRIBUNAL CIVIL DU DÉPARTEMENT DE L'ESCAUT,

Vu l'expoit d'ajournement fait le 23 messidor, l'an 4me de la république française, à la demande du citoyen *P. J. Blommaert*, négociant et habitant de la commune de Gand, contre et à la charge du citoyen *de Sorgher*, aussi demeurant dans la même commune ; vu aussi le procès-verbal et acte de renvoi du juge de paix, section de l'égalité, du 27 prairial, 4me année, d'où résulte que la question mue entre les parties est de savoir, si le demandeur est fondé de prétendre, à la charge du défendeur, le payement de la somme de quatre-vingt-six livres, quatre escalins, huit gros, argent courant de brabant, qu'il lui doit pour livrances de l'huile plus amplement reprise par ledit procès-verbal ; le défendeur soutenant le contraire , et disant qu'il a chargé le citoyen *Seriacop*, ci-devant procureur de la commune de Gand, du susdit payement ; de lui avoir fourni les fonds pour cela, et même de l'avoir satisfait de son salaire pour avoir fait ledit payement au demandeur ;

Ouï les parties par leurs fondés de pouvoir, le commissaire du pouvoir exécutif présent ;

Attendu que le défendeur a convenu formellement qu'il doit au demandeur ladite somme de quatre-vingt-six livres, quatre escalins, huit gros courant ;

Attendu que celui-ci a nié expressément avoir reçu aucun payement du citoyen *Seriacop* à la décharge du défendeur et de ladite créance ;

Attendu que le défendeur n'a pas fait conster de ce prétendu payement ;

Attendu qu'il a requis un délai pour sommer en guarrantie le susdit *Seriacop.*

Attendu que cette action ne peut arrêter la démarche de la procédure du demandeur envers le défendeur ;

Le tribunal faisant droit, sans appel, condamne le défendeur à payer au demandeur la somme de quatre-vingt-six livres, quatre escalins, huit gros, mentionnée ci-dessus, à l'intérêt judiciaire depuis l'institution de la cause au tribunal, jusqu'au payement réel et effectif, et aux dépens du procès, à la taxe et modération du tribunal; le défendeur entier envers et contre le citoyen *Seriacop*, s'il s'y croit fondé.

Fait en séance du 4 thermidor, l'an 4me de la république française, une et indivisible.

Etoient signés : G. F. BUYCK, *présid.*; J. B. J. ROELANDTS; DE LANTHEERE; STA; P. BUTTE, *et* TEGELBERG.

233me. SENTENCE.

LE TRIBUNAL CIVIL DU DÉPARTEMENT DE L'ESCAUT,

Vu l'exploit d'ajournement en date 4 thermidor, l'an 4me de la république française, fait à la demande du citoyen *Philippe Augustin de Stobbeleere*, pere, demeurant en la commune de Gand, d'une part, contre et à la charge du citoyen *Philippe de Stobbeleere*, fils, demeurant dans la même commune, défendeur d'autre part; vu aussi le jugement du tribunal rendu entre les parties le 1 prairial, l'an 4me, d'où résulte que la question mue entre les parties est de savoir, si le demandeur est fondé à prétendre que le défendeur, par son défaut de payer au demandeur la somme de six cent cinquante livres de gros de change, et l'intérêt judiciaire d'icelle somme pour les avances faites au défendeur en la société qu'il avoit contracté avec le demandeur, par acte du 12 mars 1791, passé devant le notaire *de Mette*, et par son défaut à désister du droit qu'il pourroit avoir à ladite société, seroit déchu de tout droit et action quelconque dans ladite société, et que le tout est dévolu et acquis au demandeur pour en jouir et user comme il trouvera convenir, plus amplement repris par le susdit exploit;

Ouï le demandeur par son fondé de pouvoir, le défendeur n'étant point comparu, ni personne en son nom, le commissaire du pouvoir exécutif présent;

Attendu qu'il conste que le défendeur, nonobstant que sommation lui a été faite pour satisfaire à la sentence du 1 prairial, est constamment en défaut, tant pour effectuer le payement de la susdite somme de six cent cinquante livres de change, ou de désister de ses droits à la société dont il s'agit;

Attendu que par ce défaut et conformément à l'engagement qu'il a

contracté

contracté avec le demandeur, il est déchu de tout droit à la prédite société;

Attendu que, vu sa non-comparution, le demandeur a requis jugement par défaut;

Le tribunal faisant droit, donne défaut contre le défendeur, et pour le profit, le déclare déchu de tout droit quelconque dans la société dont s'agit, et que le même droit est dévolu au demandeur, qui pourra en jouir comme il trouvera convenir; condamne le défendeur aux dépens du procès, à la taxe et modération du tribunal, le défendeur néanmoins entier à se pourvoir en opposition, endéans le terme et conformément à la loi.

Fait en séance du 4 thermidor, l'an 4me de la république française, une et indivisible.

Etoient signés: G. F. Buyck, *présid.*; J. B. J. Roelandts; Sta; Botte, *et* Tegelberg.

Mandons à tout huissier, etc.

234me. SENTENCE.

Le Tribunal civil du Département de l'Escaut,

Vu l'exploit d'ajournement, fait à la demande du citoyen *François*, habitant de la commune d'Eecke sur l'Escaut, demandeur par exploit d'ajournement du 29 prairial, l'an 4me de la république française, y résumant la procédure intentée devant les ci-devant bourguemaître et échevins du village de Nazareth, comme demandeur par requête du 19 février 1793, d'une part, contre le citoyen *Jean Baptiste Lauwaert*, ayant épousé la citoyenne *Jeanne Marie van Beversluys*, auparavant veuve de *Constantin Baptiste Dossche*, habitant de la même commune, défendeur d'autre part; vu aussi les pieces de ladite procédure, fournies par le demandeur, et la sentence préparatoire du tribunal du 18 messidor, l'an 4me, et les devoirs ensuivis, d'où résulte que la difficulté mue entre les parties est de savoir, si le demandeur est fondé d'exiger à la charge du défendeur: premierement la somme de cent quarante-sept livres, huit escalins, un gros argent courant, montant des meubles et effets de ménage et bestiaux acceptés par le prédécesseur du défendeur, feu le citoyen *Constantin Baptiste Dossche*; secondement la somme de cinquante-trois livres, treize escalins, un gros courant, import de l'estimation du bois et engrais de terre qu'avoit occupé le susdit prédécesseur du défendeur; et troisiemement la somme de quarante livres de gros argent courant, pour loyer d'une maison et des terres depuis noël 1790, pour sureté desquelles prétentions le demandeur a fait saisir les biens du défendeur et conclu au décrétement d'icelles, le tout plus amplement repris au procès;

Ouï le demandeur en personne, le défendeur non-comparant, ni personne en son nom;

Attendu que le défendeur n'a point produit les pieces servies de sa part dans ladite procédure;

Attendu qu'il n'a pas comparu à la séance de ce jour;

Attendu qu'indépendamment que lesdits trois objets de prétentions du demandeur ont été mutuellement reconnus par la citoyenne *Jeanne Marie van Beversluys*, femme du défendeur, par l'état de biens qu'elle a fait et affirmé à la mortuaire de son premier mari, le défunt citoyen *Constantin Baptiste Dossche*, le 9 juin 1792, elle l'a encore formellement reconnu à la séance de ce jour sur les interpellations qui lui ont été faites par le demandeur, étant intervenu en cause à cet effet en conformité dudit jugement préparatoire;

Attendu qu'il en résulte une preuve complette en faveur de l'intention du demandeur;

Attendu que pour la non-comparution du défendeur, le demandeur a requis un jugement par défaut;

Le tribunal faisant droit, donne défaut contre le défendeur, et pour le profit, le condamne à payer au demandeur les trois sommes respectivement, de cent quarante-sept livres, huit escalins, un gros; soixante-trois livres, treize escalins, un gros; et quarante livres de gros, ci-dessus reprises, à l'intérêt judiciaire, depuis l'institution de la cause jusqu'au payement réel et effectif, et aux dépens du procès, à la taxe et modération du tribunal; et à defaut de tout ce, décrète les saisies du demandeur, comme bien et légalement faites, lui adjuge les objets saisis, pour y récouvrer, en total ou en partie, tout ce qui est repris ci-dessus, aussi avec dépens; le défendeur cependant entier à se pourvoir en opposition, endéans le terme et conformément à la loi.

Fait en séance du 4 thermidor, l'an 4me de la république française, une et indivisible.

Etoient signés : G. F. BUYCK, *présid.*; J. B. J. ROELANDTS; STA; P. BOTTE, *et* TEGELBERG.

Mandons à tout huissier, etc.

235me. SENTENCE.

Le Tribunal civil du Département de l'Escaut,

Vu l'exploit d'ajournement en date 21 messidor, l'an 4me de la république française, fait à la demande du citoyen *Pierre Amstens*, batelier, demeurant dans cette commune, demandeur d'une part, contre le citoyen *Jacques Lyssens*, aussi en cette commune, défendeur d'autre ; vu aussi le procès-verbal du Juge de paix de la section de la fraternité, canton de Gand, en date 13 prairial, l'an 4me, d'où résulte que la difficulté mue entre les parties est de savoir, si le demandeur est fondé d'exiger à charge du défendeur le payement des cinquante livres de gros, repris au procès ;

Ouï le demandeur en personne, vu la non-comparution du défendeur, le commissaire du pouvoir exécutif présent ;

Attendu que le défendeur n'est point comparu, ni personne en son nom ;

Attendu que le demandeur a demandé jugement par défaut ;

Le tribunal faisant droit, donne défaut à charge du défendeur non-comparant, et pour le profit, le condamne à payer au demandeur la somme susdite de cinquante livres de gros, avec l'intérêt judiciaire, depuis l'introduction de l'instance, et aux dépens du procès, à la taxe et modération du tribunal, sauf déduction de deux livres, dix-huit escalins et quatre gros courant, que le demandeur a reçu à compte de cette somme ; le défendeur en son entier de se pourvoir en opposition, endéans le terme et conformément à la loi.

Fait en séance du 5 thermidor, l'an 4me de la république française, une et indivisible.

Etoient signés : G. F. Buyck, *présid.* ; J. B. J. Roelandts ; Tegelberg ; Sta ; de Lantheere, *et* P. Botte.   Mandons à tout huissier, etc.

236me. SENTENCE.

Le Tribunal civil du Département de l'Escaut,

Vu l'exploit d'ajournement en date 9 prairial, l'an 4me de la république française, fait à la demande du citoyen *Jean Geernaert*, brasseur à Eecloo, demandeur d'une part, contre le citoyen *Jean Mariman*, aussi à Eecloo, défendeur d'autre ; vu aussi le procès-verbal du juge de paix du canton d'Eecloo, d'où résulte que la difficulté mue entre les parties est de savoir, si le demandeur est fondé d'exiger à charge du défendeur la somme de vingt trois livres, six escalins et deux gros, argent courant de Brabant, pour livraison de drêche, dit *draf*, le défendeur alléguant qu'il y a à ce sujet procès indécis entre les parties, et par ainsi que le demandeur auroit dû agir en résumption;

Ouï les parties, le commissaire du pouvoir exécutif présent;

Attendu qu'il y a procès indécis entre les parties sur l'objet identifique qui les divise; que partant, conformémeut aux loix et arrêtés sur l'organisation de l'ordre judiciaire en matiere civile, le demandeur au lieu d'intenter une nouvelle action pour l'objet indécis, auroit dû se pourvoir en résumption;

Le tribunal faisant droit, déclare le demandeur non-recevable de la forme qu'il agit, et le condamme aux dépens de l'incident, à la taxe et modération du tribunal.

Fait en séance du 5 thermidor, l'an 4me de la république française, une et indivisible.

Etoient signés : J. B. J. HEYSE, *présid.*; J. B. J. ROELANDTS; DE LANTHEERE; STA, *et* DE MEYERE.

237me. SENTENCE.

LE TRIBUNAL CIVIL DU DÉPARTEMENT DE L'ESCAUT,

Vu l'exploit d'ajournement en date 3 messidor, l'an 4me de la république française, fait à la demande de la citoyenne *Catharine Rakelbus*, veuve de *Jean Valcke*, habitant à Bruges, ayant résumé les erremens du procès entamé contre feu son mari, par-devant les bourguemaître et échevins de la commune d'Opbraecle, défenderesse d'une part, contre *Pierre Antoine van Hoorde*, demeuraut dans la commune de Grammont, et consors, demandeurs par requête présentée aux susdits bourguemaître et échevins le 13 avril 1790, ajournés d'autre part; vu aussi les pièces du procès instruit par-devant la municipalité susdite, d'où résulte que le différent mu entre les partiés est de savoir, si les demandeurs sont fondés d'exiger à charge de la défenderesse la somme de quatre mille cinq cens florins courant, pour le montant des lettres de change jointes au procès, et à obtenir le décrétement des saisies interposées pour sureté de leurs dites prétentions, la défenderesse soutenant le contraire et de n'être tenue au payement desdites lettres de change, d'autant qu'elles étoient conditionnelles, et que le porteur n'auroit pas satisfait de son côté ni fourni la valeur, ayant soutenu de plus la nullité des exploits des saisies et demandé dommages et intérêts sur ce point;

Ouï les parties par leurs fondés de pouvoir, le commissaire du pouvoir exécutif présent;

Attendu que les billets ou promesses de change dont il s'agit au procès, sont créées pour une valeur à recevoir en bois;

Attendu qu'il est de principe que celui qui veut contraindre sa partie à satisfaire à un contract synallagmatique, est tenu d'y satisfaire préalablement de son côté, et qu'à défaut de ce faire, il ne peut rien exiger exclusivement;

Attendu qu'il est également certain que l'acquérant d'une lettre de change, de même que de tout autre contract, ne peut transmettre par endossement plus de droit à autrui qu'il n'en a acquis, lui-même à l'égard de l'acceptant;

Attendu que les demandeurs ont contesté les exceptions de la défenderesse, et que par là ils se sont constitués parties relativement à ces exceptions;

Attendu que le premier juge a sagement suivi ces principes, et qu'en conséquence il a admis, par sentence interlocutoire du 29 février 1792, les demandeurs à preuve que la marchandise désignée par la causation des billets ou promesses de change qui portoient expressément devoir être livrée, ait été réellement accomplie et effectuée;

Attendu que les demandeurs ont acquiescés à cette sentence, et n'ont subministré cette preuve au desir des lois; que par conséquent ils doivent décheoir de leur action et en être déboutés;

Le tribunal faisant droit sur les conclusions directes des demandeurs, les y déclare, quant à présent, non-recevables ni fondés; et faisant pareillement droit sur les conclusions renversales de la défenderesse, annulle les exploits de saisies qu'ont fait pratiquer les demandeurs, plus amplement déduits au procès, les condamne aux dommages et intérêts, soufferts et à souffrir de ce chef par la demanderesse, et aux dépens du procès, à la taxe et modération du tribunal.

Fait en séance du 5 thermidor, l'an 4me de la république française, une et indivisible.

Etoient signés : B. J. HEYSE, *présid.*; DE LANTHEERE; J. B. J. ROELANDTS; STA, *et* DE MEYERE.

238me. SENTENCE.

LE TRIBUNAL CIVIL DU DÉPARTEMENT DE L'ESCAUT,

Vu l'exploit d'ajournement en date 19 messidor, l'an 4me de la république française, fait à la demande du citoyen *Emmanuel vander Rasieren*, fils de *Livin*, cultivateur à Nazareth, demandeur d'une part,

contre le citoyen *Joseph Duquesne*, fils de *Pierre*, habitant d'Eyne ;
ajourné d'autre part; vu aussi l'acte du juge de paix du canton d'Aude-
naerde, qui précéde le prédit ajournement, ainsi que le contract de bail,
arrêté entre parties le 28 avril 1795 (v. st.), de tout quoi résulte
que le demandeur exige à charge de l'ajourné : 1°. l'import des prix
d'une année, deux mois et vingt-six jours de bail d'une ferme par
lui occupée, compétante au demandeur, échue la veille de noël 1794
(v. st.), à raison de dix-huit livres de gros par an ; et 2° à ce que, faute
de payement à tems, la peine de déchéance de bail, reprise au contract, soit décrétée et l'ajourné par ainsi ordonné à évacuer et abandonner promptement ladite ferme, avec intérêt judiciaire et tous dommages et intérêts, l'ajourné n'étant pas comparu, ni personne pour
lui, le demandeur insistant en outre à jugement par défaut ;

Ouï le demandeur, le commissaire du pouvoir exécutif présent ;

Attendu qu'il est constant que par le contract de bail ci-dessus ré-
clamé, l'ajourné a pris à ferme du demandeur une maison et cabaret nommé St. Joseph, situé à Eyne, à raison de dix-huit livres de gros,
argent courant de Brabant, et que ce bail a pris son commencement
à la veille de noël 1794 (v. st.);

Attendu qu'il est également constant que par ledit contract il est
encore stipulé, que l'ajourné devoit payer à chaque échéance, ou au
moins un mois après, ses louages, à peine de déchéance de bail ;

Attendu que, loin pour l'ajourné d'avoir démontré ledit payement,
il est même resté contumax ;

Attendu finalement que, nonobstant que le demandeur agit à plus
que ne lui est dû, vu qu'il ne peut demander sa créance par portion,
et que la seconde année n'est pas encore échue, plus pétition n'a
point de peine ;

Le tribunal faisant droit, accorde au demandeur le défaut par lui
requis, et pour le profit d'icelui, condamne l'ajourné à lui payer la
somme de dix-huit livres de gros, argent courant de Flandre, pour et
à cause de l'année de louage dont il est question, échue la veille de
noël 1795 (v. st.), avec l'intérêt judiciaire du commencement de l'instance jusqu'au parfait acquittement, décrétant au surplus la peine de
déchéance de bail, stipulée au contract, condamne l'ajourné à évacuer
et abandonner promptement la maison et cabaret par lui occupé, en
tous dommages et intérêts par le demandeur soufferts et à souffrir, par
son délai et retard, et aux fraix et dépens du procès, à la taxe et
modération du tribunal, l'ajourné libre à se pourvoir en opposition, en
le temps et conformément à la loi.

Fait en seance du 5 thermidor, l'an 4me de la république française, une et indivisible

Etoient signés: B. J. HEYSE, *présid.*; DE MEYERE, DE LANTHEERE; J. B. J. ROELANDTS, *et* STA.

239me. SENTENCE.

LE TRIBUNAL CIVIL DU DÉPARTEMENT DE L'ESCAUT,

Vu l'exploit d'ajournement en date 24 messidor, l'an 4me de la république française, fait à la demande du citoyen *Pierre J. Maziere*, brasseur, à Louvain, demandeur d'une part, par requête présentée au ci-devant conseil en Flandre, le 18 août 1795, contre le citoyen *Pierre Livin Maenhaut*, marchand de bierres, à Aeltre, défendeur d'autre, d'où résulte que la difficulté mue entre les parties est de savoir, si le demandeur est fondé d'exiger à charge du défendeur la somme de mille cent septante-sept florins, dix sols, argent courant de Brabant, pour restant de livraison de bierres, le défendeur soutenant devoir passer parmi le payement de la somme de mille nonante-sept florins, huit sols, et niant avoir reçu la quantité de bierre alléguée par le demandeur;

Ouï les parties, le commissaire du pouvoir exécutif présent;

Attendu que le défendeur a reconnu qu'il lui a été fait plusieurs livraisons de bierres, depuis le 22 mars jusques et compris le 11 octobre 1794, (v. st.), mais que les parties différent entr'elles sur la quantité des tonneaux livrés;

Attendu que le demandeur offre d'affirmer que la quantité par lui prétendue est juste;

Attendu qu'en pareil cas les lois déférent le serment supplétif au demandeur;

Le tribunal faisant droit, condamne le défendeur à payer au demandeur la somme de onze cent septante-sept florins, dix sols argent courant de Brabant, avec l'intérêt à compter du jour de la demande, et aux dépens du procès, à la taxe et modération du tribunal; et par le demandeur affirmant que la quantité de bierre, par lui prétendue a été réellement livrée au défendeur, le dernier entier à se pourvoir, ainsi qu'il avisera et s'il s'y croit fondé, en répétion de la somme de dix-neuf florins, douze sols, argent courant de Brabant, qu'il prétend lui être due pour raison de droit et voiturage par lui payé, pour des bierres renvoyées au demandeur avant le 22 mars de ladite année 1794.

Fait en séance du 5 thermidor, l'an 4me, ect.

Etoient signés : B. J. Heyse, *présid.* ; de Meyere ; J. B. J. Roelandts; Sta, *et* de Lantheere.

Le tribunal donne acte au demandeur d'avoir prêté le serment á lui déféré par la sentence qui précéde.

Fait en séance du 5 thermidor, l'an 4me de la république française, une et indivisible. *Etoient signés les mêmes.*

Mandons à tout huissier, etc.

240me. S E N T E N C E.

Le Tribunal civil du Département de l'Escaut,

Vu l'exploit d'ajournement en date 13 messidor, l'an 4me de la république française, fait à la demande du citoyen *Livin Coppejans*, à Bassevelde, demandeur d'une part, contre le citoyen *Jean Baptiste Versyp*, à Oosteecloo, défendeur d'autre ; vu aussi le procès-verbal du juge de paix dn canton de Capryke en date 24 floréal, l'an 4me, d'où résulte que la difficulté mue entre les parties est de savoir, si le demandeur est fondé d'exiger à charge du défendeur que celui-ci soit condamne à restituer au demandeur un instrument ou dépêche d'une lettre ou constitution de rente, que le défendeur lui auroit enlevé par force, le 5 novembre 1794 (. v. st.), ou |fait enlever, aux dommages et intérêts soufferts et à souffrir, et aux dépens du procès ;

Ouï le demandeur, le défendeur n'étant point comparu, ni personne en son nom, le commissaire de pouvoir exécutif présent ;

Attendu que le défendeur n'a point comparu, ni personne en son nom ;

Attendu que le demandeur a demandé jugement par défaut ;

Le tribunal faisant droit, donne défaut contre le défendeur non-comparant, ni personne en son nom, et pour le profit le condamne à restituer au demandeur l'instrument ou dépêche de la lettre ou constitution de rente dont il s'agit, à tous dommages et intérêts, soufferts et à souffrir par le demandeur du chef du prédit enlevement illicite, et aux dépens du procès, à la taxe et modération du tribunal, sauf à lui à se pourvoir en opposition, endéans le terme et conformément à la loi.

Fait en séance du 6 thermidor, l'an 4me de la république française, une et indivisible.

Etoient signés : B. J. Heyse, *présid.* ; J. B. J. Roelandts; P. Botte ; Sta, *et* de Lantheere.

240me.

241me. SENTENCE.

LE TRIBUNAL CIVIL DU DÉPARTEMENT DE L'ESCAUT,

Vu l'exploit d'ajournement en date 16 messidor, l'an 4me de la république française, fait à la demande du citoyen *Jean Baptiste van Mallegem*, cultivateur, à Sulsique, canton de Quaremont, demandeur et néanmoins intimé d'une part, le citoyen *Adrien François Soenens*, habitant de cette commune de Gand, défendeur et néanmoins appellant par-devant le .ci-devant conseil de Flandre de l'ordonnance du 5 germinal, 3me année, rendue à sa charge par ceux ayant composé le ci-devant comité de sureté générale de la ville et vieuxbourg de Gand, d'autre ; vu aussi toutes les pieces du procès, d'où résulte que la difficulté mue entre les parties est de savoir, si le demandeur est fondé d'exiger du défendeur, l'acte de constitution d'une rente de huit cent livres de gros de change de capital, créée le 9 mai 1788, avec quittance en due forme, contenant consentement de cassation des hypotheques constituées, et ce sur le fondement que le demandeur auroit remboursé au défendeur le capital de la susdite rente, lui ayant fait insinuer par le ministere du notaire *Nuttinck* dix mille deux cent quatre-vingt-sept livres en assignats, et en outre trois cent quatre-vingt-dix livres, également en assignats, pour les intérêts échus ; le défendeur soutenant le contraire, et alléguant la nullité de ladite ordonnance rendue par ceux du comité de sureté générale de la ville et vieuxbourg de Gand, signés *P. B. Maillard*, officier municipal, et *P. van Cauwenberghe* ;

Ouï les parties, le demandeur en personne, le défendeur par son fondé de pouvoir, le citoyen *van Toers*, homme de loi, le commissaire du pouvoir exécutif entendu ;

Attendu que le ci-devant comité de sureté générale de la ville et vieuxbourg de Gand n'étoit investi d'aucun pouvoir judiciaire ;

Que partant ceux qui composoient le même comité, ont excédé leurs pouvoirs en rendant l'ordonnance dont il s'agit ;

Attendu que les deux signatures de cette ordonnance ne peuvent pas, selon le vœu de la loi, former un comité de sureté générale, et que de ce chef seul ladite ordonnance est arbitraire, oppressive et nulle ;

Le tribunal faisant droit, et sans avoir égard à l'acte ou ordonnance rendue par ceux soi-disant composant le ci-devant comité de surveillance, le 5 germinal, 3me année de la république française, et dont le défendeur n'auroit pas dû appeller, déclare le demandeur non-recevable dans ses conclusions prises à la charge du défendeur, et le condamne aux dépens du procès, à la taxe et modération du tribunal.

Fait en séance du 6 thermidor, l'an 4me de la république française, une et indivisible.

Etoient signés : B. J. HEYSE, *présid.*; STA; P. BOTTE; DE LANTHEERE, *et* J. B. J. ROELANDTS.

242me. SENTENCE.

LE TRIBUNAL CIVIL DU DÉPARTEMENT DE L'ESCAUT,

En la cause de la citoyenne *Anne Marie Neerincx*, fille de *Philippe*, épouse de *Philippe de la Cave*, à Termonde, demanderesse d'une part, contre ledit *Philippe de la Cave*, son mari, aussi à Termonde, défendeur d'autre;

Ouï les parties, le commissaire du pouvoir exécutif entendu;

Attendu que la demande formée par exploit d'ajournement du 3 messidor dernier, tende à obtenir une séparation de corps et biens; vu l'art. VI du § I de la loi du 20 septembre 1792 (v. st.), envoyée dans les neuf départemens réunis, annexée à un arrêté du directoire exécutif du 29 prairial dernier, l'époque duquel envoi est postérieure au jugement rendu par le tribunal le 14 dudit mois de messidor;

Le tribunal faisant droit, déclare la demande dont il s'agit éteinte et abolie, chacune des parties payant ses frais, sauf à la demanderesse à recourir à la voie de divorce (si elle s'y croit fondée) en conformité de l'art. XVII du § I de ladite loi.

Fait en séance du 6 thermidor, l'an 4me de la république française, une et indivisible.

Etoient signés : B. J. HEYSE, *présid.*; P. BOTTE; STA; DE LANTHEERE, *et* J. B. J. ROELANDTS.

243me. SENTENCE.
LE TRIBUNAL CIVIL DU DÉPARTEMENT DE L'ESCAUT,

JUGEMENT PRÉPARATOIRE.

En la cause de la citoyenne *Livine Marie Goossens*, à Bassévelde, demanderesse d'une part, contre le citoyen *Louis Lefebure*, à Lokeren, défendeur d'autre;

Ouï les parties, le commissaire du pouvoir exécutif présent;

Attendu que la demanderesse a déféré au défendeur le serment décisoire sur les six faits rappellés dans son acte d'ajournement;

Attendu qu'au nom du défendeur absent, son fondé de pouvoir a accepté pour lui la délation dudit serment ;

Attendu que selon la jurisprudence des arrêts et l'usage constant des tribunaux, les serments décisoires doivent être prêtés en personne devant les juges au tribunal desquels la cause est pendante, s'il n'y a point de cause légitime pour en user autrement ;

Attendu que le défendeur n'allègue aucune cause de nature à le dispenser de la prestation en personne du serment à lui déféré ;

Le tribunal faisant droit, et donnant acte au défendeur de la délation du serment à lui faite par la demanderesse sur les faits ci-devant indiqués, ordonne audit défendeur de comparoître en personne à la séance du 13 de ce mois, à 10 heures du matin, à l'effet d'y prêter ledit serment, condamme ledit défendeur aux dépens de la comparution de ce jour, ceux antérieurs réservés.

Fait en séance du 6 thermidor, l'an 4me de la république française, une et indivisible.

Etoient signés : B. J. HEYSE, *présid.* ; J. B. J. ROELANDTS ; STA ; DE LANTHEERE, *et* P. BOTTE.

244me. SENTENCE.

LE TRIBUNAL CIVIL DU DÉPARTEMENT DE L'ESCAUT,

Vu l'exploit d'ajournement en date 13 prairial, l'an 4me de la république française, fait à la demande du citoyen *Antoine Helinck*, demandeur d'une part, contre le citoyen *Beirens*, cellerier à l'abbaye de Tronchiennes, défendeur d'autre ; vu aussi le procès-verbal du juge de paix du canton de Nevele, en date 20 floréal, l'an 4me, d'où résulte que la difficulté mue entre les parties est de savoir, si le demandeur est fondé d'exiger à charge du défendeur : 1.º la somme de cinquante florins argent courant, pour les voyages par lui faits à Amiens ; 2.º deux couronnes pour la fête de saint Laurent ; et 3.º le payement de la moitié de la graisse de la cuisine, le défendeur soutenant d'avoir soldé le demandeur ;

Ouï les parties, le commissaire du pouvoir exécutif entendu ;

Attendu que le demandeur a déclaré avoir fait les voyages dont il s'agit par humanité, et que les services de ce genre ne se payent pas ;

Attendu qu'il a reçu les débourses faites dans la route, qu'en outre il a reçu son traitement de cuisinier ; qu'il existe un compte de ses prétentions à la charge de ladite abbaye, dont le payement a été effectué, et quittancé par le demandeur le 28 décembre 1795 (*v.s.*), avec énonciation dans l'acquit, que moyennant la somme y reprise il est pleinement satisfait de ladite abbaye ;

Le tribunal faisant droit, déboute le demandeur de ses fins et conclusions à la charge du défendeur, et le condamne aux dépens du procès, à la taxe et modération du tribunal.

Fait en séance du 6 thermidor, l'an 4me de la république française, une et indivisible.

Etoient signés : B. J. HEYSE, *présid.*; J. B. J. ROELANDTS; DE LANTHEERE; STA, *et* P. BOTTE.

245^{me·} SENTENCE.

LE TRIBUNAL CIVIL DU DÉPARTEMENT DE L'ESCAUT,

En la cause des citoyens *André vander Poorten* et *Pierre Jean Heyndriex*, demandeurs par conclusions prises en leur mémoire lu à l'audience de ce jour, tendantes à ce que le défendeur ait à satisfaire au contenu de la transaction passée entre les parties le 11 décembre 1795, d'une part, contre le citoyen *Jean Baptiste vander Poorten* et consors, défendeur d'autre;

Ouï les parties, et après qu'il a été reconnu par elles que les conclusions ci-dessus sont celles de l'exploit d'ajournement égaré; le commissaire du pouvoir exécutif présent;

Attendu que les parties se sont mutuellement obligées par ladite transaction, à liquider les maisons mortuaires dont il s'agit, par la voie des arbitres qu'ils ont choisis à cet effet;

Attendu que l'art. IX d'icelle transaction impose au défendeur l'obligation de remettre ès mains du ci-devant procureur *Talboom* les titres, papiers et documents nécessaires à la confection des états de biens desdites maisons mortuaires, et que jusqu'à ce jour ledit défendeur est en retard d'en effectuer la remise;

Attendu que suivant l'art. II de la même transaction, les parties sont convenus de vendre ou liciter une partie de prairie et une manufacture acquêt de leurs auteurs, et que ni l'une ni l'autre des parties n'a jusqu'au ce jour opté pour la vente ou la licitation;

Attendu que sur le droit d'option déféré par le demandeur au défendeur, et l'interpellation faite par le tribunal par l'organe du président, de se déclarer à cet égard, ledit défendeur a opté pour la vente;

Le tribunal faisant droit, ordonne au défendeur de remettre endéans une décade au ci-devant procureur *Talboom* les titres, papiers et documents généralement quelconques des deux maisons mortuaires dont il s'agit, pour par icelui pouvoir procéder à la confection de l'état ou des états de biens desdites deux maisons mortuaires; donne acte au demandeur de l'option, faite par le défendeur, d'exposer en vente la partie de prairie et manufacture dont il s'agit en l'art. Il de ladite transaction ; ordonne au surplus qu'icelle transaction sera exécutée selon la forme et teneur, et compense les dépens.

Fait en séance du 6 thermidor, l'an 4me de la république française, une et indivisible.

Etoient signés : B. J. HEYSE, *présid.* ; J. B. J. ROELANDTS ; DE LANT-HEERE ; STA, *et* P. BOTTE.

Mandons à tout huissier, etc.

246me. SENTENCE.

LE TRIBUNAL CIVIL DU DÉPARTEMENT DE L'ESCAUT,

Vu l'exploit d'ajournement en date 23 messidor, l'an 4me de la république française, fait à la demande du citoyen *Pierre Steven*, demeurant hors de la porte d'Anvers de cette commune, demandeur d'une part, contre le citoyen *Henri Dillens*, en cette commune, défendeur d'autre ; vu aussi l'acte du juge de paix, d'où résulte que la difficulté mue entre les parties est de savoir, si le demandeur est fondé d'exiger à charge du défendeur : 1°. la somme de quatre-vingt-trois florins pour deux années de bail emphytéotique, en vertu d'un contract passé devant le notaire *Paulus*, en cette commune, le 30 mai 1793, la derniere échue le 1 juin 1796 ; et 2°. une somme de quarante-un florins pour l'année échue le 1 juin 1795, avec l'intérêt judiciaire, et aux dépens, le défendeur avouant la réalité des prédites prétentions, mais objectant qu'il y a une vingtaine de saisies entre ses mains ;

Ouï les parties, le commissaire du pouvoir exécutif présent ;

Attendu que le défendeur reconnoît le contract emphytéotique en vertu duquel il est cité en cause ; qu'il reconnoît également être redevable au demandeur de trois années de louage stipulé audit contract, montant ensemble à la somme de cent vingt-quatre florins, dix sols ;

Attendu que le défendeur allégue ne pouvoir se désaisir de ces déniers en vertu de plusieurs arrêts et saisies, pratiquées entre ses mains sur les déniers appartenans au demandeur *Steven* ;

Attendu que ledit demandeur a déclaré consentir à ce que ces déniers soient nantis au greffe de ce tribunal, sous la charge desdites saisies et arrêts auxquels ils sont assujettis ;

Le tribunal faisant droit, ordonne au défendeur de nantir au greffe de ce tribunal la prédite somme de cent vingt-quatre florins, dix sols, pour trois années des canons emphytéotiques, la derniere échue le 1 juin 1796 (v. st.), toute saisie tenant ès mains du greffier, déclare le demandeur non-fondé et non-recevable dans le surplus de ses conclusions, sans dépens entre les parties.

Fait en séance du 7 thermidor, l'an 4me de la république française, une et indivisible.

Etoient signés : B. J. Heyse, *présid.* ; J. B. J. Roelandts; de Lantheere; Sta, *et* P. Botte.

Mandons à tout huissier, etc.

247me. SENTENCE.

Le Tribunal civil du Département de l'Escaut,

Vu l'exploit d'ajournement en date 13 messidor, 4me année de la république française, fait à la réquisition du citoyen *Sebastien Bertonne*, négociant, à Hamme, pays de Termonde, demandeur d'une part, contre le citoyen *Joseph Vermeiren*, aussi négociant, en la commune de Gand; défendeur d'autre part;

Vu encore le résumé, produit par le demandeur au débat, ainsi que les pieces du procès, ayant servi de matiere à ladite résumption; de tout quoi résulte que le demandeur prétend à charge de l'ajourné la somme de cinq cent vingt - cinq florins six sols argent courant de Flandre, en déduction de tout ce que celui-ci peut établir avoir payé en compte pour vente et livraison de dentelles et autres objets de commerce, plus amplement détaillés par le compte fait et signé de l'ajourné, joint audit débat; l'ajourné opposant qu'il avoit acquitté le prédit compte en total, d'autant qu'au 22 juillet 1795 (v. st.), il en avoit insinué le montant en assignats au pair à l'ex-procureur du demandeur, *Buyck*; mais ayant par après abandonné cette exception, en se laissant contumacer de comparution, insistant le demandeur par ainsi à jugement par défaut selon la loi;

Ouï le demandeur par son fondé de pouvoir le citoyen *le Begue*, homme de loi, l'ajourné, comme dit est, n'étant pas comparu, ni personne en son nom, le commissaire du pouvoir exécutif présent;

Attendu qu'il est constant par le prédit compte, joint au débat signé de l'ajourné, que celui-ci doit au demandeur la somme de cinq cent vingt-cinq florins six sols argent courant de Flandre, pour vente et livraison de dentelles et autres objets de commerce;

Attendu qu'un débiteur ne peut payer qu'à son créancier, ou à quelqu'un qui ait pouvoir de lui, ou qualité pour recevoir;

Attendu que le citoyen *Buyck*, à qui le prétendu payement a été offert, n'avoit aucune de ces qualités ; qu'en outre les assignats ont été présentés au domicile dudit *Buyck in globo*;

Attendu que des offres réelles se font à domicile ou à personne, en déniers découverts et comptés ;

Attendu que dans le cas de refus du créancier de recevoir ce qui lui est dû, et d'en fournir quittance valable, le débiteur doit faire citer son créancier en justice, pour voir ordonner que la somme sera consignée ;

Attendu que ledit *Joseph Vermeiren* n'a rempli envers son créancier aucune desdites formalités, voulues impérieusement, tant par les loix anciennes et nouvelles de ce pays, que des autres parties de la république française, consacrées en dernier lieu dans la loi du 1 Fructidor, an 3me, conçu en ces termes: « La Convention nationale, après « avoir entendu le rapport de son comité de législation sur diverses « pétitions, tendantes à provoquer une décision sur la question de sa- « voir, si les offres réelles non-suivies de consignation antérieure au « 25 messidor dernier, ont opéré la libération des débiteurs, passe à « l'ordre du jour, motivé sur ce qu'un remboursement n'est consommé « que lorsque le débiteur s'est désaisi par la consignation ;

Le tribunal faisant droit, sans appel, accorde le défaut requis, et pour le profit, condamne l'ajourné de payer au demandeur la somme de cinq cent vingt-cinq florins six sols, argent courant de Flandre, pour et à cause ci-dessus reprise, sous déduction néanmoins de ce qu'il pourroit établir avoir payé à compte, avec l'intérêt judiciaire, depuis l'institution de la cause jusqu'au parfait acquittement, et aux fraix et dépens du procès, à la taxe et modération du tribunal; l'ajourné libre à se pourvoir en opposition, dans le terme et conformément à la loi.

Fait en séance du 6 thermidor, l'an 4me de la république française, une et indivisible.

Etoient signés: B. J. Heyse, *présid.*; de Meyere, P. Botte; J. B. J. Roelandts; de Lantheere, *et* Sta.

Mandons à tout huissier, etc.

248me. S E N T E N C E.

Le Tribunal civil du Département de l'Escaut,

J U G E M E N T P R É P A R A T O I R E.

En la cause de la citoyenne *Barbe Thérèse van de Walle*, veuve de *Josse de Keyser*, à Putthem, demanderesse d'une part, contre le citoyen *François de Pauw*, à Tronchiennes, défendeur d'autre ;

Ouï la demanderesse, le commissaire du pouvoir exécutif entendu ;

Considérant que d'après le jugement préparatoire du 3 de ce mois, il est ordonné aux parties de comparoître dans la salle des délibérations, pour être conciliées à l'amiable, si faire se pouvoit ;

Considérant que la demanderesse s'y est rendue, et que le défendeur n'est point comparu, ni personne pour lui, et que par ainsi il a occasioné un voyage inutile à la demanderesse ;

Attendu que la demanderesse a demandé acte de sa comparution et de la non-comparution du défendeur, avec condamnation aux dépens d'icelle comparution ;

Le tribunal faisant droit, donne acte à la demanderesse de sa comparution, et défaut contre le défendeur non-comparant, ni personne pour lui, et le condamne aux dépens de la comparution, lui ordonne itérativement de comparoître le 29 ce mois, à deux heures de relevée, dans la salle aux délibérations du tribunal, aux fins dudit jugement, sous telles peines que de droit.

Fait en séance du 8 thermidor, l'an 4me de la république française, une et indivisible.

Etoient signés : B. J. HEYSE, *présid.* ; J. B. J. ROELANDTS ; F. DANNEELS ; STA, *et* DE LANTHEERE.

249me. SENTENCE.

LE TRIBUNAL CIVIL DU DÉPARTEMENT DE L'ESCAUT,

Vu l'exploit d'ajournement en date 8 messidor, l'an 4me de la république française, fait à la demande du citoyen *Charles Plehiers*, cultivateur, à Ghentbrugge, canton d'Oosterzeele, demandeur par requête du 31 mai 1791, présentée aux ci-devant échevins de parchons, d'une part, contre le citoyen *François Thomas*, défendeur d'autre, d'où résulte que la difficulté mue entre les parties est de savoir, si le demandeur est fondé d'agir en résumption de la susdite cause, le défendeur alléguant l'exception *litis finitæ* ;

Ouï les parties, le commissaire du pouvoir exécutif présent ;

Attendu que la cause, que le demandeur prétend résumer, a été jugée par les ci-devant échevins de parchons de cette commune de Gand, ainsi qu'il appert de l'expédition de leur sentence du 31 octobre 1793, produite à la séance du tribunal, et ainsi qu'il a été d'ailleurs avoué par le demandeur à la même séance ;

Attendu que, d'après les arrêtés des représentans du peuple, relatives à l'ordre judiciaire, il ne peut échoir des résumés devant les nouveaux tribunaux que les causes restées pendantes et indécises devant ceux supprimés ;
Le

Le tribunal faisant droit, déclare le demandeur non - recevable dans la forme dont il agit, le condamne aux dépens de l'instance , sauf à lui de se pourvoir contre le jugement desdits ci-devant échevins de parchons susdaté, s'il s'y croit fondé.

Fait en séance du 8 thermidor, l'an 4me de la république française, une et indivisible.

Etoient signés : B. J. HEYSE , *présid.* ; J. B. J. ROELANDTS; TEGELBERG ; STA , *et* F. DANNEELS.

250me. SENTENCE.

LE TRIBUNAL CIVIL DU DÉPARTEMENT DE L'ESCAUT ,

Vu l'exploit d'ajournement en date 26 messidor, l'an 4me de la république française, fait à la demande du citoyen *Jean Lezaire*, habitant de la commune de Zelzaete, demandeur d'une part, contre le citoyen *Pierre Verguysse*, cabaretier, en la même commune de Zelzaete, défendeur d'autre ; vu aussi le procès-verbal du juge de paix du canton d'Assenede, d'où résulte que le différent mu entre les parties est de savoir, si le demandeur est fondé d'exiger du défendeur le payement de la somme de deux cent cinquante florins, pour restant d'un achat de maison, le défendeur alléguant d'avoir payé la prédite somme au citoyen *de Cock*, à Lokeren, fondé de pouvoir à cette fin par le demandeur ;

Attendu que le demandeur a convenu, séance tenante, qu'il a autorisé le susdit *de Cock*, son beau-fils, de recevoir pour son compte ladite somme du défendeur, et qu'en conséquence ladite somme a été acquittée audit *de Cock*, aussi de l'aveu du demandeur ;

Le tribunal faisant droit , déclare le demandeur non-fondé dans ses fins et conclusions, et le condamne aux dépens, à la taxe et modération du tribunal; sauf à lui de se pourvoir en recouvrement de la somme dont il s'agit contre ledit *de Cock*, s'il s'y croit fondé.

Fait en séance du 8 thermidor, l'an 4me de la république française , une et indivisible.

Etoient signés : B. J. HEYSE , *présid.* ; J. B. J. ROELANDTS; F. DANNEELS; STA , *et* TEGELBERG.

251me. SENTENCE.

LE TRIBUNAL CIVIL DU DÉPARTEMENT DE L'ESCAUT ;

Vu l'exploit d'ajournement en date 25 messidor, l'an 4me de là république française, fait à la demande du citoyen *Josse de Keyser*, cultivateur, à Landeghem, défendeur originaire et demandeur en opposition au jugement rendu par défaut le 12 messidor dernier, contre les citoyens *Ferdinand Auguſtin* et *Thérése Cornelie de Brabander*, demeurans à Gand, demandeurs originaires par exploit du 2 messidor dernier, et défendeurs à ladite opposition;

Ouï les parties, le commissaire du pouvoir exécutif présent;

Attendu que tout demandeur doit être prêt à déduire ses moyens et former sa demande, et que ledit demandeur en opposition s'est refusé à le faire séance tenante, quoiqu'il lui ait été ordonné par le tribunal;

Le tribunal faisant droit sur les conclusions prises par les demandeurs originaires en la séance de ce jour, sans s'arrêter ni avoir égard, tant à l'opposition dudit *Josse de Keyser*, qu'à la demande d'un délai par lui verbalement faite à l'audience de ce jour, desquelles opposition et demande le tribunal au besoin le déboute, ordonne que le jugement du 12 messidor dernier sortira son plein et entier effet; en conséquence, fait défense audit *Josse de Keyser*, de s'immiscer ultérieurement dans l'occupation de la ferme et terres dont il s'agit au procès, et de s'approprier les fruits pendantes à racine, qui s'y trouvent, sous telle peine que de droit;

Ordonne audit *Josse de Keyser*, de nommer endéans vingt-quatre heures de la signification du présent jugement, un expert priseur, pour avec celui dénommé par les demandeurs originaires, procéder à l'estimation des droits de fermier qui peuvent lui appartenir en ladite ferme, de laquelle estimation sera dressé procès-verbal en double, pour être remis à chacune des parties, sinon et faute par ledit *Josse de Keyser* de nommer expert endéans ledit tems, il sera procédé auxdites prisée et estimation, conjointement avec l'expert nommé par les demandeurs originaires, par le citoyen *Martin van Hulle*, expert juré demeurant à Nevel, que le tribunal nomme d'office à cet effet;

Condamne ledit *Josse de Keyser* aux dommages et intérêts, par lui causés aux demandeurs originaires, et aux dépens de l'instance, à la taxe et modération du tribunal.

Fait en séance du 8 thermidor, l'an 4me de la république française, une et indivisible.

Etoient signés : B. J. Heyse, *présid.*; J. B. J. Roelandts; F. Danneels; Tegelberg, *et* Sta.

Mandons à tout huissier, etc.

252ᵐᵉ· SENTENCE.

LE TRIBUNAL CIVIL DU DÉPARTEMENT DE L'ESCAUT,

Vu l'exploit d'ajournement en date 23 messidor, l'an 4me de lá république française, fait à la demande du citoyen *Jean de Leye*, maçon, habitant à Gand, demandeur d'une part, contre le citoyen *Jean Baptiste Ondereet*, ex-procureur, aussi habitant de la commune de Gand, défendeur d'autre; vu aussi le procès-verbal du juge de paix du canton de Gand, section de la liberté, d'où résulte que la difficulté mue entre les parties est de savoir, si le demandeur est fondé d'exiger à charge du défendeur, qu'il soit ordonné à ce dernier de remettre au demandeur les papiers concernants la mortuaire de feu *N. Nieulant*, le défendeur alléguant qu'étant commis et employé par tous les héritiers de ladite mortuaire, il doit passer parmi l'offre qu'il fait de remettre lesdits papiers sous récépissé à celui qui sera autorisé par eux;

Ouï les parties, le commissaire du pouvoir exécutif présent;

Attendu que le demandeur a convenu qu'il a des co-héritiers à la prédite mortuaire, et que le défendeur a été effectivement employé par tous les héritiers;

Attendu que le défendeur offre de remettre lesdits papiers à celui qui sera autorisé par tous lesdits héritiers;

Attendu que le demandeur n'a produit aucune autorisation à cette fin, et qu'en outre il a agi en son particulier;

Le tribunal faisant droit, déclare que le défendeur passera parmi ses offres, condamne le demandeur aux dépens du procès, à la taxe et modération du tribunal.

Fait en séance du 8 thermidor, l'an 4me de la république française, une et indivisible.

Etoient signés : B. J. HEYSE, *présid.*; J. B. J. ROELANDTS; TEGELBERG; STA, *et* DE LANTHEERE.

253ᵐᵉ· SENTENCE.

LE TRIBUNAL CIVIL DU DÉPARTEMENT DE L'ESCAUT,

Vu l'exploit d'ajournement en date 17 floréal, l'an 4me de la république française, fait à la demande de la citoyenne *Jeanne Marie Françoise van Londerzeele*, veuve de *Jean Baptiste vander Stok*, demeurant en la commune d'Haeltert, canton d'Herzeele, appellante de la sentence rendue par les ci-devant bourguemaître et échevins d'Haeltert et

Kerkxken, le 8 janvier 1796 (v. st.), d'une part, contre la citoyenne, *Françoise vander Stok*, jeune fille de *Nicaise*, aussi à Haeltert, intimée d'autre part ; vu encore les pièces du procès instruit par-devant lesdits hommes de loi et qui ont servis de base à ladite sentence, ensemble les résumés respectifs des parties, communiqués en cette instance ; de tout quoi résulte que la question qui divise l'appellante et l'ajournée, est de savoir, si la consignation de la somme de deux mille un cent et huit florins, deux sols, trois déniers, argent courant de Flandre, faite par l'appellante au greffe desdites communes d'Haeltert et Kercxken, en assignats au pair, en date 25 février 1795, est valable et peut servir de payement d'une pareille somme de florins, qu'elle devoit entr'autre à l'intimée, du chef d'administration et recette qu'elle et feu son dit mari avoient pris de ses biens, parties respectives soutenant le pour et le contre ;

Ouï l'appellante par son fondé de pouvoir le notaire *de Clercq*, et l'intimée par son autorisé le citoyen *Beyens*, junior, homme de loi, le commissaire du pouvoir exécutif présent ;

Attendu qu'il est constant que l'appellante, ainsi que feu son mari, ont pris diverses recettes et administrations des biens et déniers de l'intimée, tant durant qu'après sa minorité, et que de ce chef ils sont à équipoler à un tuteur ou administrateur pupillaire ;

Attendu que par là étant devenues dépositaires nécessaires, l'appellante est obligée de restituer les mêmes especes qu'elle et feu son dit mari ont reçu et touché de la façon susdite ;

Attendu encore qu'il est constant qu'il étoit aussi dû à l'intimée intérêt judiciel de la somme que l'appellante convient lui devoir, et que conséquemment celle-ci étoit redevable envers l'intimée d'une plus forte somme que celle dont elle prétend avoir fait le payement par voie de consignation ;

Attendu que personne n'est obligé de recevoir sa créance portionellement ;

Attendu qu'indépendamment de ce, consignation sans offre préalable et ordente ne peut subsister ;

Attendu que pareille offre doit se faire directement à la personne à laquelle on doit, ou à quelqu'un d'autre, d'elle à ce spécialement autorisé ;

Attendu que cette offre auroit encore dû être faite à déniers comptés et à découvert ; qu'aussi personne d'autre que le débiteur n'étoit qualifié à l'entamer ;

Attendu finalement, qu'en tous cas l'appellante ne pouvoit même consigner sur un prétendu consentement du juge, délivré sans avoir préalablement entendu l'intéressée, ni y être semoncé par le semonceur ordinaire ;

Le tribunal faisant droit en dernier ressort, déclare bien avoir été jugé par le juge dont appel, mal appellé par l'appellante, conséquemment sortira la sentence dont appel son plein et entier effet ; condamne l'appellante en l'amende de frivol appel au profit de la république, et aux frais et dépens du procès, ceux de la premiere instance y compris, à la taxe et modération du tribunal.

Fait en séance du 11 thermidor, l'an 4me de la république française, une et indivisible.

Etoient signés : G. F. BUYCK, *présid.*; DE MEYERE; P. BOTTE; J. B. J. ROELANDTS, *et* TEGELBELRG.

254me. SENTENCE.

LE TRIBUNAL CIVIL DU DÉPARTEMENT DE L'ESCAUT,

Vu l'exploit d'ajournement en date premier thermidor, l'an 4me de la république française, fait à la réquisition du citoyen *Dominique Geerts*, habitant de cette commune de Gand, tant pour lui que consors, héritiers à la mortuaire de l'épouse d'*André van Damme*, décédée en la commune de Destelberge, demandeur d'une part, contre et à charge du citoyen *Jean Vossaert*, cabaretier audit Destelberge, ajourné d'autre part ; vu encore l'acte du juge de paix du canton de Loochristi, du 3 messidor, même année, et les pieces y relatives ; vu finalement le contract de bail, fait en date du 19 octobre 1789 (v. st.), entre le prédit *André van Damme*, comme loueur, et ledit *Jean Vossaert*, comme locataire ; de tout quoi résulte que la question qui divise les parties est de savoir, si le demandeur est fondé à exiger de l'ajourné la somme de cent et cinq livres argent courant de Flandre, pour trois années de louage d'un cabaret nommé *het Pauwken*, et deux parties de terres y annexées, que celui-ci occupe, et au-dessus s'il est fondé à demander décrétement de déchéance de bail, faute de payement à tems, et conclusions à ce que l'ajourné ait à évacuer et abandonner lesdits biens, avec intérêt judiciaire, dommages et intérêts soufferts et à souffrir, l'ajourné opposant que préalablement à toute poursuite, le demandeur devoit faire conster être le vrai propriétaire desdits biens ;

Ouï le demandeur par son fondé de pouvoir le citoyen *Vanden Bossche*, homme de loi, demandant, vu la non-comparution de l'ajourné, ni personne pour lui, jugement par défaut, le commissaire du directoire exécutif présent;

Attendu qu'il conste par lesdites pieces et notamment par le contract de bail du 19 octobre 1789 (v. st.), que l'ajourné a pris en ferme du prédit *André van Damme*, auteur du demandeur et consors, les biens dont il s'agit, à raison de trente-cinq livres, argent courant de Flandre, par an;

Que ce contract a été conclu pour le terme de neuf ans, à commencer avec la veille de noël 1790, et qu'il y est aussi stipulé que le locataire devoit payer son loyer à chaque année précise, ou du moins endéans les six semaines suivantes, sous peine de déchéance;

Attendu que l'ajourné n'a pu démontrer avoir fait le payement des trois années de bail exigées par le demandeur;

Attendu qu'en se laissant contumacer de comparution, l'ajourné est censé avoir abandonné son exception de propriété, laquelle en tout cas il ne pourroit aussi opposer contre un bailleur de biens fonds;

Le tribunal faisant droit conformément aux conclusions du demandeur, accorde le défaut requis, et pour le profit d'icelui, condamne l'ajourné à payer au demandeur, tant pour lui que pour ses principaux, héritiers de la défunte épouse d'*André van Damme*, la somme de cent et cinq livres de gros argent courant de Flandre, pour et à cause des trois années de bail reprises au débat, et à l'intérêt judiciaire de ladite somme, du commencement de l'instance jusqu'au parfait acquittement, décrétant en outre la peine de déchéance stipulée entre parties, ordonne à l'ajourné d'abandonner et évacuer promptement la maison et biens fonds dont question, et faute de ne l'avoir fait à temps, le condamne en tous dommages et intérêts par le demandeur soufferts et à souffrir, dénomme d'office le citoyen *Louis de Vreese*, priseur juré à Gand, pour l'ajourné, d'accord avec le priseur *de Bruyker*, assigné par le demandeur, à constater le droit de fermier, alias *pachters recht*, comme de coutume; condamne l'ajourné encore, pour son refus et délai, aux fraix et dépens du procès, à la taxe et modération du tribunal; l'ajourné néanmoins libre à se pourvoir en opposition, dans le temps et conformément à la loi.

Fait en séance du 11 thermidor, l'an 4me de la république française, une et indivisible.

Etoient signés: G. F. BUYCK, *présid.*; DE MEYERE, J. B. J. ROELANDTS; P. BOTTE, *et* TEGELBERG.

255ᵐᵉ· SENTENCE.

LE TRIBUNAL CIVIL DU DÉPARTEMENT DE L'ESCAUT,

Vu l'exploit d'ajournement, fait à la demande du citoyen *Paul Josse de Cuyper*, demeurant en cette commune, le 15 messidor, l'an 4me de la république française, d'une part, contre le citoyen *Pierre Verspielt* et son épouse, aussi demeurant dans ladite commune, défendeur d'autre part; vu aussi le procès-verbal et renvoi du juge de paix, section de la réunion, du 30 prairial, 4me année, d'où résulte que la difficulté mue entre les parties est de savoir, si le demandeur est fondé de prétendre à la charge du défendeur le payement de la somme de trente-trois livres, douze escalins argent, courant de Brabant, pour le loyer de la maison plus amplement reprise par ledit procès-verbal;

Ouï le demandeur en personne, le défendeur n'ayant pas comparu, ni personne en son nom, le commissaire du pouvoir exécutif présent;

Attendu qu'il est constant que le défendeur doit au demandeur la prédite somme de trente-trois livres, douze escalins, argent courant, pour loyer de maison;

Attendu qu'un débiteur ne satisfait point sa dette et ne s'en libére pas par l'envoi ou insinuation d'un papier cachetté;

Attendu que le demandeur a fait retourner au défendeur le même papier, aussi par voie d'insinuation;

Attendu que par la non-comparution du défendeur, le demandeur a requis jugement par défaut;

Le tribunal donne défaut contre le défendeur, et pour le profit, le condamne à payer au demandeur la susdite somme de trente-trois livres, douze escalins, argent courant, à l'intérêt judiciaire, depuis l'instituion de la cause au tribunal jusqu'au payement parfait, et aux dépens du procès, à la taxe et modération du tribunal; le défendeur entier de se pourvoir en opposition endéans le terme et conformément à la loi.

Fait en séance du 11 thermidor, l'an 4me de la république française, une et indivisible.

Etoient signés : G. F. BUYCK, *présid.*; DE LANTHEERE; J. B. J. ROELANDTS; TEGELBERG, *et* DE MEYERE.

256me. SENTENCE.

Le Tribunal civil du Département de l'Escaut,

En la cause du citoyen *Gobert*, à Watervliet, demandeur par exploit d'ajournement d'une part, contre les citoyens *Callon*, aussi demeurant à Watervliet, et *Modde*, à Waterland, défendeurs d'autre;

Ouï les parties, le commissaire du pouvoir exécutif entendu;

Attendu que le logement des quatre carabiniers dont s'agit, a été ordonné par les défendeurs, comme officiers municipaux de Waterland;

Attendu que leurs logement et la dépense y inhérente, est du ressort de l'administration et police interne dudit Waterland;

Attendu que pareil cas n'est pas de la compétence ni du ressort du tribunal;

Attendu que le juge de paix du canton de Capryke auroit dû reconnoître combien il étoit incompétent en cette matiere;

Le tribunal faisant droit, le déclare incompétent, renvoye les parties à se pourvoir envers qui il peut appartenir, et condamne le demandeur aux dépens de l'instance, à la taxe et modération du tribunal.

Fait en séance du 11 thermidor, l'an 4me de la république française, une et indivisible.

Etoient signés : G. F. Buyck, *présid.*; de Meyere; de Lantheere; Tegelberg; *et* J. B. J. Roelandts.

257me. SENTENCE.

Le Tribunal civil du Département de l'Escaut,

En la cause de la citoyenne veuve *Paul de Vos*, chaudronniere, demeurant dans cette commune de Gand, demanderesse par exploit d'ajournement du 25 messidor, l'an 4me de la république française, d'une part, contre le citoyen *Guilliaume vanden Broeke*, à Royghem et consors, défendeurs d'autre part;

Ouï les défendeurs, la demanderesse non-comparant, ni personne en son nom, le commissaire du pourvoir exécutif présent;

Vu l'acte de renvoi du juge de paix de la section de la fraternité, du 19 messidor, 4me année;

Attendu la non-comparution de la demanderesse, ni personne en son nom;

Attendu que par ce défaut, les défendeurs ont proposés congé de tribunal;

Le tribunal faisant droit, donne défaut contre la demanderesse; et et pour le profit, adjuge aux défendeurs le congé de tribunal par eux requis, et condamne la demanderesse aux dépens du procès, à la taxe et modération du tribunal.

Fait en séance du 11 thermidor, l'an 4me de la république française, une et indivisible.

Etoient signés : G. F. Buyck, *présid.* ; P. Botte ; J. B. J. Roelandts ; F. Danneels, *et* Tegelberg.

258me. SENTENCE.

Le Tribunal civil du Département de l'Escaut,

Vu l'exploit d'ajournement en date 25 messidor, l'an 4me de la république française, fait à la demande du citoyen *Bernard de Bast*, gérant de la maison de feue la citoyenne veuve de *Jean Baptiste de Bast*, vivant, négociante en cette commune de Gand, demandeur d'une part, contre et à la charge du citoyen *Joseph de Cock*, négociant, demeurant en la commune d'Eecloo, d'où résulte que la question mue entre les parties est de savoir, si le demandeur est fondé d'exiger le payement de la somme de mille dix florins, sept sols, six déniers, argent courant, pour livraison de marchandises ;

Ouï le demandeur en personne, le défendeur non-comparant, ni personne en son nom, le commissaire du pouvoir exécutif présent ;

Attendu que le demandeur à l'appui de sa demande, et pour confirmer sa prétention, a produit sur le bureau son grand livre ;

Attendu que, vn la non-comparution du défendeur, il a requis contre lui jugement par défaut ;

Le tribunal faisant droit, donne défaut contre le défendeur, et pour le profit, admet le demandeur à la prestation du serment supplétif, que la créance dont il s'agit est juste et non-acquittée ; ledit serment fait, condamne le défendeur à payer au demandeur ladite somme de mille dix florins, sept sols, six déniers, à l'intérêt judiciaire, depuis l'institution de la cause jusqu'au payement parfait, et aux dépens du procès, à la taxe et modération du tribunal ; le défendeur entier à se pourvoir en opposition, endéans le terme et conformément à la loi.

Fait en séance du 11 thermidor, l'an 4me de la république française, une et indivisible.

Etoient signés : G. F. Buyck, *présid.* ; de Lantheere ; P. Botte ; J. B. J. Roelandts, *et* Tegelberg.

En conformité du jugement qui précede, le demandeur a prêté le serment y requis, en vertu de quoi le tribunal donne acte.

Fait en séance du 11 thermidor, l'an 4me de la république française, une et indivisible.

Etoient signés : G. F. Buyck, *présid.* ; A. J. van Tieghem ; J. B. J. Roelandts ; Tegelberg, *et* P. Botte.

259me. SENTENCE.

Le Tribunal civil du Département de l'Escaut,

Vu l'exploit d'ajournement en date 18 messidor, l'an 4me de la république française, fait à la demande de la citoyenne *Amelbergue Collyn*, veuve de *Jean vanden Broek, Joseph François* et *Marie Charlotte van den Broek*, ses enfans majeurs, habitans du canton et de la commune de St. Nicolas, pays de Waes, demandeurs d'une part, contre et à la charge du citoyen *Jean François de Vilder*, brasseur et habitant de la même commune de St. Nicolas, défendeur d'autre part; vu aussi l'acte de renvoi du bureau de paix, section C. D. occidentale, canton de St. Nicolas, du 26 prairial l'an 4me, d'où resulte que la question mue entre les parties est de savoir, si les demandeurs sont fondés à exiger : premierement, la somme de quatorze cent vingt-trois florins, deux sols, argent courant, pour restant de l'acte d'estimation des effets et ustensiles de la maison et brasserie à lui vendue; et secondement, la somme de trois cent soixante florins, argent courant, pour deux années d'intérêt d'une rente de quatre mille florins de capital, avec les intérêts judiciaires, et au décrétement des saisies pratiquées, plus amplement reprises par le susdit acte de renvoi;

Ouï les demandeurs, le défendeur non-comparant, ni personne pour lui, le commissaire du pouvoir exécutif présent;

Attendu que le premier membre desdites conclusions des demandeurs est fondé et prouvé par le contract de la vente de la maison et brasserie que les demandeurs ont fait au défendeur, par acte du 10 avril 1794 (v. st.), et l'adhéritance ensuivie;

Attendu que le second membre desdites conclusions est également prouvé par le titre constitutif du 24 juin 1794;

Attendu que le défendeur n'est point comparu, et que les demandeurs ont requis jugement par défaut;

Le tribunal faisant droit, donne défaut contre le défendeur, et pour le profit, le condamne à payer aux demandeurs lesdites deux sommes, de quatorze cent vingt-trois florins deux sols, et de trois cent soixante florins, à l'intérêt judiciaire, depuis l'institution de la cause au tribunal, et aux dépens du procès, à la taxe et modération du tribunal ; et à défaut de payement des condamnations ci-dessus, décréte les saisies des demandeurs comme bien et légalement faites, adjuge aux demandeurs les biens saisis pour sur eux recouvrer le montant desdites condamnations, avec dépens ; le défendeur entier à se pourvoir en opposition, endéans le terme et conformément à la loi.

Fait en séance du 11 thermidor, l'an 4me de la république française, une et indivisible.

Etpient signés : G. F. BUYCK, *présid.* ; J. B. J. ROELANDTS ; F. DANNEELS ; TEGELBERG, *et* A. J. VAN TIEGHEM.

260^{me·} SENTENCE.

LE TRIBUNAL CIVIL DU DÉPARTEMENT DE L'ESCAUT,
JUGEMENT PRÉPARATOIRE.

En la cause du citoyen *Jacques Joseph de Broux*, fils d'*Antoine*, à Alost, comme fondé de pouvoir de ses freres et sœurs, comme héritiers à la mortuaire de feu *Antoine de Broux*, leur pere, demandeur par requête présentée au ci-devant conseil de Flandre le 24 février 1779, d'une part, contre les ci-devant bailli, bourguemaître et échevins de la commune de Lede, près d'Alost, défendeurs d'autre ; la cause étant résumée par-devant ce tribunal par le demandeur ;

Ouï les parties, le commissaire du pouvoir exécutif présent ;

Considérant que le pere du demandeur, *Antoine de Broux*, a été pendant trois ans domicilié dans la commune de Lede, et qu'il y a payé les tailles et assiettes les années 1775, 1776 et 1777 ;

Considérant que, suivant les dispositions textuelles du décret du 24 octobre 1750, *il étoit permi aux gens de loi des communes respectives, de demander à ceux qui voudroient s'y venir établir, de donner, avant de les admettre à cette résidence et demeure, caution suffisante de la somme de cent cinquante florins monnoye de Flandre, à l'indemnité éventuelle de la table des pauvres et de la communauté, et qu'à défaut de pareille caution, la résidence et demeure pouvoient être refusées.*

Considérant que d'une part le décret ci-dessus ne donnoit qu'une faculté aux gens de loi ;

Qu'en donnant ladite faculté, il en déterminoit l'exercice au moment où un particulier venoit fixer sa résidence dans une commune ;

Que d'une autre part, faute par le particulier de satisfaire à la demande de la caution indiquée par la loi, il étoit seulement permis aux gens de loi de refuser la résidence ;

Considérant que l'habitation triennale ci-dessus mentionnée, impor-

toit le double effet, de donner au demandeur le droit d'incolat et
d'alimention éventuelle, et aux défendeurs la faculté d'exiger la caution précitée , et à plus forte raison toute voie d'exécution ;

Considérant que les défendeurs se sont permis une voie d'exécution
contre le demandeur ;

Le tribunal faisant droit, déclare les défendeurs non-recevables
dans l'exception par eux proposée, et les condamne aux dépens , à la taxe
et modération du tribunal ;

Ordonne au défendeurs de contester aux principal à la séance du
24 de ce mois.

Fait en séance du 12 thermidor, l'an 4me de la république française,
une et indivisible.

Etoient signés : P. Botte, *présid.*; A. J. van Tieghem ; F. Danneesl;
Sta, *et* Tegelberg.

261me. SENTENCE.

Le Tribunal civil du Département de l'Escaut,

Vu l'exploit d'ajournement en date 28 messidor, l'an 4me de la
république française , fait à la demande de la citoyenne *Isabelle Braem*,
louant ses services, en la commune de Tamise, demanderesse d'une
part, contre le citoyen *Jacques de Keersmaeker*, louant ses services,
en la même commune , défendeur d'autre ; vu aussi le procès-verbal
du juge de paix du canton de Tamise, d'où résulte que la difficulté
mue entre les parties est de savoir, si la demanderesse est fondée
d'exiger que le défendeur l'épouse, ou lui paye à titre de dot ,
une somme de douxe cent florins, argent courant, ou toute autre
somme que le tribunal jugera devoir arbitrer, et ce tant à titre de
défloration, que pour frais de couche et de gesine, et que décrétant la saisie mise sur quelques effets du défendeur, les mêmes effets
lui soient adjugés ;

Ouï la demanderesse, le défendeur n'ayant point comparu, ni personne pour lui, le commissaire du pouvoir exécutif présent ;

Le tribunal faisant droit, donne défaut contre le défendeur, et pour
le profit, le condamne à payer à la demanderesse, tant à titre de
dot que pour dommages et intérêts dûs à cause de sa défloration, et
pour frais de couche et de gesine, la somme de quatre-vingt florins,
argent courant de Brabant, si mieux n'aime le défendeur épouser
la demanderesse , ce qu'il sera tenu d'opter endéans la décade de
la signification du présent jugement, pendant lequel tems seulement

le tribunal surseoit à l'effet de la condamnation ci-dessus ; et, dès à présent comme pour lors, et en cas d'option, condamne le défendeur aux dépens du procès, à la taxe et modération du tribunal.

Fait en séance du 13 thermidor, l'an 4me de la république française, une et indivisible.

Etoient signés : B. J. HEYSE, *présid.* ; F. DANNEELS ; A. J. VAN TIEGHEM ; STA, *et* J. B. J. ROELANDTS. Mandons à tout huissier, etc.

262me. SENTENCE.

LE TRIBUNAL CIVIL DU DÉPARTEMENT DE L'ESCAUT,

Vu l'exploit d'ajournement en date 24 messidor dernier, fait à la requête de la citoyenne *Jeanne Ghyselman*, veuve de *Jean Pauwels*, demeurant en la commune de Sleydinge, demanderesse d'une part, le citoyen *Bernard Willems* charpentier, en la commune de Waerschoot, défendeur d'autre part ; vu aussi le procès-verbal du juge de paix du canton de Waerschoot, dont il résulte que le différent mu entre les parties a pour objet la question de savoir, si la demanderesse est fondée à exiger du défendeur la somme de onze livres, un escalin et huit gros, argent courant de Brabant, pour vente de bois à lui faite dans l'année 1781 (v. st.), avec l'intérêt judiciaire jusqu'au payement effectif ; le défendeur soutenant qu'il ne doit à la demanderesse que cinq livres de gros, argent de change, parce qu'il n'a pas eu autant de bois qu'il auroit dû en avoir ;

Ouï les parties, le commissaire du pouvoir exécutif présent ;

Attendu qu'en la séance du 8 de ce mois, le défendeur a reconnu avoir acheté de la demanderesse pour la somme de huit à neuf livres de gros de bois, et que, d'après cette reconnoissance, la demanderesse a conclu au payement de huit livres de gros, qui est le *minimum* de la dette reconnue, aux intérêts de ladite somme et aux dépens ;

Le tribunal faisant droit, donne acte à la demanderesse de la déclaration faite par le défendeur, en conséquence condamne ce dernier à payer à la demanderesse, en deux sommes égales et dans le délai de deux mois, la somme de huit livres de gros, pour le montant du bois à lui vendu, aux intérêts de ladite somme, à compter du jour de la demande jusqu'au payement effectif, et aux dépens du procès, à la taxe et modération du tribunal.

Fait en séance du 13 thermidor, l'an 4me de la république française, une et indivisible.

Etoient signés : B. J. HEYSE, *présid.* ; F. DANNEELS ; STA ; J. B. J. ROELANDTS, *et* A. J. VAN TIEGHEM.

263me. SENTENCE.

Le Tribunal civil du Département de l'Escaut,

Vu l'exploit d'ajournement en date 13 prairial, 4me année de la république française, fait à la demande du citoyen *Philippe van Simays*, cultivateur à Leerne St. Martin, demandeur d'une part, contre le citoyen *Jean van Huffel*, audit Leerne, défendeur d'autre ; vu aussi le procès-verbal du juge de paix du canton de Nevele, et l'acte d'accord fait entre les parties par-devant le même juge de paix, d'où résulte que la difficulté mue entre elles est de savoir, si le demandeur est fondé d'exiger que la prédite transaction soit décrétée et exécutée selon sa forme et teneur, avec ordonnance au défendeur de s'y conformer ; le défendeur soutenant avoir des contre-prétentions à charge du demandeur ;

Ouï les parties, le commissaire du pouvoir exécutif présent ;

Attendu que, conformément à la jurisprudence ancienne et nouvelle en ce pays, réconvention ne peut avoir lieu ;

Le tribunal faisant droit, décréte la transaction faite entre les parties devant le juge de paix du canton de Nevele, le 27 germinal, 4me année de la république, en conséquence condamne le défendeur à payer au demandeur la somme de dix livres de gros argent courant, pour les causes y reprises, le condamne en outre d'évacuer la maison qu'il occupe, appartenante au demandeur, et aux dépens du procès, à la taxe et modération du tribunal, lui entier de poursuivre ses prétentions à charge du demandeur par instance séparée, s'il s'y croit fondé.

Fait en séance du 13 thermidor, l'an 4me de la république française, une et indivisible.

Etoient signés : B. J. Heyse, *présid.*; J. B. J. Roelandts; Sta; F. Danneels, *et* A. J. van Tieghem.

264me. SENTENCE.

Le Tribunal civil du Département de l'Escaut,

Vu l'exploit d'ajournement en date 12 messidor, l'an 4me de la république française, fait à la demande du citoyen *Louis Murchand*, pâtissier en cette commune de Gand, d'une part, le citoyen *Alexandre Brandt*, négociant en la même commune, d'autre ; vu aussi le procès-verbal du juge de paix de la section de la liberté, canton de Gand, d'où résulte que le différent mu entre les parties vient de savoir, si le demandeur est fondé d'exiger à charge du défendeur la somme de soixante-huit florins et six sols, argent courant, pour livraison de sucre et chocolat, le défendeur soutenant le contraire et niant la prédite livraison;

Ouï les parties en personne, le commissaire du pouvoir exécutif présent;

Attendu que le demandeur a été admis par sentence interlocutoire, en date 21 messidor, 4me année de la république française, à prouver la vente et livraison des marchandises dont il s'agit;

Attendu qu'il n'a point prouvé cette vente et livraison au desir des lois;

Que partant, il ne conste pas de la réalité de ladite vente et livraison;

Le tribunal faisant droit, sans appel, déclare le demandeur non fondé en ses conclusions prises à charge du défendeur, le condamne aux dépens du procès, à la taxe et modération du tribunal.

Fait en séance du 13 thermidor, l'an 4me de la république française, une et indivisible.

Etoient signés : B. J. HEYSE, *présid.*; DE LANTHEERE; P. BOTTE; J. B. J. ROELANDTS, *et* A. J. VAN TIEGHEM.

265me. SENTENCE.

LE TRIBUNAL CIVIL DU DÉPARTEMENT DE L'ESCAUT,
JUGEMENT PRÉPARATOIRE.

En la cause de la citoyenne *Josine Sutterman*, veuve de *Jean Stofferis*, en sa qualité de mere et tutrice de ses enfans mineurs, *Bernard* et *Caroline Stofferis*, à Nevele, demanderesse par exploit d'ajournement en date 24 messidor, l'an 4me de la république française, d'une part, contre le citoyen *Jacques François d'Hoore*, à Ronsele, en mariage avec *Jeanne de Meyere*, ci-devant veuve de *Martin Stofferis*, défendeur d'autre, la derniere excipiant sur la qualité de tutrice de la demanderesse, alléguant qu'elle n'a point cette qualité, et concluant sur ce fondement à congé de tribunal;

Ouï les parties, le commissaire du pouvoir exécutif présent;

Attendu qu'un tuteur en partage est créé pour les enfans mineurs de la demanderesse;

Attendu que la demanderesse a convenu en la séance de ce jour, que jusqu'à présent elle n'a point inventarié et mis par état de biens les dettes de la mortuaire de son époux *Jean Stofferis*;

Attendu que, conformément aux dispositions coutumieres de ce pays, le pere ou la mere n'est tuteur restant, qu'après que le tuteur en partage ait donné quittance et s'est déchargé de la tutelle;

Attendu que ces dispositions coutumieres n'ayant point été accomplies dans le cas présent, la demanderesse ne peut agir au nom de ses enfans;

Le tribunal faisant droit, adjuge au défendeur le congé de tribunal par lui demandé, condamne la demanderesse aux dépens du procès, à la taxe et modération du tribunal.

Fait en séance du 13 thermidor, l'an 4me de la république française, une et indivisible.

Etoient signés : B. J. Heyse , *présid.* ; J. B. J. Roelandts ; A. J. van Tieghem ; F. Danneels , *et* de Lantheere.

266me. SENTENCE.

Le Tribunal civil du Département de l'Escaut ,

En la cause de la citoyenne *Livine Marie Goossens,* demeurant à Bassevelde , canton de Capryke , demanderesse par ajournement du 23 messidor, l'an 4me, d'une part, contre le citoyen *Marin Louis le Febure,* habitant de Lokeren, défendeur d'autre part;

Ouï les parties, le commissaire du pouvoir exécutif présent ;

Attendu que le défendeur s'est expurgé sous le serment décisoire, contradictoirement à la délation de la démanderesse ;

Attendu que celle-ci ayant entendu ladite expurgation , a déclaré de désister de ses conclusions principales, prises contre le défendeur, et d'offrir les dépens;

Attendu l'acceptation qu'a fait le défendeur;

Le tribunal décréte le désistement de la demanderesse et l'acceptation du défendeur , en conséquence déclare ladite demanderesse non-recevable dans ses conclusions prises contre le défendeur, et la condamne aux dépens du procès, à la taxe et modération du tribunal.

Fait en séance du 13 thermidor, l'an 4me de la république française, une et indivisible.

Etoient signés : G. F. Buyck, *présid.* ; F. Danneels ; P. Botte ; de Lantheere, *et* A. J. van Tieghem.

267me. SENTENCE.

Le Tribunal civil du Département de l'Escaut ,

Vu l'exploit d'ajournement en date 24 messidor, l'an 4me de la république française, fait à la demande de *Pierre Antoine Wittenhove,* comme fondé de *Barbe Françoise Maenhaut,* veuve de *Martin Charles Wittenhove ,*

Wttenhove, y résumant ses conclusions ultérieures prises aux procès, entamé par elle, par requête introductive, présentée le 26 mars 1793, par-devant les ci-devant bourguemaître et échevins de la commune de Waerschoot, demandeur d'une part, le citoyen *George Pehille*, à Waerschoot, défendeur d'autre, d'où résulte que la question mue entre les parties est de savoir, si le demandeur est fondé d'exiger que le défendeur vuide la maison du demandeur, et que la saisie practiquée par ce dernier sur les biens du défendeur soit décrété;

Ouï le demandeur, le défendeur n'étant point comparu, ni personne en son nom;

Attendu que les conclusions du demandeur, tendantes au décrétement des saisies par lui practiquées pour sureté et recouvrement de ses prétentions, sont inhérentes à la cause principale et sécondaires;

Attendu que le défendeur l'a reconnu ainsi par son silence et non-contestation desdites conclusions;

Attendu que par la non-comparution du défendeur, ni personne en son nom, le demandeur a requis jugement par défaut;

Le tribunal faisant droit, donne défaut contre le défendeur, et pour le profit, inhérant au jugement du 3 messidor, l'an 4me, ordonne au défendeur de vuider la maison du demandeur, le condamne aux dépens de la comparution, à la taxe et modération du tribunal, et décrétant les saisies dont il s'agit, adjuge au demandeur les biens et objets saisis, pour y recouvrer tout ce qui lui est adjugé par le prédit jugement, aussi avec dépens, le défendeur en son entier de se pourvoir en opposition, endéans le terme et conformément à la loi.

Fait en séance du 14 thermidor, l'an 4me de la république française, une et indivisible.

Etoient signés : G. F. BUYCK, *présid.*; P. BOTTE; F. DANNEELS; A. J. VAN TIEGHEM, *et* DE LANTHEERE.

268me. SENTENCE.

LE TRIBUNAL CIVIL DU DÉPARTEMENT DE L'ESCAUT,

Vu l'exploit d'ajournement en date 30 messidor, l'an 4me de la république française, fait à la demande de la citoyenne *Abigail Josephe Bara*, à Audenarde, intimée d'une part, contre le citoyen *Jean François Bara*, à Renaix, appellant de la sentence rendue par le juge de paix du canton d'Audenarde, le 8 messidor dernier, d'autre part, d'où résulte que la difficulté mue entre les parties est de savoir, si l'appellant est fondé à faire annuller la prédite sentence du chef que l'interstice requis par la loi, entre l'ajournement et la comparution n'auroit eu lieu;

Ouï les parties, le commissaire du pouvoir exécutif entendu;

Attendu qu'il n'a pas été donné à l'appellant l'interstice statué par la loi, entre le jour de citation et de comparution;

Attendu que par cette raison, le juge de paix ne pouvoit donner défaut contre l'appellant;

Attendu que depuis la premiere instance la loi sur l'état civil des citoyens, qui contient le mode à suivre pour contracter mariage, a été publiée dans les départemens réunis;

Le tribunal faisant droit, déclare bien avoir été appellé par l'appellant, mal jugé par le prédit juge de paix, condamne l'intimée aux dépens du procès, à la taxe et modération du tribunal; au surplus renvoie l'intimée aux dispositions du titre IV des lois sur l'état civil des citoyens.

Fait en séance du 14 thermidor, l'an 4me de la république française, une et indivisible.

Etaient signés : G. F. BUYCK, *présid.*; F. DANNEELS; P. BOTTE; DE LANTHEERE, *et* A. J. VAN TIEGHEM.

269me. SENTENCE.

LE TRIBUNAL CIVIL DU DÉPARTEMENT DE L'ESCAUT,
JUGEMENT PRÉPARATOIRE.

En la cause du citoyen *Jean Nicolas van Loo*, fils de *Pierre*, habitant de la commune de Gand, demandeur par exploit d'ajournement en date 17 et 18 messidor, l'an 4me, d'une part, contre les citoyens *Jean et Adrien van Gansberghe*, demeurant respectivement à Gand et Beirvelde, défendeurs d'autre;

Ouï les parties, le commissaire du pouvoir exécutif présent;

Attendu que les défendeurs ont produit sur le bureau leurs conclusions en garantie contre les citoyens *Sencie* et *van Doorne*;

Attendu que le délai de garantie, quoiqu'il ne regarde point le demandeur, ne peut être refusé aux défendeurs;

Attendu que les défendeurs doivent souffrir les dépens résultans de leur négligence ou inaction, d'avoir intenté plutôt ladite action de garantie;

Le tribunal accorde le délai en garantie, ordonne aux parties de recomparoître à la séance du 26 de ce mois, condamne les défendeurs aux dépens du défaut, à la taxe et modération du tribunal.

Fait en séance du 14 thermidor, l'an 4me de la république française, une et indivisible.

Étoient signés : G. F. BUYCK, *présid.* ; F. DANNEELS ; P. BOTTE ; DE LANTHEERE, *et* A. J. VAN TIEGHEM.

270me SENTENCE.

LE TRIBUNAL CIVIL DU DÉPARTEMENT DE L'ESCAUT,

Vu l'exploit d'ajournement en date 3 thermidor, l'an 4me de la république française, fait à la demande du citoyen *Jean Speelman*, négociant à Gand, demandeur d'une part, contre le citoyen *Gerard Verleeken*, en la commune d'Evergem, défendeur d'autre ; vu aussi le procès-verbal du juge de paix du canton d'Evergem, en date 28 messidor dernier, d'où résulte que la difficulté mue entre les parties est de savoir, si le demandeur est fondé d'exiger à charge du défendeur, le payement de la somme de trois livres de gros, argent courant, pour trois années d'intérêts d'une rente de vingt-cinq livres de gros, argent courant, et le remboursement ou hypothéque de ladite rente, avec les intérêts judiciaires, le défendeur soutenant avoir payé parmi l'insinuation des assignats au pair, le demandeur les ayant fait réinsinuer ;

Ouï les parties, le commissaire du pouvoir exécutif présent ;

Attendu que selon la jurisprudence de ce pays, jurisprudence suivie de toute la France, il n'y a que deux moyens de se libérer d'une dette : celui de payer de gré à gré, et celui d'offres réelles, suivies d'une consignation judiciaire, en cas de refus du créancier ;

Attendu que le remboursement dont il s'agit, n'est pas fait de gré à gré, ni au moyen de consignation judiciaire ;

Attendu que quand même ce remboursement auroit été fait en numéraire, contre les formes voulues par les lois anciennes et nouvelles, notamment celle du 1 fructidor, l'an 3me, il ne seroit pas valable ;

Le tribunal faisant droit, ordonne au défendeur de payer au demandeur la somme de trois livres de gros, argent courant, pour trois années d'intérêts de la susdite rente, avec l'intérêt judiciaire, depuis l'institution de la cause devant le juge de paix jusqu'au payement effectif ; ordonne en outre au défendeur de rembourser ou hypothéquer le capital de ladite rente de vingt-cinq livres de gros, argent courant, avec les intérêts à échoir, le condamne aux dépens du procès, à la taxe et modération du tribunal.

Fait en séance du 14 thermidor, l'an 4me de la république française, une et indivisible.

Etoient signés : G. F. Buyck, *présid.* ; P. Botte ; F. Danneels ; De Lantheere, *et* A. J. van Tieghem,

271me. SENTENCE.

Le Tribunal civil du Département de l'Escaut,

En la cause du citoyen *Joseph François de Vos*, habitant de la commune de Gand, demandeur par exploit d'ajournement en date 29 messidor, l'an 4me, en opposition contre le jugement donné par défaut du 16 messidor susdit, d'une part, contre le citoyen *François van Ringhen*, aussi habitant de ladite commune, défendeur et obtenant dudit jugement, d'autre part;

Ouï le défendeur, le demandeur non-comparant, ni personne en son nom, le commissaire du pouvoir exécutif présent;

Attendu que le demandeur n'a point formé d'opposition contre le jugement du 16 messidor dernier, et qu'il n'est pas même comparu;

Attendu que par ce défaut il est déchu de ladite opposition;

Attendu que le défendeur s'en est prévalu, et qu'il a requis qu'il soit disposé sur le profit;

Le tribunal faisant droit, donne défaut, et pour le profit, déboute le demandeur de toute opposition contre le jugement du 16 messidor, 4me année, sortira ensuite ledit jugement plein et entier effet, condamne le demandeur aux dépens du procès, à la taxe et modération du tribunal.

Fait en séance du 14 thermidor, l'an 4me de la république française, une et indivisible.

Etoient signés : G. F. Buyck, *présid.* ; F. Danneels, J. B. J. Roelandts ; De Lantheere ; *et* A. J. van Tieghem.

272me. SENTENCE.

Le Tribunal civil du Département de l'Escaut,

En la cause de *Therese Slok*, fille de *Pierre*, à Sleydinge, demanderesse par requête présentée aux ci-devant bourguemaître et échevins du village de Vinderhaute et Belceele, le 31 octobre 1793, et exploit d'ajournement du 13 prairial, l'an 4me de la république française, d'une part, comtre le citoyen *Martin Slok*, défendeur d'autre part;

Ouï le défendeur, la demanderesse n'yant point comparu, ni personne pour elle, le commissaire du pouvoir exécutif présent;

Attendu que le défendeur a demandé congé de tribunal, vu la non-comparution de la demanderesse ;

Le tribunal faisant droit, adjuge au défendeur le congé demandé, condamne la demanderesse aux dépens de la comparition, à la taxe et modération du tribunal.

Fait en séance du 15 thermidor, l'an 4me de la république française, une et indivisible.

Etoient signés : B. J. HEYSE, *présid.* ; F. DANNEELS ; J. B. J. ROELANDTS ; A. J. VAN TIEGHEM, *et* DE LANTHEERE.

273me. SENTENCE.

LE TRIBUNAL CIVIL DU DÉPARTEMENT DE L'ESCAUT,

Vu l'exploit d'ajournement fait à la demande du citoyen *Jean Nepomucene Colyn*, charpentier, habitant de cette commune, demandeur d'une part, contre les citoyens *Jean François vanden Driessche*, ex-procureur, premier défendeur, et *Philippe François van Doorne*, habitant de la même commune, deuxieme défendeur, d'autre part, tous deux en leur qualité de syndics ou curateurs établis dans la faillite du citoyen *Jacques van Steenberg*, en son vivant marchand de bois, aussi dans cette commune, et par suite dans celle de la citoyenne *Pétronille Defreyne*, veuve dudit *J. van Steenberg*, d'où résulte que la difficulté mue entre les parties est de savoir, si le demandeur est fondé d'exiger que les défendeurs, en leur qualité prédite, levent l'arrêt et saisie qu'ils ont practiqués entre les mains du citoyen *Beyts*, ci-devant avocat du conseil de Flandre, sur tout ce qu'il lui étoit redevable en date du 15 mai 1792, pour sécurité d'une somme de trois cent quarante-un livres, sept escalins, trois gros, que ledit demandeur redevoit à la créance dudit *Jacques van Steenberg*, le premier défendeur, *Jean François vanden Driessche*, y ayant consenti, pour autant que la chose le regarde, le second défendeur soutenant le contraire, et alléguant deux raisons principales à l'appui de son soutenement, qui sont : 1°. que le payement de deux mille neuf cent septante-neuf livres, dix-huit sols, en assignats, fait par le demandeur *Colyn*, au premier défendeur *vanden Driessche*, ne satisfait pas à l'obligation que ledit demandeur avoit signée, pour se libérer à certains termes convenus entr'eux, le 15 mai 1792 ; 2°. que la quittance délivrée au demandeur par son co-curateur *vanden Driessche*, en date du 17 septembre 1794, n'est pas suffisante ; 1°. parce que *vanden Driessche* a donné cette quittance sous son propre et privé nom; 2°. parceque lui, second défendeur, n'y a pas consenti; 3°. parce qu'il n'a pas autorisé le premier défendeur à recevoir ladite somme pour solde de compte, et d'en délivrer quittance absolue;

Ouï les parties par leurs fondés de pouvoir respectifs, le commissaire du pouvoir exécutif présent;

Attendu que les deux défendeurs ayant été constitués syndics ou curateurs dans la faillite de feu *Jacques van Steenberg*, par acte du 26 février 1791, l'un comme l'autre *ad omnes fines et effectus*, pour gerer la faillite;

Attendu que le citoyen *vanden Driessche* déclare par son écrit de réponse à la requête du demandeur du 13 août 1795 (v. st.), qu'il a consenti par sa quittance du 19 septembre 1794, et qu'il consent encore, pour autant que la cause le regarde, à ce que l'arrêt et saisie dont est question soient levés;

Attendu que la somme de deux mille neuf cent septante-neuf livres, dix-huit sols en assignats, payée par le demandeur, pour parfait acquit de son obligation du 15 mai 1792, est un payement fait de gré à gré et à un certain cours, puisque le pair de cette somme excéda de plus de cent cinquante florins celle que le demandeur redevoit à la créance susdite;

Attendu qu'il en résulte que d'après le susdit payement, les défendeurs étoient également obligés à la levée de l'arrêt ou saisie dont est question;

Le tribunal faisant droit, déclare la dette du demandeur envers la masse de ses créanciers, plus amplement reprise au procès, bien et valablement acquittée, ordonne aux défendeurs, comme gerants desdits créanciers, solidairement à donner main levée de la saisie dont s'agit, les condamne aux dommages et intérèts soufferts et à souffrir par le demandeur, à cause de leur refus et opposition, et aux dépens du procès, à la taxe et modération du tribunal.

Fait en séance du 16 thermidor, l'an 4me de la république française, une et indivisible.

Etoient signés : G. F. BUYCK, *présid.*; F. DANNEELS; J. B. J. ROELANDTS; DE LANTHEERE, *et* A. J. VAN TIEGHEM.

274me. SENTENCE.

LE TRIBUNAL CIVIL DU DÉPARTEMENT DE L'ESCAUT,

Vu l'exploit d'ajournement en date 24 prairial, l'an 4me de la république française, en matiere d'appel contre la sentence du 27 floréal, même année, rendue par le juge de paix du canton de Loochristi, département de l'Escaut, ledit exploit fait à la demande du citoyen *Jean Fermondt*, habitant du village de Wachtebeke, d'une part, contre le citoyen *Cornille Gysel*, charpentier, demeurant audit Wachtebeke, intimé d'autre; vu aussi les pieces de la procédure ouverte entre les parties, par-devant les ci-devant bourguemaître et échevins de la ville et métier d'Assenede, contre l'intimé comme demandeur par requête du 26 juin 1794 (v. st.), contre l'appellant, comme défendeur d'autre part, ladite procédure instruite jusqu'à l'écrit de rejections, servi le 12 septembre 1795; vu encore les mémoires fournis par les parties; d'où résulte que la question mue entre elles est de savoir, si l'appellant est fondé de se plaindre premierement, de la sentence rendue par le juge de paix du canton de Loochristi, en date 27 floréal, 4me année, qui condamne l'appellant de produire à l'intimé l'état de biens à la mortuaire y reprise, et en même tems de faire la liquidation du même état, l'appellant s'appuyant sur la loi du 24 août 1790, rappellée au paragraphe IV de l'arrêté des représentans du peuple du 2 brumaire, 4me année, et dans la disposition subséquente du même paragraphe, d'où il infere l'incompétence du susdit juge de paix sur l'objet litigieux, d'autant que le même objet étoit irfispendant entre les parties, et auroit dû être résumé par la partie la plus diligente devant ce tribunal, conformément au titre II de l'arrêté du 28 frimaire, l'an 4me; s'appuyant encore l'appellant sur ce qu'il résulteroit des pieces de ladite procédure, que l'état de biens que l'intimé exige auroit déja été produit; secondement, si l'appellant est encore fondé à se plaindre de l'exécution qu'auroit donné l'intimé à ladite sentence, qu'il qualifie d'oppression, il dit que l'huissier du juge de paix, lui a fait payer pour l'exploit de sommation trois florins, trois sols, monnoie de Flandre, qu'il a placé ensuite à la maison de l'appellant des gardiens, et que pour ce dernier exploit et les prétendus devoirs de l'huissier susdit, il a extorqué à l'appellant une autre somme de vingt-deux florins, dix-sept sols, six déniers, pareille monnoie, comme il a fait conster par la quittance qu'il a produit; troisiemement, si l'appellant est aussi fondé de soutenir la nullité du mandat oppressif d'arrêt, lancé contre lui par le prédit juge de paix, qui l'a fait arracher de son domicile, traduire par la force militaire et le détenir dans le corps-de-garde du canton de Loochristi, et de l'y avoir retenu jusqu'au moment du sursis provisoire de ce tribunal, alléguant ledit appellant sur ce dernier point à son appui l'arrêté des représentans du peuple du 27 thermidor, 2me année, article XIII, le tout plus amplement déduit au procès; l'intimé soutenant le contraire, et que le juge de paix seroit compétent à connoître de toute action personnelle ; que c'étoit aussi la disposition des coutumes flamandes sur cette matiere, que l'appellant auroit convenu à la premiere comparution qu'il devoit former l'état de biens dont il s'agit, et que l'exécution qui a suivi la sentence étoit légale ;

Ouï les parties, et le commissaire du pouvoir exécutif en ses conclusions, tendantes à ce qu'il étoit instant pour l'observance des loix, de faire sévir légalement contre les excès commis par le juge de paix du canton de Loochristi, le citoyen *Lampo*, et ses exploiteurs, plus amplement rappellés ci-dessus ;

Attendu qu'il existoit sur le différent des parties une litispendence de procédure ;

Attendu que l'intimé, d'après la loi, auroit dû se pourvoir en résumption de cette procédure par-devant ce tribunal, s'il vouloit paroître la partie la plus diligente ;

Attendu que la liquidation de la mortuaire de la défunte femme de l'appellant, entre lui et l'intimé, indépendamment de la litispendence à cet égard, est un point très-important qui excéde la compétence du juge de paix ;

Attendu que les deux payemens extorqués à l'appellant, savoir : le premier de trois florins, trois sols, et le second de vingt-deux florins, dix-sept sols, six déniers, monnoie de Flandre, sont séverement défendus par la loi ;

Attendu que le mandat d'arrêt, l'extraction de l'appellant de son domicile, la tradition par la force armée dans un corps-de-garde à Loochristi, est expressément défendu par la loi, blesse ouvertement les droits de l'homme, et la liberté personnelle et individuelle du citoyen ;

Attendu qu'il n'appartient à aucun juge de paix de faire exécuter ses jugemens par lui-même, la loi ayant placé les commissaires du pouvoir exécutif à cette fin près des tribunaux ; que les exécutions ne peuvent avoir lieu au civil par mandats d'arrêts ou prise-de-corps, que dans les cas prévus par la loi, et lorsque les dispositifs du jugement portent qu'il sera exécutable même par corps, que le mandat d'arrêt et l'arrestation qui s'en est suivie dans la personne de *Jean Fermondt*, sont contraires aux articles CCXXII, CCXXIII, CCXXV, CCXXVII, CCXXVIII et CCXXXI de l'acte constitutionel, 1°. parce que ledit *Fermondt* a été arrêté sans délit, 2°. qu'il n'a pas été conduit par la loi à la maison, 3°. qu'il a été détenu dans un lieu qui n'est pas légalement et publiquement désigné pour servir de maison d'arrêt ;

Lo

Le tribunal faisant droit, sur l'appel entre l'appellant et l'intimé, déclare mal avoir été jugé par le juge de paix du canton de Loochristi, le citoyen *Lampo*, bien appellé par l'appellant, et faisant ce que le même juge auroit dû avoir fait, renvoie les parties devant ce tribunal, en résumption du procès ouvert entre eux, conformément à la loi, condamne l'intimé aux dommages et intérêts soufferts par l'appellant, et aux frais et dépens des deux instances, à la taxe et modération du tribunal; ordonne que les pieces de la procédure et du présent jugement seront remises entre les mains du commissaire du pouvoir exécutif auprès ce tribunal, afin d'invoquer l'observance des lois, et de faire sévir ensuite sur les excès et exactions du juge de paix *Lampo*, et de ses exploiteurs, conformément à la loi.

Fait en séance du 16 thermidor, l'an 4me de la république française, une et indivisible.

Etoient signés : G. F. Buyck, *présid.*; J. B. J. Roelandts; de Lantheere; P. Botte, *et* Tegelberg.

275me. SENTENCE.

Le Tribunal civil du Département de l'Escaut,

Vu l'exploit d'ajournement en date 1 messidor, l'an 4me de la république française, fait à la demande du citoyen *Paul Steenbeek*, prêtre et aumônier de la maison de correction à Gand, demandeur d'une part, contre les citoyens *Lannoy* et *Matthys*, curés de l'église paroissiale de St. Jacques, *Heye, d'Hooge, Meersman, Van Acker, Caigny, Roelants, Vergauwe* et *Leyns*, directeurs et membres de ladite église, aussi à Gand, défendeurs d'autre; vu aussi le procès verbal du juge de paix du canton de Gand, section de la liberté, en date 18 floréal dernier, d'où résulte que la difficulté mue entre les parties est de savoir, si le demandeur est fondé d'exiger à charge des défendeurs, qu'il soit réintégré en la place de maître de musique de ladite église, dont il a été destitué par les défendeurs, avec dommages et intérêts par lui soufferts et à souffrir, ainsi que les dépens du procès, les défendeurs soutenant le contraire, et s'appuyant sur ce que ladite place n'a été conférée au demandeur que provisoirement et jusqu'à révocation;

Ouï les parties, le commissaire du pouvoir exécutif entendu;

Attendu que la place de maître de musique de l'église de St. Jacques n'est ni bénéfice ni office;

Attendu que l'exonération des messes attachées à ladite place, est une charge, non une faveur, qui ne change rien à la nature de la nommination à ladite place;

Attendu que l'acte de nommination du demandeur à ladite place, le 5 septembre 1791, porte in verbis : *dit alles ter provisie ende zoo lange het de heeren van den Eedt goeddunken ende gelieven zal;*

Attendu que cet acte a été ainsi accepté et soussigné par le demandeur, par où il a donné un assentiment formel à la condition qui rend sa place provisoire et révocable *ad nutum;*

Attendu que l'acte de donnation du 18 mai 1727, fait par le citoyen *de Boueer*, à la prédite église, ne donne aucun titre au demandeur, qui seroit contraire à la condition que le demandeur s'est lui-même imposée par la prédite acceptation;

Le tribunal faisant droit, déclare le demandeur non-recevable ni fondé en ses conclusions prises à charge des défendeurs, le condamne aux dépens du procès, à la taxe et modération du tribunal.

Fait en séance du 16 thermidor, l'an 4me de la république française, une et indivisible.

Etoient signés : G. F. BUYCK, *présid.*; J. B. J. ROELANDTS; DE LANTHEERE; TEGELBERG, *et* P. BOTTE.

276me· SENTENCE.

LE TRIBUNAL CIVIL DU DÉPARTEMENT DE L'ESCAUT,

En la cause du citoyen *Martin Gryp*, à Oostwinkel, demandeur par exploit d'ajournement en date 19 prairial, l'an 4me de la république française, rélatif à l'acte de renvoi du juge de paix du canton de Maldegem, du 24 floréal, même année, d'une part, contre *Jean de Roose*, aussi habitant à Oostwinkel, défendeur d'autre part;

Ouï les parties, le commissaire du pouvoir exécutif présent;

Attendu que la femme du défendeur a été admise pour lui, alléguant son infirmité;

Attendu que d'après cette assertion, le juge de paix, après avoir entendu les parties, les a renvoyées au tribunal;

Attendu que cela étant, il est de la plus mauvaise foi du côté du défendeur de vouloir désavouer aujourdhui le fait de sa femme et sa comparution au bureau de paix;

Attendu que l'odieux d'une telle chicane doit être banni du sanctuaire de la justice;

Attendu que le patron du défendeur l'a ressenti déja, ayant préparé une réponse contre la demande au principal du demandeur;

Attendu qu'il y offre de payer la dîme dont s'agit, selon la quotité ordinaire ;

Attendu que le demandeur a accepté ladite offre ;

Le tribunal faisant droit, et sans avoir égard au prétendu désaveu, décrétant l'offre du demandeur de payer la dîme en question , le condamne à payer au demaudeur la somme de dix-sept livres , dix escalins de gros, argent courant de Brabant, et aux dépens du procès , à la taxe et modération du tribunal.

Fait en séance du 16 thermidor, l'an 4me de la république française, une et indivisible.

Etoient signés : G. F. Buyck, *présid.* ; J. B. J. Roelandts; de Lantheere; Tegelberg , *et* P. Botte.

Mandons à tout huissier , etc.

277me. S E N T E N C E.

Le Tribunal civil du Département de l'Escaut,

Vu l'exploit d'ajournement en date 4 thermidor, l'an 4me de la république française, fait à la demande de la citoyenne *Marie Anne la Motte*, veuve de feu le citoyen *van Wichelen*, demeurant dans la commune de Gand, d'une part, contre le citoyen *Corneille Verburgt*, aussi demeurant dans la même commune, défendeur d'autre part ; vu aussi le procès-verbal et acte de renvoi du juge de paix de la section des champs du 20 messidor, 4me année, d'où résulte que la question mue entre les parties est de savoir, si la demanderesse est fondée de soutenir la nullité et main levée des arrêts et saisies qu'a fait pratiquer le défendeur sur les déniers à elles appartenans , et nommément entre les mains des citoyens *van Eeckhoute* et *van Wichelen*, locataires et débiteurs de la demanderesse , disant qu'elle n'étoit aucunement redevable au défendeur, et produisant à son appui le jugement du tribunal du 23 prairial, l'an 4me, demandaut dommages et intérêts, le défendeur soutenant le contraire , et qu'il avoit protesté d'appel contre ledit jugement ;

Ouï les parties, le commissaire du pouvoir exécutif présent ;

Considérant que le défendeur n'a produit aucun titre, aucun acte vérificatif des prétentions réelles qu'il auroit à la charge de la demanderesse ;

Attendu qu'elle de son côté a développé pertinemment le contraire ;

Attendu que la preuve résulte évidemment du jugement qu'elle a produit ;

Attendu que c'est imprudemment et contre le respect dû au tribunal, que le défendeur a osé se prévaloir à la séance de ce jour d'un prétendu acte d'appel ; d'autant que, conformément à la loi, tout appel étoit interdit contre le même jugement ;

Le tribunal faisant droit, déclare nul et tortionnaire les arrêts et saisies pratiquées par le défendeur sur les deniers appartenans à la demanderesse, ordonne au nom de la loi la levée d'icelles, condamne le défendeur aux dommages et intérêts soufferts et à souffrir par la demanderesse, et aux dépens du procès, à la taxe et modération du tribunal.

Fait en séance du 17 thermidor, l'an 4me de la république française, une et indivisible.

Etoient signés : G. F. Buyck; *présid.*; J. B. J. Roelandts; Tegelberg; de Lantheere, *et* A. J. van Tieghem.

278me. SENTENCE.

Le Tribunal civil du Département de l'Escaut,

En la cause de la citoyenne *Catharine Wille*, habitante de la commune de Gand, demanderesse d'une part, par exploit d'ajournement en date 16 thermidor, l'an 4me, contre la citoyenne *Monique Brigitte vander Haegen*, veuve de *François de Smet*, habitante de la commune de Balegem, ajournée d'autre part ;

Ouï la demanderesse par son fondé de pouvoir le citoyen *Jean Baptifte Stalins*, le commissaire du pouvoir exécutif présent ;

Attendu que la défenderesse n'est point comparue, ni personne en son nom, devant le juge de paix du canton de Gand, section de l'égalité, quoique duement notifiée par cédule du 9 messidor, an 4me;

Attendu qu'elle n'est pareillement point comparue devant ce tribunal, ni personne en son nom, la demanderesse a demandé jugement par défaut;

Le tribunal faisant droit, donne défaut, et pour le profit, condamne la défenderesse à payer à la demanderesse la somme de trente livres de gros argent de change, pour deux années d'intérêts de deux rentes respectivement de deux cent cinquante et de cinquante livres de gros, argent de change capital, avec l'intérêt judiciaire jusqu'au payement parfait, et aux frais et dépens du procès, à la taxe et modération du tribunal, la condamne en outre à trente livres tournois, pour l'amende, en ce qu'elle n'a pas comparu devant le juge de paix susdit, selon la loi, la défenderesse en entier de se pourvoir en opposition, endéans le terme et conformément à la loi.

Fait en séance du 17 thermidor, l'an 4me de la république française, une et indivisible.

Etoient signés : G. F. BUYCK, *présid.*; TEGELBERG; J. B. J. ROELANDTS; DE LANTHEERE, *et* A. J. VAN TIEGHEM.

279me. SENTENCE.

LE TRIBUNAL CIVIL DU DÉPARTEMENT DE L'ESCAUT,

En la cause du citoyen *Pierre Elise Sonneville*, cultivateur à Alderheyligen-Zwaluwen, demandeur opposant par exploit du 27 messidor, l'an 4me, contre le jugement rendu par défaut le 11 prairial, même année, d'une part, contre le citoyen *Josse Jean vander Haegen*, habitant de la commune de Gand, obtenant dudit jugement et défendeur sur opposition, d'autre part;

Ouï le défendeur par son fondé de pouvoir, l'opposant non-comparant, ni personne en son nom, le comissaire du pouvoir exécutif présent;

Attendu que l'opposant est en défaut de déduire sa prétendue opposition contre le jugement dont est question;

Attendu que pour cela le défendeur a soutenu qu'il étoit déchu de la même opposition, et qu'ainsi le jugement du tribunal devoit opérer son effet; requérant en conséquence jugement ultérieur par défaut;

Le tribunal donne défaut, et pour le profit, déboute le condamné de toute opposition, déclare que le jugement du 11 prairial, 4me année, doit sortir plein et entier effet, leve le sursis provisoirement accordé, et condamne l'opposant aux dépens du procès, à la taxe et modération du tribunal.

Fait en séance du 17 thermidor, l'an 4me de la république française, une et indivisible.

Etoient signés : G. F. BUYCK, *présid.*; J. B. J. ROELANDTS; DE LANTHEERE; TEGELBERG, *et* A. J. VAN TIEGHEM.

280me. SENTENCE.

LE TRIBUNAL CIVIL DU DÉPARTEMENT DE L'ESCAUT,

Vu l'exploit d'ajournement en date 25 messidor, l'an 4me de la république française, fait à la requête du citoyen *Jean Symphorien Toebast*, négociant, à Eecloo, demandeur, résumant ses conclusions prises par requête présentée au ci-devant conseil de Flandre, le 24 juillet 1795, d'une part, contre le citoyen *Jean François van Leeuwen*, domicilié à Middelbourg, canton de Maldegem, d'autre part, d'où résulte que la question mue entre les parties est de savoir, si le demandeur est fondé de prétendre la nullité des saisies que le défendeur a fait mettre sur les biens meubles et immeubles du demandeur en l'année 1791 et 1792, sur le fondement qu'alors le demandeur ne devoit rien au défendeur, celui-ci soutenant que le différent devoit être discuté par-devant le juge, par l'autorité duquel la saisie a été faite;

Ouï les parties, le commissaire du pouvoir exécutif présent;

Attendu que conformément aux dispositions coutumières de la ci-devant province de Flandre, les arrêts et saisies sont le commencement et l'entrée en droit ou justice;

Que partant, le différent en résultant, doit être porté par-devant le juge, par l'autorité duquel la saisie a été faite;

Attendu enfin, que le demandeur plaidant l'affaire à fond, a convenu en la séance du 15 de ce mois, qu'aux époques où les saisies ont été faites, le défendeur étoit son créancier;

Le tribunal faisant droit, déclare le demandeur, comme il agit, en ses conclusions non-recevable et non fondé, et le condamne aux dépens du procès, à la taxe et modération du tribunal.

Fait en séance du 17 thermidor, l'an 4me de la république française, une et indivisible.

Etoient signés : B. J. HEYSE, *présid.* ; J. B. J. ROELANDTS ; TEGELBERG ; DE LANTHEERE, *et* A. J. VAN TIEGHEM.

281me. SENTENCE.

LE TRIBUNAL CIVIL DU DÉPARTEMENT DE L'ESCAUT,

Vu l'exploit d'ajournement en date 25 messidor, l'an 4me de la république française, fait à la demande du citoyen *Jean Simphorien Toebast*, négociant, à Eecloo, y résumant ses conclusions prises par requête présentée au ci-devant conseil de Flandre le 24 juillet 1795 (v. st.), d'une part, contre le citoyen *Jean François van Leeuwen*, d'autre part; vu aussi toutes les pieces de la procédure, d'où résulte que le différent mu entre les parties est de savoir, si le demandeur est fondé d'exiger à charge du défendeur la somme de vingt-trois florins, cinq sols courant, pour livraison de vin, bouteilles et tonneau vuides, bouchons et frais de transport, plus amplement repris au procès, le défendeur proposant en opposition la prescription biennale;

Ouï les parties, le commissaire du pouvoir exécutif présent;

Attendu que l'édit du 4 octobre 1540 porte : que les marchandises vendues en détail se doivent demander juridiquement endéans deux ans, et qu'après l'expiration dudit tems telles dettes seront réputées duement acquittées, et que pour icelles il n'y auroit action ;

Attendu que la vente et livraison de vin et autres marchandises, reprises au procès, ont été faites en détail ;

Attendu que la bonne foi est seulement requise de la part de celui qui veut se prévaloir de la prescription biennale ;

Attendu que le défendeur a offert à l'audience, de déclarer sous serment que le payement de la somme prétendue par le demandeur, a été acquittée autrement que par la susdite prescription, et que partant la prescription doit avoir lieu ;

Le tribunal faisant droit, sans appel, admet le défendeur au serment par lui offert, lequel étant fait, déclare le demandeur en ses conclusions prises au procès non-recevable ni fondé, et le condamne aux dépens du procès, à la taxe et modération du tribunal.

Fait en séance du 17 thermidor, l'an 4me de la république française, une et indivisible.

Etoient signés : B. J. HEYSE, *présid.* ; DE LANTHEERE ; A. J. VAN TIEGHEM ; J. B. J. ROELANDTS, *et* TEGELBERG.

En conséquence du jugément qui précede, le défendeur a prêté le serment y repris, en vertu de quoi le tribunal lui donne acte.

Fait en séance du 17 thermidor, l'an 4me de la république française, une et indivisible.

Etoient signés : B. J. HEYSE, *présid.* ; DE LANTHEERE ; A. J. VAN TIEGHEM ; J. B. J. ROELANDTS, *et* TEGELBERG.

282me. SENTENCE.

LE TRIBUNAL CIVIL DU DÉPARTEMENT DE L'ESCAUT,

Vu l'exploit d'ajournement en date 4 thermidor, l'an 4me de la république française, fait à la demande de la citoyenne *Marie Therese Duverny*, veuve de *Jean Coppeneur*, en cette commune de Gand, demanderèsse d'une part, contre les citoyens *Jean Verstraeten*, homme de loi, *Louis François, Marie Henriette* et *Therese Verstraeten*, à Bouchaute, et *Louis van Damme*, à Gand, défendeurs d'autre, d'où résulte que la difficulté mue entre les parties est de savoir, si la demanderesse est fondée d'appeller par-devant ce tribunal de la sentence en date 5 septembre 1795, rendue par le ci-devant conseil de Flandre, les défendeurs alléguant qu'il n'en échoit d'appel, d'autant plus que la demanderesse y a acquiescé, cette derniere convenant de ce fait ;

Ouï les parties, le commissaire du pouvoir exécutif présent ;

Attendu que la demanderesse convient, qu'il n'échoit appel de la susdite sentence, et que sur ce fondement les défendeurs ont conclu à congé de tribunal, avec dépens ;

Le tribunal faisant droit, adjuge aux défendeurs le congé de tribunal par eux requis, et condamne la demanderesse aux dépens du procès, à la taxe et modération du tribunal.

Fait en séance du 17 thermidor, l'an 4me de la république française, une et indivisible.

Etoient signés : B. J. HEYSE, *présid.* ; J. B. J. ROELANDTS, DE LANT-HEERE ; A. J. VAN TIEGHEM, *et* TEGELBERG.

283ᵐᵉ· SENTENCE.

LE TRIBUNAL CIVIL DU DÉPARTEMENT DE L'ESCAUT,

Vu l'exploit d'ajournement en date 28 messidor, l'an 4me de la république française, fait à la demande du citoyen *Emanuel Soudan*, demandeur par requête présentée à la commission de justice de la ci-devant municipalité de Gand, le 19 frimaire, l'an 4me, d'une part, contre le citoyen *François de Meyere*, négociant, dans ladite commune de Gand, défendeur d'autre part, d'où résulte que la difficulté mue entre les parties est de savoir, si le demandeur est en droit d'exiger que le saisissement et exécution par lequel il se voit chargé de la part du défendeur, pour loyer d'une maison, soit déclarée nulle et sans effet ;

Ouï les parties, le commissaire du pouvoir exécutif présent ;

Attendu que toute vente et achat dans lequel sont intéressés des mineurs, ne peuvent être faits sans le consentement préalable des chefs-tuteurs, pour ce qui concerne la quote-part desdits mineurs ;

Attendu que ce consentement n'a point été demandé ni obtenu jusqu'à ce jour ;

Attendu que jusqu'ici il n'a pas encore été présenté un état de biens, par lequel il doit conster pour combien les mineurs seroient intéressés dans la vente dont est question, et que pareilles ventes ou achats sans cela sont considérés comme non-avenus ;

Attendu qu'il est constant, qu'on ne peut louer à juste titre aucun objet dont on ne peut prouver la propriété acquise en due forme ;

Le tribunal faisant droit, déclare le saisissement et exécution faite le 13 frimaire dernier, nul et de nulle valeur, condamne le défendeur aux dommages et intérêts, soufferts et à souffrir par le demandeur,

deur, et aux dépens du procès, à la taxe et modération du tribunal.

Fait en séance du 18 thermidor, l'an 4me de la république française, une et indivisible.

Etoient signés : G. F. BUYCK, *présid.;* F. DANNEELS; J. B. J. ROELANDTS; TEGELBERG, *et* P. BOTTE.

284me. SENTENCE.

LE TRIBUNAL CIVIL DU DÉPARTEMENT DE L'ESCAUT,

En la cause du citoyen *Jean Baptiste Minne*, habitant du village de Wackene, comme autorisé du citoyen *Jean Baptiste Roelandts*, membre de ce tribunal, demandeur par exploit d'ajournement du 8 thermidor, l'an 4me, et acte de renvoi du bureau de paix du canton de Nevele, d'une part, contre les citoyens *Jean Andries*, fils de *Pierre*, et *Albert François Diericx*, habitans de la commune d'Aeltert, défendeurs d'autre part;

Ouï le demandeur par son fondé de pouvoir, les défendeurs non-comparans, ni personne en leur nom, le commissaire du pouvoir exécutif présent;

Attendu qu'il s'agit de payer au principal du demandeur, premierement la somme de cent septante-quatre livres pour achat de bois; secondement, la somme de douze livres, un escalin, deux gros, pour l'import de l'achat de cinq arbres; et troisiemement, la somme de sept livres, seize escalins, quatre gros, pour achat de bois;

Attendu que le second défendeur a cautionné sous la clause solidaire le premier défendeur, au profit du demandeur;

Attendu que le premier défendeur tant pour lui que le second défendeur, son cautionnaire, a reconnu la réalité de ladite prétention, soutenant cependant de l'avoir acquitté, à la réserve de la somme de deux livres, dix-huit escalins, dix gros courant, qu'il a offert de payer;

Attendu que le demandeur a nié la réalité dudit payement;

Attendu que pour la non-comparution des défendeurs, le demandeur a requis jugement par défaut;

Le tribunal donne défaut contre les défendeurs, et pour le profit, les condamne à payer au demandeur solidairement lesdites trois sommes de cent septante-quatre livres de gros; douze livres, 1 escalin, 2 gros; et sept livres, seize escalins, quatre gros, et aux dépens du procès, à la taxe et modération du tribunal; et à défaut de ce faire, décrêtant les arrêts et saisies pratiquées par le demandeur, comme bien et duement faites, adjuge au demandeur les biens et objets saisis, pour y recouvrer en total ou en partie l'import de ladite condamnation, aussi avec dépens; les défendeurs entiers à se pourvoir en opposition, endéans le terme et conformément à la loi.

Fait en séance du 18 thermidor, l'an 4me de la république française, une et indivisible.

Etoient signés : G. F. BUYCK, *présid.* ; F. DANNEELS; P. BOTTE; DE LANTHEERE, *et* A. J. VAN TIEGHEM.

Mandons à tout huissier, etc.

285me. SENTENCE.

LE TRIBUNAL CIVIL DU DÉPARTEMENT DE L'ESCAUT;

En la cause du citoyen *Josse van den Brande*, habitant de la commune de St. Nicolas, demandeur par exploit d'ajournement du 17 thermidor, l'an 4me de la république française, et acte de renvoi du juge de paix du canton de St. Nicolas, d'une part, contre le citoyen *David Maes*, aussi habitant de ladite commune, défendeur d'autre part;

Ouï le demandeur par son fondé de pouvoir, le défendeur non-comparant, ni personne en son nom, le commissaire du pouvoir exécutif présent;

Attendu que le demandeur a acheté au défendeur la maison et héritage reprise au procès, libre et exempt de toute charge;

Attendu que ladite maison est chargé d'une rente, affectée et hypothéquée par le défendeur, et qu'il est tenu à la décharge;

Attendu que le défendeur a reconnu devant le juge de paix son obligation à ce sujet, sans y avoir satisfait;

Attendu que le défendeur n'est point comparu, ni personne en son nom, et que le demandeur a requis jugement par défaut;

Le tribunal donne défaut contre le défendeur, et pour le profit, le condamne à décharger la maison et héritage, vendu au demandeur, de ladite rente, et d'en produire l'acte de cassation, et aux dépens du procès, à la taxe et modération du tribunal;

Le défendeur entier de se pourvoir en opposition, endéans le terme et conformément à la loi;

Fait en séance du 18 thermidor, l'an 4me de la république française, une et indivisible.

Etoient signés : G. F. BUYCK *présid.*; F. DANNEELS; A. J. VAN TIEGHEM; P. BOTTE, *et* DE LANTHEERE.

Mandons à tout huissier, etc.

286ᵐᵉ· SENTENCE.

LE TRIBUNAL CIVIL DU DÉPARTEMENT DE L'ESCAUT,

Vu l'exploit d'ajournement en date 20 prairial, l'an 4me de la république française, fait à la demande du citoyen *Constantin Spelier*, à Maldegem, demandeur d'une part, la citoyenne *Elisabeth Versluys*, veuve de *Henry Rosseleur*, demeurant près de l'Ecluse, dans l'Isabelle-Polder, défenderesse d'autre; vu aussi le procès-verbal du 21 floréal, devant le juge de paix du canton de l'Ecluse, et l'acte de renvoi fait par-devant ce tribunal, d'où résulte que le différent mu entre les parties est de savoir, si le demandeur, au moyen de l'insinuation faite le 2 prairial, 3me année de la république, de la somme de cinquante livres dè gros, argent fort, et huit livres de gros, même argent, en assignats au pair, en remboursement d'une rente et canons échus, peut exiger de la défenderesse la restitution des lettres hypothécaires de ladite rente sur la maison à Maldegem, chargé au profit de la défenderesse, de même qu'obliger la défenderesse à consentir à la cassation de la susdite rente; cette derniere soutenant que le payement devoit se faire en numéraire, et que par ainsi elle ne vouloit porter son consentement à l'effet de la cassation susdite;

Ouï les parties en personne, et le commissaire du pouvoir exécutif en ses conclusions;

Attendu que la rente dont s'agit a été constituée avant l'époque de la rentrée des français dans la Belgique;

Attendu que les assignats au pair, insinués par le demandeur à la défenderesse, et réinsinués par cette derniere au demandeur, n'ont point été suivis de la consignation juridique;

Attendu enfin, que là où il n'y a point de consignation juridique, l'offre de payer non-accompagné de l'acceptation, est insuffisante pour la libération d'une dette, et que par ainsi la rente dont s'agit, n'est point acquittée;

Le tribunal faisant droit, déboute le demandeur de sa demande en cassation des lettres hypothécaires et remise d'icelles, portante quittance de payement de la rente et canons échus, le condamne aux dépens du procès, à la taxe et modération du tribunal.

Fait en séance du 18 thermidor, l'an 4me de la république française, une et indivisible.

Etoient signés : G. F. BUYCK, *présid.*; J. B. J. ROELANDTS; F. DANNEELS; A. J. VAN TIEGHEM, *et* DE LANTHEERE.

287me. SENTENCE.

LE TRIBUNAL CIVIL DU DÉPARTEMENT DE L'ESCAUT,

Vu l'exploit d'ajournement en date 17 messidor, l'an 4me de la république française, fait à la demande du citoyen *Pierre Ronsse*, marchand de bierre, en cette commune de Gand, demandeur d'une part, contre le citoyen *Guillaume Balthazar de Vlieger*, aubergiste, en la même commune, défendeur d'autre part; vu aussi le procès-verbal du juge de paix de la section de la réunion, canton de Gand, du 9 floréal dernier, d'où résulte que le différent mu entre les parties est de savoir, si le demandeur est fondé d'exiger du défendeur le payement de trois cent trente-sept florins, un sol, argent courant de Flandre, pour livraison de bierre; sept florins argent courant, pour l'intérêt d'une rente de vingt-cinq livres de gros de change de capital, et le remboursement du prédit capital, à moins qu'il ne préfère donner hypothéque suffisante, le défendeur soutenant la nullité de l'exploit d'ajournement, sur le fondement qu'il ne serait pas fait conformément aux lois.

Ouï les parties, le commissaire du pouvoir exécutif présent;

Attendu que l'article premier, du titre premier de l'arrêté du 28 frimaire, l'an 4me de la république porte : qu'aucun huissier ne pourra valablement donner une assignation pour introduire une action devant un tribunal civil du département, qu'au bas d'une copie de l'acte du juge de paix, qui constatera l'inutilité de comparution au bureau de paix.

Attendu que le demandeur a fait ajourner le défendeur par un exploit d'ajournement au bas d'un mémoire, servi par-devant ce tribunal, sans y joindre l'acte du juge de paix; que partant, le demandeur a vieté la forme prescrite par la loi;

Le tribunal faisant droit, déclare le prédit ajournement nul, condamne le demandeur aux dépens du procès, à la taxe et modération du tribunal.

Fait en séance du 19 thermidor, l'an 4me de la république française, une et indivisible.

Etoient signés : B. J. HEYSE, *présid.*; J. B. J. ROELANDTS; F. DANNEELS; DE LANTHEERE, *et* A. J. VAN TIEGHEM.

288me. SENTENCE.

LE TRIBUNAL CIVIL DU DÉPARTEMENT DE L'ESCAUT,

Vu l'exploit d'ajournement en date 3 messidor, l'an 4me de la république française, fait à la demande du citoyen *Jean Speelman*, négociant, demeurant en la commune de Gand, relativement à l'acte de renvoi du juge de paix du canton d'Evergem, en date 28 messidor, même année, demandeur d'une part, contre le citoyen *Gerard Verleeken*, demeurant en la commune d'Evergem, défendeur d'autre part; vu aussi l'acte de bail en date 9 octobre 1790, signé par le défendeur et le citoyen *Hoobrouck*, de Mooregem, prédécesseur de la propriété du demandeur, d'où résulte que la question mue entre les parties est de savoir, si le demandeur est fondé de prétendre à la charge du défendeur le payement de la somme de cent livres de gros, argent courant, pour deux années de loyer de la ferme qu'il a occupé, appartenant au demandeur, la derniere année échue à la noël 1794, le défendeur s'y opposant, alléguant l'exception de chose jugée, qu'il dérive du jugement rendu par le tribunal entre les parties, le 15 floréal, 4me année, plus amplement repris au procès;

Ouï les parties, le commissaire du pouvoir exécutif présent;

Attendu que l'allégue du défendeur est mal fondé, en ce que l'objet de la demande qui forme le demandeur par son dit exploit d'ajournement, est entierement divers de celui terminé par le jugement du 15 floréal, 4me année; tandis que dans l'un, il s'agit de la déchéance de bail qu'a soutenu alors le demandeur contre le défendeur, et dans l'autre du défaut de payement du montant de deux années d'occupation de la ferme du demandeur, que le défendeur avoue d'avoir occupé;

Attendu que de cette diversité de conclusions et de procédure, résulte évidemment, que ladite exception du défendeur ne peut trouver place et est inapplicable;

Attendu que le défendeur a convenu de la réalité de ladite occupation et du contract du bail, titre du demandeur précité;

Le tribunal faisant droit, condamne le défendeur de payer au demandeur la susdite somme de cent livres de gros, argent courant, à l'intérêt judiciaire, depuis l'institution de la cause au bureau de paix du canton d'Evergem, jusqu'au payement parfait, et aux dépens du procès, à la taxe et modération du tribunal.

Fait en séance du 19 thermidor, l'an 4me de la république française, une et indivisible.

Etoient signés : G. F. BUYCK, *présid.*; J. B. J. ROELANDTS; F. DANNEELS; DE LANTHEERE, *et* A. J. VAN TIEGHEM.

Mandons à tout huissier, etc.

289me. SENTENCE.

LE TRIBUNAL CIVIL DU DÉPARTEMENT DE L'ESCAUT,

Vu l'exploit d'ajournement en date 8 thermidor, l'an 4me de la république française, fait à la demande du citoyen *Jean Baptiste Minne*, fondé de pouvoir du citoyen *Jean Baptiste Roelandts*, membre de ce tribunal, demeurant dans cette commune, demandeur d'une part, relativement au renvoi du juge de paix du canton de Maldegem, en date 4 thermidor, l'an 4me, contre le citoyen *Bernard Ghysels*, demeurant au village de Knesselaere, défendeur d'autre part, d'où résulte que la difficulté mue entre les parties est de savoir, si le demandeur est fondé d'exiger à la charge du défendeur le payement de la somme de neuf livres, seize escalins de gros, pour achat de seigle dans la vente du 18 juillet 1793, tenue par le demandeur, le défendeur s'y opposant, disant avoir payé ladite somme;

Ouï le demandeur par son fondé de pouvoir, le défendeur non-comparant, ni personne en son nom, le commissaire du pouvoir exécutif présent;

Attendu que le défendeur n'est pas comparu, et que le demandeur a requis jugement par défaut;

Attendu que le demandeur a suffisamment prouvé son intention, et que le défendeur n'a pas fait conster de son dire;

Le tribunal donne défaut contre le défendeur, et pour le profit, le condamne de payer au demandeur la susdite somme de neuf livres, seize escalins de gros, et aux dépens du procès, à la taxe et modération du tribunal; le défendeur entier de se pourvoir en opposition, endéans le terme et conformément à la loi.

Fait en séance du 19 thermidor, l'an 4me de la république française, une et indivisible.

Etoient signés : G. F. BUYCK, *présid.*; F. DANNEELS; DE LANTHEERE; A. J. VAN TIEGHEM, *et* P. BOTTE.

290me. SENTENCE.

LE TRIBUNAL CIVIL DU DÉPARTEMENT DE L'ESCAUT,

Vu l'exploit d'ajournement en date 12 messidor, l'an 4me de la république française, fait à la requête du citoyen *Pierre Coussement*, fils de *Daniel*, habitant de cette commune, défendeur primitif et résumant d'une part, contre le citoyen *François Pierre Coussement*, aussi en cette commune, demandeur primitif et ajourné d'autre part, d'où résulte que la difficulté mue entre les parties est de savoir, 1°. si l'ajourné, comme demandeur, est fondé d'exiger du résumant défendeur la somme de quatre-vingt livres, six escalins et six gros, argent courant, pour solde de compte arrêté entre le demandeur et le pere du résumant, son tuteur du tems de sa minorité; 2°. s'il est fondé d'exiger du résumant la somme de vingt-trois livres, six escalins et huit gros, argent courant, étant une dette portée dans la mortuaire de la mere dudit résumant, dans l'état de biens, art. VII. du III chapitre au profit du demandeur en cause;

Ouï les parties, le commissaire du pouvoir exécutif présent;

Attendu, pour le premier membre, que la coutume de Gand, rub. XXII. art. V, dit : « Si le bien des mineurs est raisonnablement et « point excessif, qu'on le laisse au pere des mineurs, étant fait tuteur, « après avoir mis caution, les revenus, aussi l'administration de leurs « biens sans diminuer le principal; sous condition de les entretenir « et de pourvoir à leur subsistance, aussi qu'à leur instruction, selon « leur état et condition, sans rendre compte jusqu'à leur majorité; "

Attendu que les objets, repris dans le compte dont question, consistent dans des avances et débourses que l'ajourné demandeur en cause, auroit fait pour intérêts des rentes passives, pour payement du vingtieme, pour des réparations nécessaires et autres semblables;

Attendu que ledit pere avoit les revenus et l'administration des biens de ses pupilles, et qu'ainsi les intérêts desdites rentes, réparations et autres débourses portées en validation par ledit compte, étoient à sa charge, d'après ledit article de la coutume, et que le demandeur en cause s'est rendu caution pour cette administration;

Attendu que ce compte est conclu taxativement entre ledit demandeur et le pere du résumant, sous l'intervention des chef-tuteurs durant sa minorité;

Attendu que la solde de ce compte et les objets y portés en validation, ne peuvent aucunement regarder le résumant, qui, d'après l'acte du 10 juin 1780 (v. st.), joint au procès, est fondé de prétendre la libre jouissance de ses biens, dans l'état comme ils étoient à l'époque de cette administration envers son pere et ses cautions;

Attendu que le demandeur en cause, est redevable au défendeur en cause, et ses freres et sœurs, de la moitié du prix d'achat de la maison mentionnée audit compte, après déduction des charges inhérentes communes entre eux et leur pere;

Attendu, pour le second membre de ce différent, que la dette de vingt-trois livres, six escalins, huit gros argent courant, étoit une somme que l'ajourné avoit prêtée au pere du résumant avant la mort de son épouse ;

Attendu que cette somme et autres sommes, concernant les dettes de la mortuaire de la mere du résumant, dans le chapitre III de l'état de biens, ouvrage du demandeur en cause dans ladite mortuaire, art. VII, est portée et allouée au pere par l'apostille en marge de ce même chapitre, écrit de la main dudit demandeur, et aussi liquidée au profit du pere ;

Attendu que les pupilles ont ainsi payé et satisfait leur quote-part dans ladite somme et dette ;

Attendu que le demandeur en cause, s'est constitué caution pour la régie et administration des biens des pupilles, et que l'acte de cautionnement porte expressément, que les dettes de la maison mortuaire étoient liquidées à la charge du pere du résumant, par les chapitres III et IV de l'état de biens, auxquels on y fait rélation, et que partant, ledit demandeur en cause, en ladite qualité de caution, doit garantir le défendeur en cause et ses freres et sœurs desdites dettes ;

Attendu que les déniers pupillaires sont diminués par la susdite validation faite au pere, dont ledit demandeur en cause a reconnu le pere du résumant, son propre frere, le débiteur exclusif pour la somme dont il s'agit ;

Attendu que le demandeur en cause, a pratiqué entre ses mains arrêt et saisie à charge du résumant ;

Attendu que le résumant soutient la nullité de cet arrêt et saisie ;

Le tribunal faisant droit, déclare l'ajourné, demandeur primitif en cause, non-recevable et non fondé en sa demande et conclusions, déclare nulle et de nulle valeur la saisie par lui faite à charge du résumant, et le condamne en tous dommages et intérêts, soufferts et à souffrir par le résumant en cause de ladite saisie, et aux dépens du procès, à la taxe et modération du tribunal.

Fait en séance du 19 thermidor, l'an 4me de la république française, une et indivisible.

Etoient signés : B. J. HEYSE, *présid.* ; J. B. J. ROELANDTS ; F. DANNEELS ; DE LANTHEERE, *et* A. J. VAN TIEGHEM.

291me. SENTENCE.

LE TRIBUNAL CIVIL DU DÉPARTEMENT DE L'ESCAUT,
JUGEMENT PRÉPARATOIRE.

En la cause du citoyen *Nicolas Myngers*, négociant, à Bruxelles, département

département de la Dyle, demandeur en opposition contre la sentence rendue le 19 messidor dernier, d'une part, contre le citoyen *Pierre Bernaert*, batelier, actuellement à Gand, demandeur originaire et défendeur en opposition d'autre;

Ouï les parties, le commissaire du pouvoir exécutif présent;

Attendu que le demandeur originaire et défendeur en cette, a obtenu jugement par défaut contre le demandeur en opposition; que ce jugement forme son titre;

Attendu que le demandeur en cette, forme opposition contre ce jugement; que partant il doit déduire tous ses moyens d'opposition conformément à la loi;

Attendu que la demande de consignation, faite par le défendeur, ne contient aucune opposition;

Le tribunal faisant droit, rejette la demande de consignation, ordonne au demandeur opposant, de déduire ses moyens d'opposition à la séance du 23 de ce mois, et le condamne aux dépens de l'incident, à la taxe et modération du tribunal.

Fait en séance du 19 thermidor, l'an 4me de la république française, une et indivisible.

Etoient signés : B. J. HEYSE, *présid.*; J. B. J. ROELANDTS; F. DAN-NEELS; DE LANTHEÉRE, *et* A. J. VAN TIEGHEM.

292me. SENTENCE.

LE TRIBUNAL CIVIL DU DÉPARTEMENT DE L'ESCAUT,

JUGEMENT PRÉPARATOIRE.

En la cause de la citoyenne *Marie Catherine Pullaert*, se disant fondée de procuration de son mari *Jean Baptiste Geeraert*, à Thielrode, canton de Belcele, demanderesse par exploit d'ajournement en date 17 messidor, d'une part, contre le citoyen *Bernard de Puysselaere*, à Sombeke, défendeur d'autre;

Ouï les parties, le commissaire du pouvoir exécutif présent;

Attendu qu'une femme mariée est en la puissance de son mari; que partant, elle n'a pas les qualités requises pour se sister en justice sans être spécialement autorisée à cet effet;

Attendu enfin, que le défendeur a conclu sur ce fondement au congé de tribunal, avec dépens;

Le tribunal faisant droit, adjuge au défendeur le congé de tribunal par lui requis; condamne la demanderesse aux dépens de l'incident, à la taxe et modération du tribunal.

II. Partie. N°. 23.   Z

Fait en séance du 19 thermidor, l'an 4me de la république française, une et indivisible.

Etoient signés : B. J. HEYSE, *présid.*; DE LANTHEERE; J. B. J. ROELANDTS; A. J. VAN TIEGHEM, *et* F. DANNEELS.

293me. SENTENCE.

LE TRIBUNAL CIVIL DU DÉPARTEMENT DE L'ESCAUT,

En la cause du citoyen *Jacques de Noyelle*, négociant, à Gand, fondé de pouvoir des citoyens *la Riviere et Bayon*, négocians à Lyon, tant en leur nom qu'en qualité de liquidateurs de la maison de commerce des citoyens *Gardes la Riviere* et compagnie, et ainsi demandeur par requête présentée à la ci-devant municipalité d'Alost, le 6 octobre 1795 (v. st), d'une part, contre la veuve de *Michel Coucke*, habitante de la ville d'Alost, défenderesse d'autre;

Ouï le demandeur par son fondé de pouvoir, le citoyen *van Toers*, la défenderesse n'étant point comparu, ni personne en son nom, le commissaire du pouvoir exécutif présent;

Attendu que par le jugement de ce tribunal, rendu le 3 thermidor, l'an 4me, en la cause dont s'agit, toute poursuite pour le nantissement en assignats au pair, faite par la défenderesse est venue à cesser;

Attendu que par le même jugement, il est ordonné aux parties de contester au fond, et de se rencontrer mutuellement et pertinemment à la séance du 16 courant;

Attendu que la défenderesse n'a point comparu à ladite séance, ni personne en son nom, et que le demandeur a demandé jugement par défaut;

Attendu que le demandeur a prouvé ses prétentions, à charge de la défenderesse, au desir des lois, sans que la défenderesse y a contredit;

Le tribunal faisant droit sur le fond, donne défaut contre la défenderesse, et pour le profit, condamne la défenderesse à payer au demandeur la somme de quinze cent livres tournois, import de deux promesses, aux frais de change et rechange, protêts, etc. ainsi que la somme de sept mille un cent neuf livres tournois, six sols et trois déniers, pour des objets de commerce, à l'intérêt judiciaire d'icelle, depuis l'institution de la cause jusqu'au payement effectif, et aux dépens du procès, à la taxe et modération du tribunal, et à défaut de ce, décrétant la saisie, pratiquée par le demandeur sur les biens de la défenderesse, comme bien et duement faite, adjuge au demandeur les biens saisis pour y recouvrer sesdites prétentions en total

ou en partie, aussi avec dépens, la défenderesse entier de se pourvoir en opposition, endéans le terme et conformément à la loi.

Fait en séance du 19 thermidor, l'an 4me de la république française,
une et indivisible.

Etoient signés : G. F. BUYCK, *présid.*; J. B. J. ROELANDTS; DE LANT-
HEERE; F. DANNEELS, *et* A. J. VAN TIEGHEM,

Mandons à tout huissier, etc.

294me. S E N T E N C E.

LE TRIBUNAL CIVIL DU DÉPARTEMENT DE L'ESCAUT,

Vu l'exploit d'ajournement en date 9 thermidor, l'an 4me de la
république française, fait à la demande du citoyen *P. J. de Haves-
kercke*, à Gand, demandeur d'une part, contre le citoyen *François Moey-
kens*, brasseur, aussi à Gand, défendeur d'autre, d'où résulte que la
difficulté mue entre les parties est de savoir, si le demandeur est
fondé d'exiger à charge du défendeur la somme de quatre mille livres
en numéraire métallique, pour dommages et intérêts prétendûment
soufferts par le demandeur, par le nantissement d'un ducat et une
plaquette, pour jouir de l'effet du rétrait lignager par lui intenté contre
le défendeur, ce dernier opposant l'exception *rei judicatæ* ;

Ouï les parties, le commissaire du pouvoir exécutif présent ;

Attendu que le demandeur a déja agi par exploit d'ajournement,
en date 24 germinal dernier, en dommages et intérêts sur le même
objet ;

Attendu que par jugement du 6 floréal dernier, cette difficulté a
été terminé entre les parties ;

Attendu enfin que ce jugement a été conformé par le tribunal civil
du département de la Lys, par son jugement du 26 prairial dernier;

Le tribunal faisant droit, adjuge au défendeur le congé de tribunal
par lui demandé, condamne le demandeur aux dépens du procès, à
la taxe et modération du tribunal.

Fait en séance du 19 thermidor, l'an 4me de la république française,
une et indivisible.

Etoient signés: B. J. HEYSE, *présid.*; DE LANTHEERE; J. B. J. ROE-
LANDTS; A. J. VAN TIEGHEM, *et* F. DANNEELS.

295me. SENTENCE.

LE TRIBUNAL CIVIL DU DÉPARTEMENT DE L'ESCAUT,

Vu l'exploit d'ajournement en date 3 messidor, l'an 4me de la république française, fait à la demande du citoyen *François Charles de Clercq*, médecin et juge de paix au canton d'Overmeire, y résumant ses conclusions reprises dans l'acte de relief d'appel, dressé aux plaids du ci-devant conseil de Flandre, le 20 mars 1795 (v. st.), d'une part, le citoyen *Pierre Bernaert*, domicilié en la commune de Uytbergen, même canton d'Overmeire, intimé d'autre part, d'où résulte que le différent mu entre les parties est de savoir, si l'appellant est fondé en ses exceptions de nullité proposées contre la sentence rendue le 4 septembre 1794 (v. st.), par le ci-devant bourguemaître et échevins de la commune de Uytbergen et Overmeire, à cause que lesdits bourguemaître et échevins avoient, antérieurement à la prononciation de la susdite sentence, décrété le désistement fait par l'appellant de ses conclusions prises au procès, et l'offre de payer les dépens ; l'intimé soutenant avoir été fondé à demander la prononciation de la susdite sentence, en ce que l'appellant n'avoit fait mention dans son dit désistement de refondre les dépens de l'incident réservés jusqu'au définitif par sentence interlocutoire rendue en ladite cause ;

Ouï les parties, l'appellant en personne, et l'intimé par son fondé de pouvoir le citoyen *F. Ramont*, le commissaire du pouvoir exécutif en ses conclusions ;

Attendu que l'appellant a désisté de ses conclusions prises au procès, et que ce désistement comprend aussi les dépens réservés par le jugement préparatoire ;

Attendu que bourguemaître et échevins susdits ont décrêté ledit désistement, fait par l'appellant, et l'ont condamné aux dépens du procès, engendrés jusqu'au jour du même désistement;

Attendu que le désistement susdit, a été insinué en original à l'intimé, et que copie en a été insinué au greffe le 1 septembre 1794;

Attendu que moyennant ledit décrêtement, les fonctions des juges *à quibus*, ont cessé ;

Le tribunal faisant droit, met la sentence, rendue le 4 septembre 1794 (v. st.) dont s'agit, au néant, condamne l'intimé aux dépens de la prononciation d'icelle et de tout ce qui en est suivi, et aux dépens du procès, à la taxe et modération du tribunal.

Fait en séance du 21 thermidor, l'an 4me de la république française, une et indivisible

Etoient signés : B. J. HEYSE, *présid.* ; J. B. J. ROELANDTS ; F. DANNEELS ; TEGELBERG, *et* A. J. VAN TIEGHEM.

296me. SENTENCE.

LE TRIBUNAL CIVIL DU DÉPARTEMENT DE L'ESCAUT,

Vu l'exploit d'ajournement en date 13 prairial, l'an 4me de la république française, fait à la demande du citoyen *Josse de Wulf*, à Aeltre, demandeur d'une part, contre le citoyen *Pierre Livin Maenhaut*, ajourné, défendeur d'autre ; vu aussi le procès-verbal du juge de paix du canton de Nevel, du 10 floréal dernier, d'où résulte que le différent mu entre les parties est de savoir, si le demandeur est fondé d'exiger à charge du défendeur la somme de dix-huit livres, huit escalins et neuf gros, argent courant de Flandre, en restitution des rapports qu'il a payés, en la cause qu'il a soutenu comme demandeur par requête, présentée aux bourguemaître et échevins du village d'Aeltre, le 7 septembre 1790, d'une part, contre ledit *Maenhaut*, défendeur d'autre part ; vu aussi le jugement de ce tribunal du 16 messidor dernier, relatif au différent qui divise les parties ;

Ouï le demandeur, le défendeur n'ayant point comparu, ni personne pour lui, le commissaire du pouvoir exécutif présent ;

Attendu que par le jugement ci-dessus repris, le défendeur a été condamné de payer au demandeur la somme de huit livres, trois escalins, dix gros, six déniers argent courant, faisant partie de la somme de dix-huit livres, huit escalins et neuf gros courant, qu'exige le demandeur ;

Attendu qu'en conséquence du même jugement, le demandeur a fait conster l'avance des épices, taxés sur l'incident du 4 septembre 1792, et jugemens ensuivis en la même cause ;

Attendu que le demandeur a demandé jugement par défaut ;

Le tribunal faisant droit, donne défaut contre le défendeur, et pour le profit, le condamne à payer au demandeur, la somme de neuf livres, neuf escalins, sept gros et six déniers argent courant, en restitution des rapports et épices avancés par le demandeur en la cause ci-dessus mentionnée, et aux dépens, réservés par le jugement de ce tribunal du 16 messidor dernier, à la taxe et modération du tribunal ; le défendeur en entier de se pourvoir en opposition, endéans le terme et conformément à la loi.

Fait en séance du 21 thermidor, l'an 4me de la république française, une et indivisible.

Etoient signés : B. J. HEYSE, *présid.* ; J. B. J. ROELANDTS ; DE LANTHEERE ; TEGELBERG, *et* A. J. VAN TIEGHEM.

297me. SENTENCE.

LE TRIBUNAL CIVIL DU DÉPARTEMENT DE L'ESCAUT,

Vu l'exploit d'ajournement en date 9 thermidor, l'an 4me de la république française, fait à la requête de la citoyenne *Louise Heylebroek*, demeurant en la commune de Lede, résumant ses conclusions prises par requête présentée à la ci-devant officialité de l'évêché de Malines, le 3 février 1795, demanderesse d'une part, contre le citoyen *Amand Heylebroek*, habitant à Erpe, défendeur d'autre part, vu aussi la même requête et les pièces de la procédure, d'où résulte que le différent mu entre les parties est de savoir, si la demanderesse est fondée de prétendre que le défendeur leve l'interdiction provisionnelle, qu'il a su obtenir de la ci-devant officialité de l'évêché de Malines, le 23 juin 1795, pour empêcher le mariage projetté entre la demanderesse et le citoyen *Pierre Jean Stokman*, avec condamnation aux dommages et intérêts, soufferts et à souffrir par la demanderesse, du chef de ladite interdiction;

Ouï la demanderesse, le défendeur n'ayant point comparu, ni personne pour lui, le commissaire du pouvoir exécutif présent;

Attendu qu'il ne conste point au procès, que le défendeur auroit eu quelque droit ou quelque titre de mettre obstacle au mariage, projetté entre la demanderesse et le citoyen *Pierre Jean Stokman*, par l'interdiction dont il s'agit;

Attendu que la demanderesse, vu la non-comparution du défendeur, a demandé jugement par défaut;

Le tribunal faisant droit, donne défaut contre le défendeur, et pour le profit, lui ordonne de lever promptement l'interdiction, qu'il a su obtenir de la ci-devant officialité de l'évêché de Malines, le 23 juin 1794, le condamne à tous dommages et intérêts, soufferts et à souffrir par la demanderesse, du chef de la même interdiction, et aux dépens du procès, à la taxe et modération du tribunal ; le défendeur en entier de se pourvoir en opposition, endéans le terme et conformément à la loi.

Fait en séance du 21 thermidor, l'an 4me de la république française, une et indivisible.

Etoient signés : B. J. HEYSE, *présid.* ; F. DANNEELS ; DE LANTHEERE ; A. J. VAN TIEGHEM, *et* TEGELBERG.

298me. SENTENCE.

LE TRIBUNAL CIVIL DU DÉPARTEMENT DE L'ESCAUT,

Vu l'exploit d'ajournement en date 22 messidor dernier, fait à la réquisition du citoyen *Jean Baptiste Joseph de le Heye*, orfévre, habitant de cette commune, demandeur d'une part, contre le citoyen *Pierre de Coster*, mercier, aussi habitant de cette commune, d'où résulte que la difficulté mue entre les parties est de savoir, si le demandeur est fondé d'exiger à la charge du défendeur le payement d'une somme de vingt-quatre livres, dix escalins, pour payement d'une demie année de loyer de maison, échue le 15 avril 1795, le défendeur soutenant le contraire, et alléguant qu'il ne doit rien au demandeur, l'ayant payé par l'insinuation de deux cent soixante-dix livres en assignats, au pair, le 15 avril 1795 (v. st.), et produisant deux quittances postérieures audit payement, moyennant quoi il prétend être libéré ; vu aussi les mémoires des parties, le commissaire du pouvoir exécutif entendu ;

Attendu que l'arrêté du 12 messidor, a effet rétroactif au 9 prairial ; que depuis le 9 prairial aucun débiteur ne pouvoit se libérer de ses obligations, que dans les mêmes especes dans lesquelles elles avoient été contractés ;

Attendu que la simple insinuation de deux cent soixante-dix livres en assignats, faite par un notaire et deux témoins, comme a été faite celle dont il s'agit, avant le 9 prairial, n'équivaut pas à un payement, vu que selon notre ancienne jurisprudence, maintenue dans les loix nouvelles, telle consignation devoit se faire par autorité de justice et parties ouïes, et que le défendeur a manqué à cette forme essentielle ;

Attendu que la derniere contre-réinsinuation faite par le défendeur le 22 prairial, an 4me, est postérieure aux dispositions de l'arrêté du 12 thermidor, et par conséquent inutile et sans effet ;

Attendu que les deux quittances postérieures produites par le défendeur, ne peuvent rendre son premier payement valide par la raison que *ce qui n'est pas valide dans son principe, ne devient pas valide par le tems* ;

Le tribunal faisant droit, condamne le défendeur à páyer au demandeur la somme de vingt-quatre livres, dix escalins, argent courant de Flandre, pour une demie année de loyer de maison, échue le 15 avril 1795 (v. st.), ainsi qu'aux dépens du procès, à la taxe et modération du tribunal.

Fait en séance du 22 thermidor, l'an 4me de la république française, une et indivisible.

Etoient signés : G. F. BUYCK, *présid.*; P. BOTTE; B. J. HEYSE; A. J. VAN TIEGHEM, *et* TEGELBERG.

Mandons à tout huissier, etc.

299me. SENTENCE.

LE TRIBUNAL CIVIL DU DÉPARTEMENT DE L'ESCAUT,

Vu l'exploit d'ajournement en date 27 messidor, l'an 4me de la république française, fait à la demande du citoyen *Joseph Canon*, habitant de la commune de Gand, y résumant la procédure, entamée par-devant la ci-devant municipalité de la Keure, de ladite commune, comme demandeur par requête du 29 mars 1793, d'une part, contre le citoyen *Léonard vander Straeten*, ex-procureur des parchons de la ville de Gand, défendeur, et ceux qui se sont nommés la généralité des créanciers à la prétendue faillite du demandeur, intervenants d'autre part ; vu aussi les pièces de ladite procédure, tant en original, que par copies respectivement fournies par les parties, d'où résulte que la question principale mue entre le demandeur et le défendeur est de savoir, si le demandeur est fondé à soutenir la nullité de la vente de tous ses biens meubles et effets qu'a fait effectuer le défendeur et d'exiger les dommages et intérêts qu'il a soufferts de ce chef, niant qu'aucun titre ou acte quelconque ait pu autoriser le défendeur à tout cela, le défendeur et tous les intervenants soutenant le contraire, et opposant l'abandon volontaire qu'auroit fait le demandeur à la masse de ses créanciers, il en résulte aussi une question incidentelle et préalable, sur l'intervention en cause desdits créanciers, et de l'emprise d'icelle par ces derniers pour le défendeur ; le demandeur alléguant que le défendeur s'étoit constitué judiciairement sa partie directe, et contesté ses conclusions comme telles, que l'emprise postérieure des intervenans n'étoit point admissible, tant et si longtems que le défendeur n'avoit pas donné son aveu particulier en ladite emprise, et son obtion dans l'exécution du jugement, les intervenans soutenant le contraire, disant qu'ils défendoient la cause commune de la créance ;

Ouï le demandeur, et le défendeur par son fondé de pouvoir, le citoyen *van Toers*, homme de loi, les intervenans non-comparans, ni personne en leur nom, le commissaire du pouvoir exécutif présent ;

Attendu qu'il est constant que le demandeur a dirigé son action et

ses

ses conclusions, reprises dans la requête introductive du 29 mars 1793, directement contre le défendeur ;

Attendu que celui-ci a répondu privativement et en son particulier, et qu'il a contesté formellement lesdites conclusions du demandeur, par son écrit servi le 12 juin 1793 ;

Attendu qu'il en résulte un contract entre les parties litigantes, que l'un d'eux ne peut altérer ni changer de maniere quelconque, contre le gré et sans le consentement exprès de l'autre ;

Attendu qu'étant substitué au demandeur une autre partie par l'acte de duplique servi le 15 juillet 1793, sous la nomination générique de la généralité des créanciers du demandeur ;

Attendu que le demandeur n'a pas voulu reconnoître cette nouvelle partie, et qu'il a soutenu expressément que le défendeur avant tout étoit tenu de délivrer à lui demandeur acte d'aveu de l'emprise de sa cause, et de consentir à l'obtion du jugement à intervenir ;

Attendu que le défendeur a demandé à l'audience congé de tribunal, vu que la cause étoit déja intercipiée par les créanciers du demandeur ;

Attendu que le défendeur n'a point produit jusqu'à ce jour au procès, acte d'aveu desdits créanciers, et que partant, le congé de tribunal, par lui proposé, ne peut lui être accordé ;

Attendu que le demandeur a requis par son écrit en résumption, afin qu'il lui soit permis de lever les déniers, nantis de sa part au greffe du ci-devant magistrat de la Keure de Gand, le 22 juin 1793, entre les mains de l'ex-secrétaire *vander Beke*;

Attendu que dans l'état actuel des choses, et suivant la nouvelle organisation de l'ordre judiciaire, le demandeur, citoyen et habitant de la commune de Gand, n'est tenu à aucun cautionnement des frais de la procédure envers sa partie ;

Attendu que le défendeur ne s'est point opposé à ladite levée des déniers nantis par le demandeur;

Attendu que par la non-comparution des intervenans, le demandeur a requis jugement par défaut contre eux;

Le tribunal accorde le défaut contre la partie intervenante et non-comparante, et disposera séparement sur le profit, et faisant droit sur l'incident entre le demandeur et le défendeur, ordonne à ce dernier de produire à la séance du 6 fructidor prochain, l'acte de son aveu pour l'emprise de la cause qui a été faite pour lui par les intervenans, et de consentir à l'obtion de l'exécution du jugement à intervenir, et condamne le défendeur en tous fraix et dépens engendrés à

II. Partie. N° 24.   A a

cet égard, à la taxe et modération du tribunal ; au surplus, accorde
au demandeur la levée de ses deniers nantis, ordonne au nom de la
loi, à tous ceux qu'il appartient de le souffrir sous leur responsabilité
personnelle.

Fait en séance du 22 thermidor, l'an 4me de la république française,
une et indivisible.

Etoient signés : G. F. Buyck, *présid. ;* A. J. van Tieghem ; P. Botte;
Tegelberg, *et* de Lantheere.

300me. S E N T E N C E.

Le Tribunal civil du Département de l'Escaut,

Vu l'exploit d'ajournement en date 27 messidor, l'an 4me, fait
à la demande du citoyen *Joseph Canon*, habitant de la commune de
Gand, y résumant la procédure intentée par-devant la ci-devant municipalité de la Keure de ladite commune, par requête du 29 mars
1793, d'une part, contre l'ex-procureur *van Baveghem*, aussi habitant
de la même commune, s'étant occupé pour ceux qu'il avoit nommés
la généralité des créanciers dudit *Joseph Canon*, ajourné d'autre part,
d'où résulte que la question mue entre les parties est de savoir, si
le demandeur a fait légalement ajourner ledit ex-procureur *van Baveghem* pour et au nom de ses clients ; que, pendant le litige, il n'avoit
pas fait connoître génériquement ni produit le pouvoir qu'il tenoit d'eux ;

Ouï le demandeur par son fondé de pouvoir, l'ajourné non-comparant,
ni personne en son nom, le commissaire du pouvoir exécutif présent ;

Attendu que depuis l'écrit de duplique servi par l'ex-procureur *van
Baveghem*, le 16 juillet 1795 (v. st.) jusqu'au dernier, qu'il a également
servi le 15 juillet 1795 (v. st.), il a constamment annoncé au demandeur,
comme sa partie litigeante la généralité des créanciers du demandeur ;

Attendu que dans les pièces fournies par l'ex-procureur *vander Straeten*, défendeur primitif dans ladite cause, il ne se trouve aucun mandat
ou procuration *ad lites*, qui seroit donné par ladite généralité des créanciers à l'ex-procureur *van Baveghem* ;

Attendu qu'il en résulte que le demandeur a dû ignorer les noms
de ceux qui étoient individuellement sa partie ; que par conséquent,
en résumant sa cause contre eux par-devant ce tribunal, il n'a pu et
dû ajourner que ledit ex-procureur *van Baveghem*, comme le gérant
de ceux qu'il avoit toujours compris dans les écrits servis par lui dans
toute la procédure ;

Attendu qu'ayant retenu vers lui le même exploit, il est censé en
avoir donné connoissance à ses principaux et maîtres ;

Attendu que s'il ne l'auroit fait et qu'il pouvoit croire n'y avoir pas été tenu, qu'il devoit en ce cas répondre pour lui-même contre ledit ajournement;

Attendu que pour ne pas l'avoir fait, il a encouru le défaut judiciaire que requiert le demandeur;

Le tribunal faisant droit, donne défaut contre l'ex-procureur *van Baveghem*, et pour le profit, lui ordonne de déposer au greffe de ce tribunal endéans la décade le mandat ou procuration *ad lites*, qu'il peut avoir reçu de ceux qu'il a nommés la généralité des créanciers du demandeur, permet à ce dernier d'en prendre inspection, et d'ajourner ensuite personnellement ceux d'entre eux qu'il trouvera convenir, et d'accumuler sa poursuite collectivement avec celle faite contre l'ex-procureur *vander Straeten*, condamne l'ajourné *van Baveghem* aux dépens de la contumace par lui encouru, à la taxe et modération du tribunal.

Fait en séance du 22 thermidor, l'an 4me de la république française, une et indivisible.

Etoient signés: G. F. BUYCK, *présid.*; DE LANTHEERE; P. BOTTÉ; TEGELBERG, *et* A. J. VAN TIEGHEM.

301me. SENTENCE.

LE TRIBUNAL CIVIL DU DÉPARTEMENT DE L'ESCAUT,

Vu l'exploit d'ajournement en date 19 prairial, 4me année de la république française, fait à la demande des citoyens *Pierre de Trooster*, à Gand, et *Norbert Elyn*, à Deurle, demandeurs d'une part, le citoyen *Charles Alasia*, en mariage avec *Elisabeth Bracke*, ci-devant veuve de *Livin de Trooster*, jointe à lui, aussi à Gand, défendeur d'autre part; vu aussi le procès-verbal et l'acte de renvoi fait par le juge de paix de la section de la fraternité canton de Gand, par-devant ce tribunal, d'où résulte que le différent mu entre les parties est de savoir, si les deux rentes, comprises dans les articles II. et IV. du chapitre IV. de l'état et inventaire de biens fait par ladite *Elisabeth Bracke*, en sa qualité de veuve et ténanciere à la mortuaire de *Livin de Trooster*, doivent être rayées comme étant portées pour contre-récompensé, après que le remboursement en a été fait par la commune de Wetteren, durant le mariage dudit feu *Livin de Trooster* avec *Elisabeth Bracke*, les demandeurs se fondant sur ce que lesdites deux rentes n'ayant jamais été réalisées, n'ont pu être censées pour tenantes côté et ligne, et partant auroient dû être portées audit inventaire pour meubles communs et partageables entre elle *Elisabeth Bracke*, et les héritiers de feu sondit mari, le défendeur soutenant que lesdites rentes ayant été levées par l'autorisation du chef-college du pays de Termonde, étoient réputés immeubles, et qu'il en devoit être fait récompense au tems du premier décès;

Ouï les parties en personne, le commissaire du pouvoir exécutif présent;

Attendu que de l'aveu des demandeurs les deux rentes dont s'agit, proviennent du côté de la défenderesse;

Attendu que, d'après la disposition de la coutume de Gand, telles rentes rachetables hypothéquées, aussi celles achetées sur *des terres, villes, &c., sous leur sceau et avec octroi convenable, sont tenues pour réalisées et immeubles, tenant le côté dont elles sont venues;*

Attendu qu'il conste par l'acte de constitution desdites rentes que la levée en a été faite avec octroi *convenable;*

Le tribunal faisant droit, déclare les demandeurs non-recevables ni fondés dans leurs conclusions prises au procès, les condamne aux dépens du procès, a la taxe et modération du tribunal.

Fait en séance du 22 thermidor, l'an 4me de la république française, une et indivisible.

Etoient signés: G. F. BUŸCK, *présid.;* TEGELBERG; P. BOTTE; DE LANT-HEERE, *et* A. J. VAN TIEGHEM.

302.me.   S E N T E N C E.

LE TRIBUNAL CIVIL DU DÉPARTEMENT DE L'ESCAUT,

Vu l'exploit d'ajournement en date 11 thermidor, l'an 4me de la république française, fait à la demande du citoyen *Joseph Bals*, négociant, à Anvers, demandeur par requête, présentée à la ci-devant municipalité d'Alost le 6 octobre 1795 (v. st.), et résumant devant ce tribunal, d'une part, contre la citoyenne veuve de *Michel Coucke*, à Alost, défenderesse d'autre part; vu aussi les pieces du procès fournies par-devant ladite municipalité, et le résumé de la cause servi par-devant ce tribunal, d'où résulte que le différent mu entre les parties est de savoir, 1°. si la défenderesse a satisfait à l'ordonnance portée dans la sentence rendue par ladite municipalité d'Alost, le 24 décembre 1795 (v. st.), au moyen du nantissement fait par elle le 29 nivose, 4me année, de la somme de deux mille huit cent quatre-vingt-sept livres tournois, en assignats au pair; 2°. si le demandeur est fondé d'exiger à charge de la défenderesse la somme de mille cinq cent soixante - douze florins, argent courant de Brabant, pour l'import de cinq promesses, signées par elle, échues et protestées, la défenderesse soutenant au procès de n'avoir signé lesdites promesses qu'à condition que le demandeur auroit rempli les engagemens con-tractés avec elle;

Ouï le demandeur par son fondé de pouvoir, le citoyen *van Toers*, la défenderesse n'étant point comparu, ni personne en son nom, le commissaire du pouvoir exécutif présent, le demandeur requérant jugement par défaut;

Attendu que le premier objet de contestation est évacué par le ju-gement rendu par ce tribunal le 26 messidor dernier;

Attendu qu'au second objet, les cinq promesses susdites ont été si-gnées et reconnues par la défenderesse;

Attendu qu'il est de principe dans le commerce que celui qui si-gne paye;

Le tribunal faisant droit, donne défaut contre la défenderesse, et pour le profit, la condamne à payer au demandeur la somme de mille cinq cent soixante - douze florins, argent courant de Brabant, pour l'import des cinq promesses susdites, aux fraix du protêt d'icelles, à l'intérêt judiciaire, depuis l'institution de la cause jusqu'au payement parfait, et aux dépens du procès, à la taxe et modération du tribu-nal; à défaut de tout quoi, décrêtant la saisie pratiquée par le de-mandeur sur les effets et biens de la défenderesse, comme bien et légalement faite, lui adjuge les biens et effets saisis, pour y recou-vre ses prétentions, soit en total ou en partie, avec dépens, la dé-fenderesse entiere de se pourvoir en opposition, endéans le terme et conformément à la loi.

Fait en séance du 23 thermidor, l'an 4me de la république fran-çaise, une et indivisible.

Etoient signés : G. F. BUYCK, *présid.*; F. DANNEELS; J. B. J. ROE-LANDTS; TEGELBERG, *et* A. J. VAN TIEGHEM.

303me. SENTENCE.

LE TRIBUNAL CIVIL DU DÉPARTEMENT DE L'ESCAUT,

Vu l'exploit d'ajournement en date 1 thermidor, l'an 4me de la république française, fait à la demande du citoyen *Ferdinandez de Pa-rama*, habitant de la commune de Diest, département de la Dyle, appellant de la sentence rendue par le tribunal civil du même dé-partement le 25 prairial, l'an 4me, d'une part, contre le citoyen

Constantin Joseph van den Nieuwenhuyse, habitant de la commune de Malines, intimé d'autre part ; vu aussi les pièces de premiere instance et la sentence du 25 prairial susdit, qui ordonne à l'appellant de déguerpir avec ses effets dans trois jours le parc de Diest, bâtimens et dépendances, et à défaut de ce, autorise l'intimé à l'en faire sortir par voie d'exécution ; vu encore la requête d'appel et pièces jointes, du 22 messidor, l'an 4me, de même que les mémoires respectives des parties et les pièces y rappellées ;

Ouï les parties, le commissaire du pouvoir exécutif entendu ;

Considérant que la vente du parc de Diest, bâtimens et dépendances a été faite par le citoyen *J. A. Dimartinelli*, comme curateur, établi à la personne et aux biens du prince d'Orange, par acte du 18 novembre 1794 (v. st.), pour défaut d'avoir satisfait par ledit prince d'Orange la somme de cinquante mille livres de france, pour sa quote provisionnelle comme seigneur de Diest, dans la contribution générale de cent cinquante mille livres, exigée par le peuple français sur la ville de Diest ;

Considérant qu'à l'époque dudit établissement de la curatelle, à celle de la vente y ensuivie le 21 février 1795, la république française avoit déja longtems conquis, *jure belli*, les biens du prince d'Orange et la ville de Diest ;

Attendu que la république française a cédé tous les biens immeubles de la maison d'Orange à la république Batave par l'art. XIX, du traité de paix du 27 floréal, l'an 3me ;

Que cette derniere république est ainsi subrogée aux droits de la république française, que la question diplomatique qui en résulte, n'est pas du ressort d'un tribunal de justice, mais doit être traitée de souverain à souverain ;

Que pour cette raison, l'appellant a fait entrer en cause le commissaire du pouvoir exécutif près l'administration centrale du département de la Dyle et la république Batave ;

Attendu qu'en conséquence, ledit commissaire du pouvoir exécutif a déclaré judiciairement au nom de la même administration, et ensuite de sa délibération qu'elle ne voit pas que la république française soit intéressée dans la difficulté survenue entre les parties, ajoutant que c'étoit sans préjudice aux réclamations que le gouvernement français jugeroit à propos de faire ;

Et au nom de la république Batave a été également dit, que le bien en question ayant appartenu au prince d'Orange, contre qui la république française et en guerre, ensuite du décrêt du 1 février

1793, a été confisqué par la conquête au profit de la république française ;

Que la république française ayant cédé tous les biens immeubles de la maison d'Orange à la république Batave, ce bien ne pouvoit pas être vendu pour payer la contribution militaire, que cette république exigeoit des pays conquis ;

Attendu que l'appellant est légalement établi par acte du 12 juillet 1777, le châtelain et conservateur de la maison et parc de Diest ;

Attendu qu'il est entré depuis cette époque dans la jouissance et possession active et réelle ;

Attendu que par l'art. III. dudit acte, il est dit, que l'appellant conservera le libre usage de ladite maison, et la jouissance de tous les fruits annuels du parc, sans aucune révocation ;

Attendu que le même art. charge l'appellant d'employer pour les restaurations et réparations de ladite maison, endéans la premiere, seconde ou troisième année, la somme de trois mille florins de change ;

Considérant que, conformément à l'art. V des mêmes conditions, l'appellant est aussi tenu d'entretenir toujours bien et duement ladite maison et dépendances ;

Item de supporter les frais des poursuites, et exécutions des procédures criminelles ;

Attendu que par l'art. X, a été stipulé : « il ne pourra de son côté « renoncer à cela, ou à la présente admodiation ; mais il sera obligé « d'entretenir tout ce qui précéde sa vie durante « ;

Considérant que d'après telles conditions onéreuses, le prince d'Orange n'eut pas été en droit pour contraindre l'appellant à un déguerpuissement de ladite maison, parc et dépendances, endéans les trois jours ;

Et qu'il en résulte que l'intimé, du chef de l'acte de vente du 18 novembre 1794, n'est pas fondé de l'y contraindre comme il l'a tenté ;

Attendu que l'intimé a convenu que le parc de Diest est grand d'environ seize bonniers, que l'appellant y a une petite ceuse, chevaux, bestiaux, attirails de labour, cinq cent arbres à fruits, une pépiniere de trois mille arbres de quatre ans, et une autre pépiniere plus jeune, aussi de trois mille arbres, sans compter la récolte considérable, et qu'il a construit des bâtimens qu'il a droit d'emporter ou d'exiger la valeur ;

Considérant que le curateur *J. A. Dimartinelli*, par lesdites conditions de vente du 18 novembre 1794, a expressément stipulé "que les achet- « teurs doivent maintenir le terme des baux et qu'ils profiteront la « somme du bail proportionnellement de la date à commencer de « leur payement ;

Considérant qu'indépendamment de toute autre circonstance, cet

article des conditions ne pouvoit pas non plus autoriser le déguerpissement endéans les trois jours;

Attendu que les fondés de pouvoir des représentans du peuple Batave
ont fait déclarer au verbal du 27 prairial, l'an 4me, tenu au tribunal
civil du département de la Dyle : " qu'en attendant le résultat diplo-
« matique sur les biens immeubles de la maison d'Orange, cédés à la
« république Batave entre elle et la république française, ne sauroient
« se déterminer à possessioner dans le parc de Diest le citoyen *van
« den Nieuwenhuyse*; "

« Quelques raisons politiques qu'ils pourroient avoir pour en éloigner
« le citoyen *Parama*, qui l'occupe en ce moment, y habite avec
« toute sa famille, le cultive, et a sa moisson sur pied, qui demande
« encore jusqu'à la récolte entiere, ses soins et vigilance personnelle
« les sentimens de fraternité leur inspirent et les engagent de tolérer
« sa demeure temporaire, et jusqu'à la fin de la récolte entiere ou
« pour le restant de cette présente année;

Le tribunal faisant droit, déclare bien avoir été appellé par l'appellant, mal jugé par le tribunal civil du département de la Dyle, et
faisant ce qu'il auroit dû avoir fait, déclare l'intimé en ses conclusions
de déguerpissement prématuré et non fondé jusqu'à présent, le condamne aux frais et dépens des deux instances, à la taxe et modération
du tribunal.

Fait en séance du 24 thermidor, l'an 4me de la république française,
une et indivisible.

Etoient signés : G. F. BUYCK, *présid.*; P. BOTTE; J. B. J. ROELANDTS;
F. DANNEELS; A. J. VAN TIEGHEM, *et* TEGELBERG.

304me. SENTENCE.

LE TRIBUNAL CIVIL DU DÉPARTEMENT DE L'ESCAUT,

Vu l'exploit d'ajournement en date 28 messidor, l'an 4me de la
république française, fait à la demande du citoyen *Pierre de Rycke*,
habitant du poldre de Biesen, canton de l'Ecluse, ajournant et défendeur au principal, d'une part, contre le citoyen *Pierre Jacques Buyk*,
demeurant à Heyle, ajourné et demandeur par demande servi devant
la municipalité du Franc de l'Ecluse, en date 20 novembre 1795
(v. st.), d'autre part, d'où résulte que le différent mu entre les
parties est de savoir, si le demandeur ajourné a droit de demander
de l'ajournant défendeur le payement ou nantissement de la somme
de trente-six livres de gros, pour trois années d'intérêts d'une rente
capitale

capitale de trois cent livres de gros, constituée par acte du 10 octobre 1776, passé par-devant le magistrat du Franc de l'Ecluse, l'ajournant défendeur soutenant d'avoir remboursé le capital de la rente et intérêts susdits, par une vente par lui faite au profit du demandeur ajourné, de quatre mesures trente-six et demi verges de terres;

Ouï les parties, le commissaire du pouvoir exécutif entendu;

Attendu qu'un débiteur doit se libérer envers son créancier conformément aux lois et usages établis, et selon les obligations contractées de part et d'autre;

Attendu qu'il ne conste point au procès qu'il ait été satisfait aux stipulations comprises dans les lettres des constitutions susmentionnées;

Attendu que le contract de la vente et achat, dont il est question, et repris au procès, est susceptible de plusieurs erreurs;

Attendu que tous contracts sont déclarés nuls, qui ont été contractées en contravention de l'ordonnance et placcart en date 24 décembre 1695 sur le droit ou impôt de quarantieme dénier, établi pour toute la généralité des Provinces unies, lequel sortoit encore son plein effet dans la Flandre reservée, ci-devant hollandoise;

Attendu que par conséquent ce contract ne peut opérer en aucune maniere pour servir de remboursement du capital susdit;

Le tribunal faisant droit, condamne le défendeur ajournant de payer à l'ajourné demandeur la somme de trente-six livres de gros, argent courant, pour trois années d'intérêts du capital repris au procès, la derniere échue le 10 octobre 1795, et à l'intérêt judiciaire, depuis l'institution de la cause jusqu'au payement parfait, aux dépens du procès, à la taxe et modération du tribunal, déclare le défendeur ajournant en ses soutenues et conclusions contraires, non-recevable ni fondé.

Fait en séance du 24 thermidor, l'an 4me de la république française, une et indivisible.

Etoient signés : G. F. BUYCK, *présid.* ; F. DANNEELS ; TEGELBERG ; A. J. VAN TIEGHEM, *et* P. BOTTE.

305me. SENTENCE.

LE TRIBUNAL CIVIL DU DÉPARTEMENT DE L'ESCAUT,

Vu l'exploit d'ajournement en date 4 thermidor, l'an 4me de la république française, fait à la demande de *J. B. van Aelbroek*, fondé de pouvoir du citoyen *Galliot*, négociant, à Ninove, ajournant en matiere d'opposition, contre le jugement rendu par défaut le 28 mes-

sidor dernier, d'une part, contre le citoyen *van Toers*, fondé de pouvoir de *J. B. Molyn* et freres, négocians à Anvers, ajournés d'autre.
d'où résulte que la question qui divise les parties et de savoir, s'il
l'opposant est fondé de réclamer contre le jugement du tribunal susdit, alléguant l'arrêté des représentans du peuple, du 12 thermidor,
an 3me, l'ajourné soutenant le contraire, et que ledit arrêté ne peut
avoir lieu dans le cas présent, où il s'agit des objets de commerce
qui ne sont plus acquittables en assignats aujourd'hui sans cours;

Ouï les parties, le commissaire du pouvoir exécutif entendu;

Attendu que l'arrêté du 12 thermidor ne peut opérer dans le cas
présent, où il s'agit de l'acquittement d'une lettre de change et autres
objets de commerce;

Attendu que l'opposant a reconnu la réalité de la créance de l'ajourné;

Attendu que l'article I. de la loi du 15 germinal, l'an 4me, porte:
« que les lois des 15 messidor et 12 frimaire dernier, qui suspendent
« provisoirement les remboursemens, sont abrogées; «

Le tribunal faisant droit, déboute l'opposant de son opposition, et
déclare que le jugement du tribunal du 23 messidor dernier, sortira
son effet, après l'écoulement de trois décades, moyennant de cautionner par l'opposant la créance de l'ajourné, à l'appaisement de ce
dernier, condamne l'opposant aux dépens du procès, à la taxe et
modération du tribunal.

Fait en séance du 24 thermidor, l'an 4me de la république française, une et indivisible.

Etoient signés : G. F. BUYCK, *présid.;* F. DANNEELS; A. J. VAN
TIEGHEM; P. BOTTE, *et* TEGELBERG.

306me. S E N T E N C E.

LE TRIBUNAL CIVIL DU DÉPARTEMENT DE L'ESCAUT,

Vu l'exploit d'ajournement en date 22 floréal, l'an 4me de la république française, fait à la demande du citoyen *Mathieu de Munck*, cultivateur, à Loochristi, demandeur d'une part, contre le citoyen *Pierre
Standaert*, négociant en cette commune de Gand, défendeur d'autre
part; vu aussi le procès verbal du juge de paix de la section de la
liberté, canton de Gand, d'où résulte que la difficulté mue entre les
parties est de savoir, si le demandeur est fondé d'exiger du défendeur une somme de vingt-sept livres, seize escalins et trois gros, argent courant, pour livraison de paille, avoine, beurre, viande et autres commestibles, faite par son ordre aux troupes françaises qui

alors occupoient le château de feu l'évêque de Gand à Loochristi, le défendeur soutenant le contraire, et niant jamais avoir donné tel ordre au demandeur; vu encore le jugement préparatoire du 26 prairial dernier;

Ouï les parties, le commissaire du pouvoir exécutif présent;

Attendu que par le prédit jugement du 26 prairial dernier, le demandeur a été admis à prouver « que c'est par ordre du défendeur, « en sa qualité d'intendant et receveur de feu l'évêque de Gand, « qu'au mois de novembre 1792 il auroit fait la livrance de foin, « paille, avoine et autres commestibles repris au procès; «

Attendu que nul des témoins, qu'il a produits en conséquence de ce jugement, n'a déposé que le défendeur lui auroit donné cet ordre, directement ou indirectement; que partant le demandeur n'a point prouvé ce fait au desir des lois;

Le tribunal faisant droit, déclare le demandeur non-recevable et non-fondé en ses conclusions prises à charge du défendeur, le condamne aux dépens du procès, à la taxe et modération du tribunal.

Fait en séance du 25 thermidor, l'an 4me de la république française; une et indivisible.

Etoient signés : B. J. HEYSE, *présid.* ; F. DANNEELS; TEGELBERG; A. J. VAN TIEGHEM, *et* DE LANTHEERE.

307me. SENTENCE.

LE TRIBUNAL CIVIL DU DÉPARTEMENT DE L'ESCAUT,

Vu l'exploit d'ajournement du 9 prairial, l'an 4me de la république française, fait à la demande de la citoyenne *Isabeau de Melgard*, veuve de feu le citoyen *François d'Hont*, demeurant au canton de Bruges, département de la Lys, y résumant la cause intentée par-devant la ci-devant municipalité de la ville et arrondissement de Middelburg en Flandre, par requête répondue le 25 septembre 1795, d'une part, contre le citoyen *Joseph Geernaert*, médecin et habitant de la commune de Maldegem, défendeur d'autre part; vu aussi ladite requête et le titre constitutif de la rente du 11 février 1790;

Ouï la demanderesse, le defendeur non-comparant, ni personne en son nom, le commissaire du pouvoir exécutif présent;

Attendu qu'il résulte dudit titre constitutif, que pour le capital de quatre cent livres de gros, argent de change, le défendeur a reconnu et s'est obligé à payer au défunt mari de la demanderesse l'intérêt à raison de seize livres de gros, argent de change, par an;

Attendu que le défendeur est redevable dudit chef a la demanderesse la somme de soixante-quatre livres de gros de change, pour les
canons de ladite rente et convention intervenue des années échues le
9 octobre 1792, 1793, 1794 et 1795;

Attendu que le défendeur a subi par le prédit titre une condamnation personnelle et réelle pour le capital et canons de ladite rente,
et que le décrétement légal en est ensuivi;

Attendu que pour la non-comparution du défendeur, la demanderesse a requis jugement par défaut;

Le tribunal faisant droit, donne défaut contre le défendeur, et
pour le profit, le condamne à payer à la demanderesse la susdite
somme de soixante-un livres, quatorze escalins, deux gros de change,
et aux dépens du procès, à la taxe et modération du tribunal, décrète
au surplus la condamnation volontaire du défendeur, et autorise la
demanderesse à faire la vente des biens hypothéquées en sa faveur par
le défendeur, tout comme il est exprimé par le susdit titre constitutif de la rente, plus amplement reprise ci-dessus, le défendeur
entier de se pourvoir en opposition endéans le terme et conformément à la loi.

Fait en séance du 25 thermidor, l'an 4me de la république française,
une et indivisible.

Etoient signés : G. F. BUYCK, *présid.*; F. DANNEELS; TEGÉLBERG; A. J.
VAN TIEGHEM, *et* DE LANTHEERE.

308me. SENTENCE.

LE TRIBUNAL CIVIL DU DÉPARTEMENT DE L'ESCAUT,

Vu l'exploit d'ajournement, fait le 15 thermidor, l'an 4me de la
république française, à la demande de la citoyenne *Marie Bruyneel*,
habitante de la commune de Gand, demanderesse en matiere de nullité de l'exploit de saisie pratiqué par l'huissier du juge de paix du
canton de Wetteren le 7 thermidor, l'an 4me, d'une part, contre
le citoyen *J. B. Leerens*, ex-procureur et habitant de ladite commune
de Wetteren, défendeur d'autre part;

Ouï la demanderesse, le défendeur n'étant point comparu, ni personne en son nom, le commissaire du pouvoir exécutif présent;

Attendu que le défendeur a fait pratiquer sadite saisie pour recouvrement de ses prétendus salaires, dont il n'avoit pas produit au préalable l'état spécificatif à la demanderesse, ni demandé le payement;

Attendu que l'exploit a été fait incompétemment par l'huissier du
défendeur, établi par lui, comme juge de paix audit canton de Wetteren;

Attendu que le défendeur est en défaut de comparoître, et que pour le profit, la demanderesse a requis jugement par contumace contre lui;

Le tribunal faisant droit, donne défaut contre le défendeur, et pour le profit, déclare ladite saisie nulle et sans valeur, et le condamne en tous dommages et intérêts, soufferts et à souffrir de ce chef par la demanderesse, et aux dépens du procès, à la taxe et modération du tribunal; le défendeur entier de se pourvoir en opposition, en-déans le terme et conformément à la loi.

Fait en séance du 25 thermidor, l'an 4me de la république française, une et indivisible.

Etoient signés : G. F. BUYCK, *présid.*; F. DANNEELS; TEGELBERG; A. J. VAN TIEGHEM, *et* DE LANTHEERE.

309me. SENTENCE.

LE TRIBUNAL CIVIL DU DÉPARTEMENT DE L'ESCAUT,

Vu l'exploit d'ajournement en date 3 thermidor, l'an 4me de la république française, fait à la demande du citoyen *Pierre Beys*, négo-ciant à Gand, demandeur d'une part, contre le citoyen *Jacques Fuger*, aussi à Gand, défendeur d'autre, d'où résulte que la difficulté mue entre les parties est de savoir, si le demandeur est fondé d'exiger à charge du défendeur la somme de sept cent trente-deux florins, quinze sols et cinq déniers, pour restant d'une lettre de change, portant huit cent soixante-trois florins, huit sols et neuf déniers, avec l'inté-rêt judiciaire;

Ouï les parties, le commissaire du pouvoir exécutif présent;

Attendu que le défendeur a convenu de la loyauté et réalité de la lettre de change susdite, et que parties sont d'accord sur le descompte d'icelle;

Le tribunal faisant droit, condamne le défendeur à payer au de-mandeur la somme de sept cent trente-deux florins, quinze sols et cinq déniers, pour restant de la même lettre de change, et à l'intérêt judiciaire, depuis l'institution de la cause jusqu'au payement réel et effectif, et aux dépens du procès, à la taxe et modération du tribunal.

Fait en séance du 25 thermidor, l'an 4me de la république française, une et indivisible.

Etoient signés : B. J. HEYSE, *présid.*; J. B. J. ROELANDTS; TEGEL-BERG; A. J. VAN TIEGHEM, *et* DE LANTHEERE.

310me. SENTENCE.

LE TRIBUNAL CIVIL DU DÉPARTEMENT DE L'ESCAUT,

Vu l'exploit d'ajournement en date 7 thermidor, l'an 4me de la république française, fait à la demande du citoyen *Emanuel Ruttin*, à Gand, demandeur d'une part, contre le citoyen *Livin d'Haese*, aussi à Gand, défendeur d'autre; vu aussi le procès-verbal du juge de paix de la section de l'égalité, canton de Gand, en date 7 messidor dernier, d'où résulte que la difficulté mue entre les parties est de savoir, si le demandeur est fondé d'exiger à charge du défendeur que celui-ci soit condamné de faire inventaire ou état de biens en la mortuaire de feue son épouse, belle-mere du demandeur, le défendeur alléguant qu'il n'est point en état de le faire en due forme;

Ouï les parties, le commissaire du pouvoir exécutif présent;

Attendu que, conformément aux dispositions coutumieres de ce pays, le survivant des conjoints est chargé de rassembler l'inventaire et de mettre par état les biens et les dettes de la mortuaire;

Le tribunal faisant droit, ordonne au défendeur de former l'état de biens dont il s'agit, endéans deux décades, le condamne aux dépens du procès, à la taxe et modération du tribunal.

Fait en séance du 25 thermidor, l'an 4me de la république française, une et indivisible.

Etoient signés: B. J. HEYSE, *présid.*; J. B. J. ROELANDTS; TEGELBERG; A. J. VAN TIEGHEM, *et* DE LANTHEERE.

Mandons à tout huissier, etc.

311me. SENTENCE.

LE TRIBUNAL CIVIL DU DÉPARTEMENT DE L'ESCAUT,

Vu l'exploit d'ajournement du 25 messidor l'an 4me de la république française, fait à la réquisition du citoyen *Jean Simphorien Toebast*, en la commune d'Eecloo, demandeur par requête présentée au ci-devant conseil en Flandre le 3 octobre 1795 (v. st.), et résumant ses conclusions par-devant ce tribunal, d'une part, le citoyen *J. B. van Vynck*, en la commune de St. Laurent, et la citoyenne *Jeannne Catherine de Neve*, veuve de *Pierre van Vynck*, en la commune de Knesselaere, ajournés d'autre part, d'où résulte que le différent mu entre parties est de savoir, si le demandeur est fondé à prétendre à charge des ajournés la somme de huit cent septante-six florins, huit sols et deux déniers, argent courant, montant d'un billet de promesse, cautionné par la deuxieme défenderesse, comme débitrice principale, en vertu de l'acte de cautionnement, couché au pied dudit billet, et qu'au défaut de payement, les saisies pratiquées en récouvrement desdites prétentions sur les biens des ajournés, fussent décrétées; le premier défendeur étant décédé, la deuxieme défenderesse opposant que le billet de change cautionné par elle, a été continué et porté au-delà du terme fixé en premier lieu pour le cautionnement susdit, et que par après le demandeur avoua d'avoir exigé et perçu les intérêts;

Ouï les parties en personne, le commissaire du pouvoir exécutif en ses conclusions;

Attendu que le billet dont s'agit porte la date du payement à faire, et que partant le cautionnement d'icelui ne peut être considéré obligatoire que jusqu'à l'écoulement du terme fixé pour le payement;

Attendu qu'à l'écoulement du terme susdit, le billet de change, loin d'avoir été protesté, a été continué à charge du premier défendeur pour le terme de douze mois, sans la participation de la défenderesse et moyennant un intérêt de cinquante-deux florins, onze sols, douze déniers, perçus par le demandeur;

Attendu que de cette continuation il résulte que le demandeur a suivi la bonne foi du premier débiteur principal, et par ainsi virtuellement libéré la caution;

Le tribunal faisant droit, déclare le demandeur non-recevable et non-fondé dans ses conclusions prises à charge de la défenderesse, leve au nom de la loi la saisie mise sur ses biens par le demandeur, le condamne aux dépens du procès, à la taxe et modération du tribunal, sauf à lui, vu le décès du défendeur, de se pourvoir contre ses héritiers, s'il s'y croit fondé.

Fait en séance du 25 thermidor, l'an 4me de la république française, une et indivisible.

Etoient signés : B. J. HEYSE, *présid.*; TEGELBERG; DE LANTHEERE; A. J. VAN TIEGHEM, *et* J. B. J. ROELANDTS.

Mandons à tout huissier, etc.

312me. SENTENCE.

LE TRIBUNAL CIVIL DU DÉPARTEMENT DE L'ESCAUT;

Vu l'exploit d'ajournement en date 24 thermidor, l'an 4me, fait à la demande des citoyennes *Elisabeth Benoit,* veuve d'*André Cornelis,* et *Marie Josephe Cornelis,* sa fille, à Gand, demanderesses d'une part, contre le citoyen *Joseph Jacques Douchez,* époux de la derniere, aussi

à Gand, défendeur d'autre, d'où résulte que la difficulté mue entre
les parties est de savoir, si les demanderesses sont fondées à faire
surseoir l'exécution du jugement de ce tribunal du 8 prairial dernier,
à cause que, conformément à la loi du 20 septembre 1792 (v. st.),
promulguée dans les départemens réunis depuis le prédit jugement,
un nouveau mode sur le divorce est intervenu; le défendeur soutenant le contraire, et que le susdit jugement et l'exécution d'icelui n'auroit aucun trait sur l'objet de divorce ;

Ouï les parties, le commissaire du pouvoir exécutif entendu;

Attendu que par le jugement de ce tribunal, rendu le 8 prairial
dernier, la fonction du tribunal a cessé ;

Attendu que par la promûlgation de la loi du 20 septembre susdit,
postérieure audit jugement du 8 prairial, les jugemens de séparation
non-exécutés, ou attaqués par appel ou par la voie de la cassation,
demeurent comme non-avenus;

Attendu que par la loi du 22me jour du premier mois de l'an 2me de la
république française, l'instance en divorce suspend la communauté
conjugale, et que tous les effets de ladite communanté peuvent être provisoirement assurés à l'un et l'autre des époux par apposition des scellés ;

Attendu que l'instance en divorce est entamée conformément à la
nouvelle loi;

Le tribunal faisant droit, renvoie les parties à se pourvoir par-devant le juge devenu compétant en nullité de l'exécution dont il s'agit,
et autrement comme elles trouveront convenir, sans dépens.

Fait en séance du 26 thermidor, l'an 4me de la république française,
une et indivisible.

Etoient signés : G. F. BUYCK, *présid.*; A. J. VAN TIEGHEM; J. B. J.
ROELANDTS; DE LANTHEERE, *et* P. BOTTE.

313me. SENTENCE.

LE TRIBUNAL CIVIL DU DÉPARTEMENT DE L'ESCAUT,

Vu l'exploit d'ajournement en date 18 thermidor, l'an 4me de la république française, fait à la demande du citoyen *Jean Eugene Malengie,*
à St. Nicolas, demandeur d'une part, contre le citoyen *Eugene Félix
Malengie*, médecin à Wondelgem, défendeur d'autre ; vu aussi le procès-verbal du juge de paix du canton de Loochristi, en date 15 thermidor, l'an 4me, d'où résulte que la difficulté mue entre les parties
et de savoir, si le demandeur est fondé d'exiger augmentation d'alimentation à charge du défendeur, ce dernier soutenant le contraire,

et

et se fondant sur ce que la sentence rendue par le ci-devant conseil de Flandre est passée en force de chose jugée ;

Ouï les parties, le commissaire du pouvoir exécutif présent ;

Attendu que la sentence du 4 juillet, qui a adjugé au demandeur provisoirement une somme de cent florins par an, à titre d'alimentation, a été prononcée d'après l'état et fortune du défendeur ;

Attendu que ladite sentence étant surannée, a acquis force de chose jugée ;

Attendu que le demandeur étant jeune et robuste, doit faire tous les efforts possibles pour se soutenir dans la société civile ;

Le tribunal faisant droit, adhérant à ladite sentence du ci-devant conseil de Flandre, déclare le demandeur ultérieurement non-recevable ni fondé, et le condamne aux dépens du procès, à la taxe et modération du tribunal.

Fait en séance du 26 thermidor, l'an 4me de la république française, une et indivisible.

Etoient signés : G. F. BUYCK présid.; A. J. VAN TIEGHEM ; J. B. J. ROELANDTS ; DE LANTHEERE, et P. BOTTE.

314me. SENTENCE.

LE TRIBUNAL CIVIL DU DÉPARTEMENT DE L'ESCAUT,

Vu l'exploit d'ajournement, fait à la demande du citoyen *Jean Nicolas van Loo*, fils de *Pierre*, habitant de la commune de Gand, le 17 messidor, l'an 4me de la république française, d'une part, contre les citoyens *van Gansberghe*, demeurant respectivement dans ladite commune de Gand et au village de Melle, défendeurs et autres intéressés dans la cause, ajournés *ad valvas*, d'autre part, d'où résulte que la question mue entre les parties est de savoir, si le demandeur est fondé de soutenir et de conclure à ce que le remboursement en assignats, de la maniere et dans la forme qu'il a été fait, soit déclaré nul, et que l'hypothéque de la rente dont s'agit, lui soit adjugée, sans avoir égard à la prétendue vente ni à la prise de possession, comme étant usurpée et pareillement nulle, qu'il lui soit adjugé dommages et intérêts; les défendeurs s'y opposant, requérant le délai de garantie, afin de provoquer en cette matiere les citoyens *Maximilien François Sencie* et *Martin van Doorne*, respectivement ex-bailli et greffier du village de Lootenhulle, à quoi le demandeur a déclaré de consentir, sauf tous ses droits;

Vu de plus l'exploit d'ajournement en date 1 thermidor, 4me année,

fait à la demande desdits citoyens *Jean* et *Adrien van Gansberge*, demandeurs en garantie de la susdite action, d'une part, contre les
citoyens *Maximilien François Sencie* et *Martin van Doorne*, respectivement ex-bailli et greffier du village de Lootenhulle, défendeurs en
ladite matiere de garantie, d'autre part, d'où résulte encore, si les
demandeurs sont fondés d'exiger envers les défendeurs la garantie
de l'action primitive du demandeur, *Jean Nicolas van Loo*, appliquant
les conditions de la vente de l'hypothéque de la rente ci-dessus reprise,
et l'acquit du 24 février 1795, par eux signés, les défendeurs s'y
opposant, disant que les actes que les demandeurs de garant récla-
ment, ont été gerés par eux qualitativement, qu'ils ont renoncés
depuis à l'accomplissement ultérieur du mandat dont ils ont été pourvu,
et qu'ils offrent de renseigner leur dite gestion;

Ouï les parties dans lesdites deux causes accumulées et rapportées
ensemble d'après leurs aveux, le commissaire du pouvoir exécutif
présent;

Attendu à l'égard de la premiere cause, qu'il est constant que le
demandeur, du chef de son contract de rente du 9 mai 1791 (v. st.),
de la somme de deux cent septante-cinq livres de gros de change,
à la charge de feu le citoyen *Charles Louis Bernard de Martelaere*,
a acquis un droit réel et incommuable aux biens fonds qui ont été
hypothéquées en sa faveur pour sureté du capital de ladite rente et
canons d'icelle;

Attendu que ladite hypothéque n'a pu être distraite ni vendue de
maniere quelconque au préjudice du demandeur, tant et si longtems
que le remboursement de ladite rente n'ait été fait au demandeur,
tant pour le capital que les intérêts échus jusqu'au jour dudit remboursement;

Attendu que les défendeurs dans la premiere cause ont formellement reconnu le droit du demandeur sur ce point, si bien, qu'ils
ont convolu à l'action de garantie envers les défendeurs dans le
second point;

Le tribunal faisant droit dans la premiere cause entre les parties
primitives, déclare le demandeur fondé à exercer tous ses droits
hypothéquaires sur les biens fonds y assignés pour sa rente ci-dessus
reprise, indépendamment de l'action personnelle contre les consti-
tuans de ladite rente, qui restera affectée réellement en sa faveur,
condamne les défendeurs en ladite premiere cause aux dommages et
intérêts soufferts et à souffrir par le demandeur, et aux dépens du
procès, à la taxe et modération du tribunal; et touchant la seconde

cause, attendu que les actes y réclamées, et nommément les conditions de la vente du 14 mars 1795, prouvent que les appellés en garantie n'ont été que les mandataires et gerants de ladite vente au nom et pour la citoyenne *Jacqueline van Gansberghe*, héritiere nécessaire à la mortuaire de *Charles Bernard de Martelaere*, feu son mari, *Pierre la Gaisse*, et ses autres consors ;

Attendu que cela est encore confirmé par l'acquit du 24 février 1795, que les défendeurs ont donné aux demandeurs, portant expressément : « Les soussignés autorisés à la recette des prix d'achats des « biens vendus à la mortuaire de *Charles Bernard de Martelaere ;* « considérant que les défendeurs ont déclaré et notifié par acte du 29 octobre 1795, de renoncer à la procuration et autorisation susdite;

Attendu que le premier défendeur, le citoyen *Sencie*, a offert de rendre compte de sadite gestion;

Attendu enfin qu'il étoit libre aux défendeurs de renoncer à l'accomplissement du mandat qu'ils avoient reçu précédemment;

Le tribunal faisant pareillement droit sur les conclusions en garantie, prises dans la seconde cause, déclare que le premier défendeur doit passer parmi son offre fait, de rendre compte de sa gestion, dont il a été chargé jointement le second défendeur, les demandeurs en garantie ultérieurement non-recevables ni fondés en leurs fins et conclusions, et les condamne aux dépens du procès, à la taxe et modération du tribunal.

Fait en séance du 26 thermidor, l'an 4me de la république française, une et indivisible.

Etoient signés : G. F. Buyck, *présid.*; J. B. J. Roelandts; de Lant-heere; P. Botte, *et* A. J. van Tieghem.

315me. SENTENCE.

Le Tribunal civil du Département de l'Escaut,

En la cause de *Josse de Keyser*, cultivateur à Landegem, demandeur en matiere d'opposition, contre le jugement donné par défaut du 17 messidor, l'an 4me de la république française, d'une part, contre le citoyen *Ferdinand Augustin* et la citoyenne *Thérése de Brabandere*, habitans de la commune de Gand, obtenans de ladite sentence et ajournés sur opposition, d'autre part;

Ouï les ajournés par leur fondé de pouvoir, l'opposant n'étant point comparu, ni personne en son nom, le commissaire du pouvoir exécutif présent;

Attendu que, l'opposant n'étant point comparu à la séance de ce jour, est déchu de l'opposition qu'il avoit fait ajourner;

Attendu que par cette déchéance, le jugement rendu par défaut le 17 messidor dernier, doit sortir tout son effet;

Attendu que les ajournés ont requis jugement par défaut;

Le tribunal donne défaut contre l'opposant, et pour le profit, le déclare déchu de ladite opposition, et que la susdite sentence doit sortir son plein et entier effet, condamne l'opposant aux dépens du procès, à la taxe et modération du tribunal.

Fait en séance du 21 thermidor, l'an 4me de la république française, une et indivisible.

Etoient signés : G. F. Buyck, *présid.*; J. B. J. Roelandts; de Lant-heere; P. Botte, *et* A. J. van Tieghem.

316me. SENTENCE.

Le Tribunal civil du Département de l'Escaut,

Vu l'exploit d'ajournement en date 3 thermidor, l'an 4me de la république française, fait à la requête du citoyen *André Delrue*, fondé de pouvoir du citoyen *Alexis Bertrant*, marchand de chevaux, demeurant à Bruxelles, d'une part, contre les citoyens *J. F. Dael* et *Louis de Vylder*, négociars, demeurans en cette commune de Gand, défendeurs d'autre; vu aussi l'acte de renvoi du juge de paix du canton de Gand, section des champs, en date 1 thermidor, 4me année, d'où résulte la question de savoir, si le demandeur est fondé d'appeller les défendeurs en garantie au sujet d'une voiture qui se trouve réclamée par le citoyen *Veltem*, domicilié à Bruxelles, laquelle voiture les défendeurs ont donné en payement pour une partie de prix d'achat de trois chevaux, vendus par le principal du demandeur aux défendeurs, ceux-ci soutenant le contraire, se fondant sur ce qu'ayant acheté la voiture en question publiquement à la poste aux chevaux à Gand, du citoyen *le Brun*, inspecteur des postes, ils croient ne pas être obligés à la garantie;

Ouï les parties, le commissaire du pouvoir exécutif présent;

Attendu qu'il conste au procès, par quittance signée *Briant*, que la voiture dont il s'agit a été vendue pour la somme de deux mille et quarante livres en assignats, le 13 messidor, l'an 3me, par estimation qui en a été faite en vertu d'un arrêté du réprésentant *Lefevre*, en date du 29 floréal, même année;

Attendu que ces deux mille et quarante livres ont été versées dans la caisse des domaines nationnaux par *le Brun*, agent des postes, premier acquéreur ;

Attendu qu'il n'appartient pas au tribunal de prononcer s'il y a dol, fraude ou surprise dans l'estimation et premiere vente de ladite voiture ;

Attendu que le principal *d'André Delrue*, dernier acquéreur, repête la somme de quarante-huit louis d'or en numéraire, qu'il dit avoir payé aux défendeurs en cette cause, pour achat de ladite voiture ;

Le tribunal faisant droit, renvoi les parties à se pouvoir par-devant le directoire exécutif, pour y obtenir justice, sans dépens.

Fait en séance du 27 thermidor, l'an 4me de la république française, une et indivisible.

Etoient signés : G. F. BUYCK, *présid.*; J. B. J. ROELANDTS; DE LANT-MEERE P. BOTTE, *et* A. J. VAN TIEGHEM.

317me. SENTENCE.

LE TRIBUNAL CIVIL DU DÉPARTEMENT DE L'ESCAUT,

Vu l'exploit d'ajournement en date 1 thermidor, l'an 4me de la république française, fait à la demande du citoyen *Charles Parmentier*, à Gand, demandeur d'une part, contre le citoyen *Louis Vernack*, aussi à Gand, défendeur d'autre ; vu aussi le procès-verbal du juge de paix de la section de l'égalité, canton de Gand, en date 27 floréal dernier, d'où résulte que la difficulté mue entre les parties est de savoir, si le demandeur est fondé d'exiger à charge du défendeur la somme de vingthuit livres de gros, pour une année de loyer de la maison par lui habitée, échue le 27 avril 1796, le défendeur niant que le demandeur seroit propriétaire de ladite maison, et qu'il a des prétentions renversaires à charge du demandeur, pour réparations et autres impenses faites à ladite maison ;

Ouï les parties, le commissaire du pouvoir exécutif présent ;

Attendu qu'il est constant que le défendeur a fait et contracté bail de l'occupation de la maison dont il s'agit ;

Attendu que le locataire ne peut se prévaloir de l'exception de non-propriété envers le demandeur ;

Attendu que le défendeur a convenu qu'il a joui réellement de l'occupation de ladite maison ;

Attendu que le contract de bail n'a permis au défendeur que de faire pour une seule fois les impenses à ladite maison, qu'à concurrence de la somme de quatorze livres de gros ;

Attendu que le demandeur a consenti à ce que la somme de qua-

torze livres de gros soit défalquée de la somme de vingt-huit livres
de gros;

Le tribunal faisant droit, sans appel, condamne le défendeur de
payer au demandeur la somme de vingt-huit livres de gros, après
déduction de celle de quatorze livres de gros, admet ledit défendeur
à preuve qu'il a ultérieurement fait d'autres réparations absolument
nécessaires à la maison du demandeur, celui-ci entier en sa preuve
contraire, condamne le défendeur à la moitié des dépens, à la taxe
et modération du tribunal, réserve l'autre moitié jusqu'au jugement
ultérieur.

Fait en séance du 27 thermidor, l'an 4me de la république française,
une et indivisible.

Etoient signés : B. J. HEYSE, *présid.*; G. F. BUYCK; DE LANTHEERE;
P. BOTTE, *et* A. J. VAN TIEGHEM.

318me. SENTENCE.

LE TRIBUNAL CIVIL DU DÉPARTEMENT DE L'ESCAUT,

Vu l'exploit d'ajournement du 11 thermidor, l'an 4me de la république française, fait à la réquisition du citoyen *Philippe Vanden Bossche*, en la commune de Gand, en qualité de receveur du chapitre
de St. Bavon, demandeur d'une part, contre le citoyen *André Bon-
tinck*, en la commune d'Exaerde, ajourné d'autre part; vu aussi le
procès-verbal du juge de paix du canton de Belcele, d'où résulte
que la difficulté mue entre les parties est de savoir, si le demandeur
est fondé d'exiger à charge du défendeur la somme de cent quatre
livres, six escalins, cinq gros et trois déniers, en vertu de la convention faite entre parties devant ledit juge de paix;

Ouï les parties, le demandeur par son fondé de pouvoir le citoyen
de Clercq, le défendeur n'étant point comparu, ni personne en son
nom, le commissaire du pouvoir exécutif présent;

Attendu qu'il conste par l'exposé du juge de paix susdit, que les
parties sont convenues à ce que le défendeur payeroit au demandeur
endéans les 14 jours la moitié de la somme de deux cent huit livres,
douze escalins, dix gros, six déniers, et l'autre moitié endéans les 14
jours suivans;

Attendu que le juge de paix, en portant la condamnation de la
somme susdite, ayant excédé ses pouvoirs, et que n'ayant point donné
acte de la transaction faite entre parties, cette méprise ne peut point
détruire la convention mutuelle des parties;

Attendu que le demandeur a demandé jugement par défaut;

Le tribunal faisant droit, donne défaut contre le défendeur, et pour le profit, décréte la transaction dont s'agit, condamne le défendeur à payer au demandeur la somme de cent quatre livres, six escalins, cinq gros et trois déniers, argent courant, et aux dépens de la comparution, à la taxe et modération du tribunal, le défendeur entier à se pourvoir en opposition, endéans le terme et conformément à la loi.

Fait en séance du 29 thermidor, l'an 4me de la république française, une et indivisible.

Etoient signés: B. J. HEYSE, *présid.*; G. F. BUYCK; DE LANTHEÉRE; A. J. VAN TIEGHEM, *et* TEGELBERG.

Mandons à tout huissier, etc.

319me. SENTENCE.

LE TRIBUNAL CIVIL DU DÉPARTEMENT DE L'ESCAUT,

Vu l'exploit d'ajournement en date 14 thermidor, l'an 4me de la république française, en opposition à la sentence rendue par ce tribunal le 5 thermidor, même année, fait à la demande du citoyen *Jacques Bernard Lyssens*, en cette commune de Gand, d'une part, le citoyen *Pierre Amstens*, batelier, aussi en cette commune, ajourné en matiere d'opposition, d'autre part; vu aussi les mémoires respectives des parties, et l'acte de renvoi du juge de paix de la section de la fraternité, canton de Gand, d'où résulte que la question mue entre les parties est de savoir, si l'ajourné est fondé à exiger à charge de l'opposant la somme de cinquante livres de gros, argent courant, déduction faite de celle de deux livres, dix-huit escalins et quatre gros, argent courant, en vertu du billet, constatant que la susdite somme avoit été avancée à l'opposant à titre de prêt et exigible l'an 1788 (v. st.), l'opposant soutenant que la dette dont s'agit, étant antérieure à la seconde entrée des troupes de la république française en la Belgique, est comprise en l'arrêté du 12 thermidor, an 3me, qu'en conséquence, il est prêt à remplir son obligation en payant un intérêt de cinq pour cent par an, exigible de six en six mois;

Ouï les parties en personne, le commissaire du pouvoir exécutif présent;

Attendu qu'il conste par le billet susdit, signé et avoué par l'opposant, de la somme de cinquante livres de gros, argent courant, avancée à ce dernier à titre de prêt et exigible l'an 1788 (v. st.);

Attendu qu'en matiere de prêt les intérêts de la somme prêtée sont usuraires, et que par ainsi l'ajourné ne pourroit recevoir aucun intérêt;

Attendu que l'arrêté du 12 thermidor, an 3me, n'est pas applicable au cas présent;

Le tribunal faisant droit, déboute l'opposant de son opposition, déclare que la sentence rendue par ce tribunal le 5 thermidor courant, sortira son plein et entier effet, et condamne l'opposant aux fraix de la comparution, à la taxe et modération du tribunal.

Fait en séance du 29 thermidor, l'an 4me de la république française, une et indivisible.

Etoient signés : G. F. BUYCK, *présid.*; B. J. HEYSE; A. J. VAN TIEGHEM; TEGELBERG, *et* DE LANTHEERE.

320me. SENTENCE.

LE TRIBUNAL CIVIL DU DÉPARTEMENT DE L'ESCAUT,

En la cause du citoyen *Augustin Verleysen*, demeurant dans cette commune de Gand, demandeur par exploit d'ajournement du 5 thermidor, l'an 4me de la république française, d'une part, contre le citoyen *Charles Duys*, fabriquant de papier dans ladite commune de Gand, défendeur d'autre part;

Ouï le demandeur par son fondé de pouvoir, le défendeur n'étant point comparu, ni personne en son nom, le commissaire du pouvoir exécutif présent;

Vu le procès verbal et acte de renvoi du juge de paix de la section de la fraternité, en date 27 prairial, 4me année;

Attendu que le demandeur a produit à l'appui de sa demande le contract passé devant notaire le 6 mars 1791;

Attendu que le défendeur n'est point comparu, et que le demandeur a requis jugement par défaut;

Le tribunal faisant droit, donne défaut contre le défendeur, et pour le profit, lui ordonne de consigner au greffe du tribunal tous déniers quelconques qu'il est redevable depuis le 22 mars 1791, à *François Bender*, fils, et à son épouse, *Anne Marie Jacqueline Pielsen*, du chef de leur quote et part à récouvrer sur les moulins à papier et de la société de papéterie, plus amplement repris par le susdit procès-verbal, le condamne pareillement aux dommages et intérêts, et aux dépens du procès, à la taxe et modération du tribunal; le défendeur entier de se pourvoir en opposition, endéans le terme et conformément à la loi.

Fait

Fait en séance du 29 thermidor, l'an 4me de la république française, une et indivisible.

Etoient signés : B. J. HEYSE, *présid.* ; G. F. BUYCK ; TEGELBERG ; DE LANTHEERE, *et* A. J. VAN TIEGHEM.

321me. SENTENCE.

LE TRIBUNAL CIVIL DU DÉPARTEMENT DE L'ESCAUT,

Vu l'exploit d'ajournement en date 8 thermidor, l'an 4me de la république française, fait à la requête du citoyen *Guilliaume de Potter*, en cette commune de Gand, demandeur d'une part, contre le citoyen *Pierre François Latte*, cultivateur à Meirelbeke, défendeur d'autre part; vu aussi le procès-verbal du juge de paix du canton d'Oosterzeele, d'où résulte que la question mue entre les parties est de savoir, si le demandeur est fondé d'exiger du défendeur la somme de deux cent soixante-huit livres de gros, et douze escalins, savoir cinquante livres de gros, et douze escalins pour restant d'une année de loyer échue la veille de noël 1793, et deux cent dix-huit livres de gros, pour deux années de loyer, respectivement échues la veille de noël 1794 et 1795, de la ferme et terres appartenantes au demandeur, avec ordonnance de quitter et abandonner ladite ferme et terres, le défendeur convenant de la loyauté de cette prétention, mais demandant un délai pour le payement;

Ouï les parties, le commissaire du pouvoir exécutif présent;

Attendu que le défendeur a convenu de la loyauté des prétentions que le demandeur forme à sa charge;

Attendu qu'au contract de bail, exhibé au procès, il est stipulé que le défendeur sera tenu de payer son bail endéans les trois mois après chaque échéance de bail, à peine de déchéance:

Le tribunal faisant droit, condamne le défendeur à payer au demandeur la somme de deux cent soixante-huit livres de gros, et douze escalins argent courant, savoir cinquante livres de gros et douze escalins, pour restant d'une année de bail, échue la veille de noël 1793, et deux cent dix-huit livres de gros pour deux années de bail, respectivement échues le veille de noël 1794 et 1795, de la ferme et terres dont il s'agit, et décrétant la peine de déchéance de bail, lui ordonne de vuider et abandonner la même ferme et terres, le condamne aux dépens du procès, à la taxe et modération du tribunal.

Fait en séance du 29 thermidor, l'an 4me de la république française, une et indivisible.

Etoient signés : B. J. HEYSE, *présid.* ; G. F. BUYCK; DE LANTHEERE; TEGELBERG, *et* A. J. VAN TIEGHEM.

II. Partie. N° 27.   D d

322me. SENTENCE.

Le Tribunal civil du Département de l'Escaut,

Vu l'exploit d'ajournement fait à la demande du citoyen *Pierre Yserbcy*, demeurant en cette commune de Gand, le 4 thermidor, l'an 4me de la république française, d'une part, contre le citoyen *François Magenen*, chirurgien dans ladite commune de Gand, défendeur, d'autre part, d'où résulte que la difficulté mue entre les parties est de savoir, si le demandeur est fondé d'exiger à la charge du défendeur le payement de la somme de soixante et quinze livres courant, conformément le billet de reconnoissance, signé par le défendeur le 22 Octobre 1795, le défendeur s'y opposant et réclamant le contract notarial et postérieur du 17 novembre, même année;

Ouï les parties, le commissaire du pouvoir exécutif présent;

Attendu que ledit billet du 22 octobre 1795, a été reconnu par le défendeur;

Attendu qu'il n'a pas satisfait à la livraison de la pièce de toile qu'il s'étoit engagé de livrer au demandeur, à raison de quatorze sols par aune à compte desdits soixante-quinze livres;

Attendu que le contract du 17 novembre 1795, ne contrarie en rien au titre précédent;

Attendu que le demandeur a formellement satisfait à tout ce qui incombe à un vendeur;

Le tribunal faisant droit, sans appel, condamne le défendeur à payer au demandeur la susdite somme de soixante-quinze livres, lui entier d'effectuer la livraison de la pièce de toile à raison de quatorze sols par aune, et de défalquer alors à proportion sur lesdits soixante et quinze livres, condamne le défendeur aux dépens du procès, à la taxe et modération du tribunal.

Fait en séance du 29 thermidor, l'an 4me de la république française, une et indivisible.

Etoient signés : B. J. Heyse, *présid.* ; G. F. Buyck; de Lantheere; A. J. van Tieghem, *et* Tegelberg.

Mandons à tout huissier, etc.

323me. SENTENCE.

Le Tribunal civil du Département de l'Escaut,

Vu l'exploit d'ajournement en date 3 thermidor, l'an 4me de la république française, fait à la demande de la citoyenne *Thérèse Xaviere*

Scholastique Papeleu, veuve de feu *Bernard Ignace Constantin Hopsomere*, habitante de cette commune, demanderesse d'une part, contre le citoyen *Augustin de Vreese*, laboureur, demeurant dans la commune d'Assene, département de l'Escaut, défendeur d'autre part, d'où résulte que le différent qui existe entre les parties est de savoir, si la demanderesse est fondée d'exiger à charge du défendeur le payement d'une somme de quatre-vingt-douze livres, six escalins et huit gros, argent courant de Brabant, pour une année de rendage de la ferme par lui occupée, échue la veille de noël 1794 (v. st.), sans préjudice du payement des années de rendage, échues antérieurement, et des stipulations reprises et mentionnées dans son bail, le défendeur prétendant le contraire et alléguant que l'insinuation de ladite somme de quatre-vingt-douze livres, six escalins et huit gros, argent courant, en papier monnoie au pair, faite à la demanderesse le 12 juin 1795 (v. st.), quoique réinsinuation lui en ait été faite par la demanderesse le 11 août suivant, doit lui tenir lieu de payement absolu comme étant fait selon la loi, et concluant au principal à ce que la demanderesse soit déclarée non-recevable ni fondée dans ses conclusions, et subsidiairement à ce que en cas que l'effet rétroactif de l'arrêté du 12 thermidor l'an 3me, soit applicable à sondit payement, le tribunal déclare que la somme de mille dix-huit livres en assignats, soit au moins imputée en validation sur le montant de ladite année de bail ;

Ouï les parties, lû leurs mémoires respectifs, le commissaire du pouvoir exécutif présent ;

Attendu que les dispositions de l'arrêté du 12 thermidor sont générales et applicables à toutes les obligations contractées avant le 9 prairial ;

Attendu que l'arrêté du 15 brumaire, l'an 4me, *extend par forme d'interprétation les obligations, parlées* dans l'article II de l'arrêté du 12 thermidor *au tems où les assignats n'avoient aucun cours dans les lieux où les obligations ont été contractées.*

Attendu qu'il n'est pas de la compétence du tribunal de restreindre le sens de ces arrêtés ;

Attendu que l'époque de l'insinuation dont il s'agit ici, est postérieure au 9 prairial et que par conséquent, le défendeur ayant contracté en numéraire ne pouvoit plus se libérer qu'en numéraire ou en assignats au cours ;

Attendu que les conclusions subsidiaires du défendeur tendroient à faire recevoir judiciairement un payement partiel ; que d'après notre ancienne jurisprudence et les lois nouvelles *nul n'est tenu de recevoir un payement partiel ;*

Le tribunal faisant droit, condamne le défendeur à payer à la demanderesse la somme de quatre-vingt-douze livres, six escalins et huit gros, argent courant, pour son année de rendage échue à la noël 1794, sans préjudice au droit que la demanderesse réclame ultérieurement à sa charge, condamne le défendeur aux frais du procès, à la taxe et modération du tribunal.

Fait en séance du 29 thermidor, l'an 4me de la république française, une et indivisible.

Etoient signés : B. J. Heyse, *présid.* ; F. Danneels ; Tegelberg ; A. J. van Tieghem, *et* P. Botte.

Mandons à tout huissier, etc.

324me. SENTENCE.

Le Tribunal civil du Département de l'Escaut,

Vu l'exploit d'ajournement en date 3 thermidor, l'an 4me de la république française, fait à la demande du citoyen *François Soenens*, à Gand, agissant par son fondé de pouvoir, le citoyen *Jean Bogaert*, demandeur d'une part, contre le citoyen *Alexandre Brant*, aussi à Gand, défendeur d'autre ; vu aussi le procès-verbal du juge de paix de la section de la liberté, canton de Gand, en date 13 messidor, l'an 4me, d'où résulte que la difficulté mue entre les parties est de savoir, si le demandeur est fondé d'exiger à charge du défendeur la somme de soixante et quinze livres, argent de change, pour une année d'intérêt d'une rente de quinze cent livres de gros, argent de change, échue le 9 juin 1795 (v. st.), reconnu par le défendeur au profit de feue la mere du demandeur, par contract passé par-devant le notaire *Léopold de Sadeleere*, le 9 juin 1786 (v. st.), le défendeur soutenant être libéré de ladite rente parmi l'insinuation de dix-neuf mille deux cent et quatre-vingt-six livres en assignats au pair, fait au demandeur le 30 ventose, l'an 3me, par le notaire *F. J. Nuttynck*, et réinsinués par le notaire *Ryckaert* ;

Ouï les parties, le commissaire du pouvoir exécutif entendu ;

Attendu que conformément aux lois anciennes et nouvelles le défendeur ne pouvoit se libérer de la rente dont il s'agit, que par le payement réel ou la consignation des déniers avec l'autorité du juge et parties ouïes ;

Attendu que l'insinuation dont s'agit, n'ayant point été suivie de la consignation judiciaire exigée pour la libération de la dette, le remboursement de la rente n'a pas été consommé ;

Le tribunal faisant droit, condamne le défendeur à payer au demandeur la somme de soixante et quinze livres, argent de change, pour une année d'intérêt de la susdite rente, et aux dépens du procès, à la taxe et modération du tribunal.

Fait en séance du 1 fructidor, l'an 4me de la république française, une et indivisible.

Etoient signés : B. J. HEYSE, *présid.*; P. BOTTE; A. J. VAN TIEGHEM; F. DANNEELS, *et* TEGELBERG.

Mandons à tout huissier, etc.

325me. SENTENCE.

LE TRIBUNAL CIVIL DU DÉPARTEMENT DE L'ESCAUT,

Vu l'exploit d'ajournement en date 21 thermidor, 4me année de la république, fait à la réquisition du citoyen *Guillaume Nonneman*, à Vracene, demandeur d'une part, le citoyen *Bernard de Graeve*, à Ardenburg-polder, ajourné d'autre; vu aussi le procès-verbal du juge de paix du canton de St. Gillis, d'où résulte que la difficulté mue entre les parties étoit de savoir, si le demandeur étoit fondé à exiger à charge du défendeur le prix d'achat d'une cheval à lui vendu par le demandeur, le défendeur alléguant que le demandeur a désisté de ses conclusions par-devant le juge de paix susdit, au moyen de l'acte de conciliation des parties donné à la suite du procès-verbal susdit;

Ouï les parties, le commissaire du pouvoir exécutif présent;

Attendu qu'à la suite du procès-verbal du juge de paix ne se trouve pas l'acte de renvoi des parties par-devant ce tribunal ; que par conséquent les parties s'étoient conciliées au bureau de paix;

Attendu que le même juge de paix ayant décrêté l'accord fait entre parties, ce décrétement doit sortir son plein et entier effet;

Le tribunal faisant droit, déclare le demandeur, comme il agit, non-recevable et non-fondé en ses conclusions, le condamne aux dépens du procès, à la taxe modération du tribunal.

Fait en séance du 1 fructidor, l'an 4me de la république française, une et indivisible.

Etoient signés : B. J. HEYSE ; *présid.*; P. BOTTE; A. J. VAN TIEGHEM; F. D'ANNEELS, *et* TEGELBERG.

326me. SENTENCE.

LE TRIBUNAL CIVIL DU DÉPARTEMENT DE L'ESCAUT,

Vu l'exploit d'ajournement en date 1 thermidor, 4me année de la république française, fait à la demande de la citoyenne *Jeanne de Graeve*, veuve de *Jacques d'Hamer*, domicilié à Calken, demanderesse d'une part, la citoyenne *Anne de Graeve*, veuve de *Josse de Rycke*, à Appels, défenderesse d'autre; vu aussi le procès-verbal du juge de paix du canton de Lebbeke et l'acte de renvoi devant ce tribunal, d'où résulte que la difficulté mue entre les parties est de savoir, si la demanderesse est fondé d'exiger que la défenderesse rend et affirme l'état et inventaire de biens délaissés par feu *Elisabeth de Gand*, mere des parties respectives, la défenderesse alléguant que le juge de paix ayant anticipé l'heure assignée par l'ajournement, a causé la non-passation et empêché la cloture dudit état de biens en donnant défaut contre la défenderesse;

Ouï les parties, le commissaire du pouvoir exécutif présent;

Attendu que la cédule de citation dudit juge de paix préfixe les dix heures pour la comparution au bureau de conciliation de Lebbeke;

Attendu que l'acte de renvoi du juge de paix susdit porte, que le défaut contre la défenderesse fût décerné à huit heures du matin;

Attendu que le juge de paix n'a pu délivrer à la partie comparante acte de non-conciliation avant l'heure préfixée à la partie citée;

Le tribunal faisant droit, met le prédit acte de renvoi au néant, condamne la demanderesse aux dépens du procès, à la taxe et modération de ce tribunal.

Fait en séance du 1 fructidor, l'an 4me de la république française, une et indivisible.

Etoient signés : B. J. Heyse, *présid.*; A. J. van Tieghem; F. Danneels; Tegelberg, *et* P. Botte.

327me. SENTENCE.

Le Tribunal civil du Département de l'Escaut,

En la cause du citoyen *Louis Verbeke*, et consors, habitans de la commune de Gand, demandeurs par exploit d'ajournement du 21 prairial, l'an 4me de la république française, d'une part; contre le citoyen *Jean François Heyse*, médecin et habitant de ladite commune de Gand, défendeur d'autre part;

Vu ledit exploit d'ajournement et l'acte de renvoi du juge de paix section de la liberté du 9 floréal, 4me année; vu aussi la sentence préparatoire du tribunal du 13 messidor, même année;

Ouï le demandeur, le défendeur n'étant point comparu, ni personne en son nom;

Attendu que les demandeurs ont satisfaits à ce qui leur a été enjoint par le susdit jugement préparatoire ;

Attendu que le défendeur malgré tout cela, et malgré les interpellations, faites au bureau de paix, est toujours en défaut de s'expliquer sur les interpellations des demandeurs ;

Attendu que par ce défaut la mortuaire dont il s'agit, doit rester ouverte ;

Attendu que les lois et les coutumes ont prononcées contre pareils défaillans et mal-intentionnés ;

Attendu que les demandeurs ont requis jugement par défaut contre le défendeur comme héritier paternel ;

Le tribunal donne défaut contre le défendeur, et pour le profit, lui ordonne de s'expliquer endéans les deux décades sur l'addition ou répudiation de la mortuaire dont il s'agit, à peine de forclusion et être censé d'avoir répudié l'hérédité, et en cas d'addition lui ordonne pareillement de procéder avec les héritiers maternels à la liquidation de l'état de biens formé en ladite mortuaire, condamne le défendeur pour son délai en tous dommages et intérêts soufferts et à souffrir ; et aux dépens du procès, à la taxe et modération du tribunal ; le défendeur entier de se pourvoir en opposition, endéans le terme et conformément à la loi.

Fait en séance du 2 fructidor, l'an 4me de la république française, une et indivisible.

Etoient signés : G. F. BUYCK, *présid.*; F. DANNEELS; TEGELBERG; P. BOTTE, *et* A. J. VAN TIEGHEM.

328me. SENTENCE.

LE TRIBUNAL CIVIL DU DÉPARTEMENT DE L'ESCAUT,

Vu l'exploit d'ajournement en date 15 thermidor, l'an 4me de la république française, fait à la réquisition du citoyen *Philippe Jean Maurice de Heems*, habitant de cette commune de Gand, y résumant la procédure entamée devant le ci-devant conseil de Flandre le 25 novembre 1795 (v. st.), d'une part, contre le citoyen *Augustin Clement*, à Laethem, défendeur d'autre part, d'où résulte que la question mue entre les parties est de savoir, si le demandeur est fondé d'exiger à la charge du défendeur, premierement la somme de cinquante et quatre livres de gros, pour deux années de fermages de la cense qu'a occupé le défendeur ; secondement la somme de vingt-six livres, onze escalins et dix gros, pour l'estimation de l'engrais des terres, et troisiemement la somme de onze livres, seize escalins de gros, pour l'estimation du toit, faisant ensemble quatre-vingt-douze livres, sept escalins et dix gros, et si, par défaut dudit payement, le demandeur est aussi fondé de conclure au décrétement de la saisie qu'il a fait pratiquer sur les biens du défendeur, plus amplement reprise par ladite requête;

Ouï le demandeur par son fondé de pouvoir le citoyen *van Crombrugghe*, le défendeur n'étant point comparu, ni personne en son nom, le commissaire du pouvoir exécutif présent;

Attendu que le demandeur a vérifié sa demande au desir des lois, et que le défendeur n'y a pas contredit, n'étant point comparu;

Attendu que pour cette non-comparution le demandeur a requis jugement par défaut;

Le tribunal donne défaut contre le défendeur, et pour le profit, le condamne à payer au demandeur la susdite somme de quatre-vingt-douze livres, sept escalins et dix gros, à l'intérêt judiciaire, depuis l'institution de la cause jusqu'au payement parfait, et aux dépens du procès, à la taxe et modération du tribunal; et par ce défaut, décrete les saisies pratiquées par le demandeur, comme bien et légalement faites, adjuge au demandeur les biens saisis, pour y recouvrer en total ou en partie ladite condamnation, aussi avec dépens; le défendeur entier de faire fruit de la déclaration à lui faite par la susdite requête du demandeur, du 25 novembre 1795, de même qu'à se pourvoir on opposition, endéans le terme et conformément à la loi.

Fait en séanse du 2 fructidor, l'an 4me de la république française, une et indivisible.

Etoient signés : G. F. Buyck, *présid.*; F. Danneels; Tegelberg; P. Botte, *et* A. J. van Tieghem.

Mandons à tout huissier, etc.

329me. SENTENCE.

Le Tribunal civil du Département de l'Escaut,

Vu l'exploit d'ajournement en date 8 thermidor, l'an 4me de la république française, fait à la demande du citoyen *J. B. van Hee*, habitant de la commune d'Haltere, demandeur en opposition contre la sentence du 13 prairial dernier, d'une part, contre le citoyen *Pierre de Wassenhove*, demeurant à Landegem, ajourné d'antre part;

Ouï le défendeur, le commissaire du pouvoir exécutif présent;

Vu

Vu la non-comparution du demandeur, ni personne en son nom, le défendeur a requis jugement par défaut ;

Le tribunal faisant droit, donne défaut ; et pour le profit, déboute le demandeur de son opposition, déclare que le jugement susdit sortira son plein effet, et condamne le demandeur aux frais et dépens, à la taxe et modération du tribunal.

Fait en séance du 2 fructidor, l'an 4me de la république française, une et indivisible.

Etoient signés : G. F. BUYCK, *présid.*; F. DANNEELS; A. J. VAN TIECHEM ; P. BOTTE, *et* TEGELBERG.

330me. SENTENCE.

LE TRIBUNAL CIVIL DU DÉPARTEMENT DE L'ESCAUT,

En la cause du citoyen *Jean Vossaert*, habitant de la commune de Destelbergen, demandeur par exploit d'ajournement du 19 thermidor, l'an 4me, en opposition contre le jugement du 11 du même mois, d'une part, contre le citoyen *Dominique Geerts*, marié à la veuve de *Jean van Crombrugghe*, demeurant dans la commune de Gand, et consors, défendeurs et obtenans dudit jugement, d'autre part ;

Ouï les parties, le commissaire du pouvoir exécutif présent ;

Attendu que le jugement du tribunal du 11 thermidor, 4me année, a été légalement rendu, et que l'allégue de l'opposant pour l'infirmer est faux et controuvé ;

Considérant que l'exception de non-propriété, dont se prévaut l'opposant envers les demandeurs, ne peut pas être formée par le locataire ;

Attendu que le contract de bail, qu'a fait et signé l'opposant le 10 octobre 1789, joint au procès, est un titre incontestable contre lui obstatif à ladite exception;

Attendu que le même titre se trouve encore confirmé par la sentence qui a été rendue contre l'opposant, par le ci-devant lieutenant civil de l'ajournance de Gand, le 21 décembre 1793 (v. st.);

Attendu que les lettres d'appel impétrées par l'opposant, le 14 janvier 1794, ne contiennent aucun sursi ni inhibition contre l'exécution de ladite sentence, et que l'instance d'appel qu'on supposeroit encore ouverte, ne sauroit empêcher l'exécution pléniere de ladite sentence, et le payement des années de rendage postérieurement échues;

Le tribunal faisant droit, déclare l'opposant en ses moyens, allégués contre le jugement du 11 thermidor dernier, non-recevable ni fondé, déclare qu'il doit sortir plein et entier effet, condamne l'opposant

II. Partie. N°. 28.   E e aux dépens du procès, à la taxe et modération du tribunal; l'opposant entier de résumer la cause d'appel, s'il s'y croit fondé.

Fait en séance du 3 fructidor, l'an 4me de la république française, une et indivisible.

Etoient signés : G. F. Buyck, *présid.*; B. J. Heyse; P. Botte; Tegelberg, *et* A. J. van Tieghem.

331me. SENTENCE.

Le Tribunal civil du Département de l'Escaut,

Vu l'exploit d'ajournement en date 8 prairial, l'an 4me de la république française, fait à la demande du citoyen *François Drieghe*, architecte et habitant de la commune de Gand, d'une part, contre le citoyen *Jean François Lampo*, juge de paix du canton de Loochristi, défendeur d'autre part; vu aussi l'arrêté du tribunal suivi sur la pétition du demandeur, en date 9 prairial, l'an 4me, d'où résulte que la difficulté mue entre les parties est de savoir, si le demandeur est fondé de soutenir la nullité de l'exploit d'exécution et recommandation des gardes qu'a fait dresser le défendeur, sans avoir égard aux saisies qui étoient interposées à la charge des déniers, auxquels il avoit à prétendre et malgré le sursis exprès du tribunal, appointé en faveur du demandeur, le défendeur n'étant point comparu, ni personne en son nom;

Ouï le demandeur en personne, le commissaire du pouvoir exécutif présent;

Attendu que les saisies interposées sur l'import de l'acte du 28 floréal, l'an 4me, légitimement au demandeur d'en faire payement au défendeur;

Considérant que le demandeur devoit passer moyennant d'effectuer le nantissement dudit import, moyennant les charges desdites saisies à quoi le demandeur s'est volontairement prêté;

Attendu que le sursis, rendu par le tribunal le 9 prairial, l'an 4me, devoit être supérieurement respecté;

Attendu que le fait contraire du défendeur est attentatoire et repréhensible;

Attendu que le défendeur n'est point comparu, et que le demandeur a requis jugement par défaut;

Le tribunal faisant droit, donne défaut contre le défendeur, et pour le profit, déclare l'exploit d'exécution et mise des gardes, plus amplement reprise au procès, nul et attentatoire à l'autorité du tribunal, condamne le défendeur aux dommages et intérêts envers le demandeur, et aux dépens du procès, à la taxe et modération du tribunal; le défendeur entier à se pourvoir en opposition, endéans le terme et conformément à la loi.

Fait en séance du 3 fructidor, l'an 4me de la république française, une et indivisible.

Etoient signés : G. F. Buyck, *présid.*; P. Botte; B. J. Heyse; Tegelberg, *et* A. J. van Tieghem.

332me. SENTENCE.

Le Tribunal civil du Département de l'Escaut,

Vu l'exploit d'ajournement en date 1 thermidor, 4me année de la république française, fait à la requête de *Josse Buyle*, habitant de la commune de Calken, demandeur d'une part, contre *Jacques François de Vos*, en la même commune, défendeur d'autre part; vu aussi le procès-verbal du juge de paix du canton d'Overmeire, du 7 messidor dernier, d'où résulte que le différent mu entre les parties est de savoir, si le demandeur est fondé de requérir le décrétement de la transaction faite entre les parties par-devant le même juge de paix, et en conséquence d'icelle, d'exiger du défendeur le payement d'une somme de cinquante livres de gros, argent de change, en remboursement d'une rente qu'il lui doit, conformément à l'acte de constitution du 26 février 1792, exhibé au procès;

Ouï le demandeur, le défendeur n'ayant point comparu, ni personne pour lui, le commissaire du pouvoir exécutif présent;

Attendu qu'il conste de la réalité des prétentions du demandeur par l'acte exhibé au procès ci-dessus mentionné;

Attendu que le défendeur s'est obligé par la transaction faite entre les parties par-devant juge de paix du canton d'Overmeire, le 7 messidor dernier, d'effectuer le remboursement de la prédite rente endéans les quatorze jours, à dater du jour de la transaction;

Attendu que le défendeur n'a point effectué ce remboursement;

Attendu que le demandeur a demandé jugement par défaut;

Le tribunal faisant droit, donne défaut contre le défendeur, et pour le profit, décrete la prédite transaction, lui ordonne de payer au demandeur la somme de cinquante livres de gros, argent de change, en remboursement de la rente ci-dessus reprise, le condamne aux dépens du procès, à la taxe et modération du tribunal; le défendeur entier de se pourvoir en opposition, endéans le tems et conformément à la loi.

Fait en séance du 3 fructidor, l'an 4me de la république française, une et indivisible.

Etoient signés : B. J. HEYSE, *présid.* ; G. F. BUYCK ; P. BOTTE ; TEGELBERG, *et* A. J. VAN TIEGHEM.

333me. SENTENCE.

LE TRIBUNAL CIVIL DU DÉPARTEMENT DE L'ESCAUT,

Vu l'exploit d'ajournement en date 21 thermidor, 4me année de la république française, fait à la requête du citoyen *Jean Baptiste Guersouille*, habitant de la commune de Gand, demandeur d'une part, contre la citoyenne veuve d'*Emanuel Colpaert*, à Zwynaerde, défenderesse d'autre part; vu aussi le procès verbal du juge de paix du canton de Nazareth, du 15 thermidor dernier, d'où résulte que la difficulté mue entre les parties est de savoir, si le demandeur est fondé d'exiger de la défenderesse la somme de cent onze florins dix-neuf sols, argent courant, pour vente et livraison de tuiles, faite à feu son époux *Emanuel Colpaert*, le 17 mars 1794, avec condamnation à l'intérêt judiciaire et aux dépens du procès;

Ouï le demandeur, la défenderesse n'ayant point comparu, ni personne en son nom, le commissaire du pouvoir exécutif présent;

Attendu qu'il conste de la réalité de la vente des tuiles dont il s'agit, par le billet de vente exhibé en la séance du premier de ce mois;

Attendu que le demandeur a requis jugement par défaut;

Le tribunal faisant droit, donne défaut contre la défenderesse, et pour le profit, la condamne de payer au demandeur la somme de cent onze florins dix-neuf sols, argent courant, pour la vente et livraison des tuiles dont il s'agit, à l'intérêt judiciaire d'icelles depuis l'institution de la cause jusqu'au payement effectif, et aux dépens du procès, à la taxe et modération du tribunal; sauf à la défenderesse de se pourvoir en opposition endéans le terme et conformément à la loi.

Fait en séance du 3 fructidor, l'an 4me de la république française, une et indivisible.

Etoient signés : B. J. HEYSE, *présid.*; G. F. BUYCK; P. BOTTE; TEGELBERG, *et* A. J. VAN TIEGHEM.

Mandons à tout huissier, etc.

334me. SENTENCE.

LE TRIBUNAL CIVIL DU DÉPARTEMENT DE L'ESCAUT,

Vu l'exploit d'ajournement en date 9 thermidor, l'an 4me de la république française, fait à la demande du citoyen *Philippe vanden Bossche*, habitant de la commune de Gand, en qualité de receveur du chapitre de St. Bavon, en la même commune, demandeur d'une part, contre le citoyen *Gilles de Buysschere*, demeurant à Wachtebeke, défendeur d'autre part; vu aussi le procès verbal du juge de paix du canton de Loochristi, du 14 germinal dernier, et la transaction y reprise, d'où résulte que la difficulté mue entre les parties est de savoir, si le demandeur est fondé de requérir le décrétement de la même transaction, et d'exiger que le défendeur soit condamné dans le contenu d'icelle, avec condamnation aux dépens du procès;

Ouï le demandeur, le défendeur n'ayant point comparu, ni personne pour lui, le commissaire du pouvoir exécutif présent;

Attendu que le défendeur s'est obligé par la prédite transaction de payer au demandeur, en sa qualité de receveur du chapitre de St. Bavon, la somme de deux cent vingt-sept livres, huit gros, argent courant, en deux payemens égaux, dont le premier devoit se faire endéans les quatre semaines, à compter de la date de la transaction, et le deuxieme deux mois après;

Attendu que le défendeur n'a point satisfait au contenu de ladite transaction, et que le demandeur a requis jugement par défaut;

Le tribunal faisant droit, donne défaut contre le défendeur, et pour le profit, décréte la prédite transaction, lui ordonne de s'y conformer exactement, le condamne à payer promptement au demandeur la somme de cent treize livres de gros et quatorze escalins, argent courant, à cause du premier payement non-effectué de la somme de deux cent vingt-sept livres de gros et huit escalins, reprise en la susdite transaction, et aux dépens du procès, à la taxe et modération du tribunal, le défendeur entier à se pourvoir en opposition, endéans le terme et conformément à la loi.

Fait en séance du 3 fructidor, l'an 4me de la république française, une et indivisible.

Etoient signés : B. J. HEYSE, *présid.*; G. F. BUYCK; P. BOTTE; TEGELBERG, *et* A. J. VAN TIEGHEM.

Mandons à tout huissier, etc.

335me. SENTENCE.

LE TRIBUNAL CIVIL DU DÉPARTEMENT DE L'ESCAUT,

Vu l'exploit d'ajournement en date 7 thermidor, 4me année de la république française, fait à la requête du citoyen *Philippe van den Bossche*, en la commune de Gand, demandeur d'une part, contre le citoyen *Jean Baptiste Bekaert*, demeurant à Zeevergem, défendeur d'autre part; vu aussi le procès-verbal du juge de paix du canton de Nazareth, du 25 floréal dernier, et la transaction y reprise, d'où résulte que la question mue entre les parties est de savoir, si le demandeur est fondé d'exiger le décrétement de la même transaction, et partant le payement de la somme de quarante-quatre livres, cinq escalins et huit gros, argent du pays, à charge du défendeur;

Ouï le demandeur, le défendeur n'ayant point comparu, ni personne pour lui, le commissaire du pouvoir exécutif présent;

Attendu qu'il conste de la réalité des prétentions du demandeur par l'acte de transaction ci-dessus reprise;

Attendu que le défendeur n'en a point effectué le payement;

Attendu que le demandeur a requis jugement par défaut;

Le tribunal faisant droit, donne défaut contre le défendeur, et pour le profit, décréte la transaction ci-dessus reprise, condamne le défendeur à payer au demandeur la somme de quarante-quatre livres, cinq escalins et huit gros, argent courant, du chef de la même transaction, et aux dépens du procès, à la taxe et modération du tribunal; le défendeur entier de se pourvoir en opposition, endéans le tems et conformément à la loi.

Fait en séance du 3 fructidor, l'an 4me de la république française, une et indivisible.

Etoient signés : B. J. HEYSE, *présid.*; G. F. BUYCK; P. BOTTE; TEGELBERG, *et* A. J. VAN TIEGHEM.

Mandons à tout huissier, etc.

336me. SENTENCE.

LE TRIBUNAL CIVIL DU DÉPARTEMENT DE L'ESCAUT,

Vu l'exploit d'ajournement en date 3 thermidor, l'an 4me de la république française, fait à la requête du citoyen *Philippe vanden Bossche*, en qualité de receveur et administrateur des biens du citoyen *d'Hanins*, à Bruges, demandeur d'une part, contre le citoyen *Pierre François Haeck*, demeurant à Deynze, défendeur d'autre part; vu aussi le procès-verbal du juge de paix du canton de Deynze , du 25 messidor dernier, d'où résulte que le différent mu entre les parties est de savoir, si le demandeur est fondé d'exiger du défendeur la somme de soixante-dix-sept livres de gros, argent courant de Brabant, pour ferme d'une prairie, sise en la commune d'Eecke, savoir, vingt-six livres de gros pour restat de l'année de bail, échue à la saint André 1793, et cinquante et un livres de gros pour l'année échue au même jour de l'année 1794, le défendeur soutenant avoir payé ;

Ouï les parties, le commissaire du pouvoir exécutif présent;

Attendu qu'il conste par le contract de bail, exhibé en la séance publique de ce jour, que le défendeur est locataire de la prairie dont il s'agit;

Attendu que le défendeur a convenu de la réalité des prétentions, que le demandeur forme à sa charge ;

Attendu que le défendeur n'a point prouvé les avoir acquittés, même après interpellation à lui faite en la séance d'avant-hier;

Attendu enfin que le défendeur a été légalement ajourné par-devant le juge de paix du canton de Deynze, et ne s'y est point sisté ;

Le tribunal faisant droit, condamne le défendeur à payer au demandeur, en sa qualité de receveur et administrateur des biens du citoyen d'Hanins, la somme de soixante-dix-sept livres de gros, argent courant, pour l'occupation de la pairie dont il s'agit, savoir, vingt-cinq livres de gros pour restat de l'année de bail, échue à la saint André de l'an 1793, et cinquante et un livres de gros pour l'année échue le même jour de l'année 1794, et aux dépens du procès, à la taxe et modération du tribunal; condamne en outre le défendeur à une amende de trente livres, payable dans la caisse du receveur du département, conformément du § VI du titre X des arrêtés sur l'ordre judiciaire en matiere civile.

Fait en séance du 3 fructidor, l'an 4me de la république française, une et indivisible.

Etoient signés : B. J. HEYSE , *présid.*; G. F. BUYCK; P. BOTTE ; TEGELBERG , *et* A. J. VAN TIEGHEM.

Mandons à tout huissier, etc.

337me. SENTENCE.

LE TRIBUNAL CIVIL DU DÉPARTEMENT DE L'ESCAUT,

Vu l'exploit d'ajournement en date 9 messidor, l'an 4me de la république française, fait à la demande de la citoyenne *Anne Marie Muy-*

laert, veuve de *Martin van den Bruele*, habitante de la commune d'Haeltert, demanderesse d'une part, contre le citoyen *Dominicq de Sadeleer*,
aussi à Haeltert, en qualité de receveur de la citoyenne *Thérèse Redant*,
béguine à Bruxelles, défendeur d'autre ; vu aussi le procès-verbal-du
juge de paix du canton de Lebbeke, d'où résulte que la difficulté
mue entre les parties est de savoir, si la demanderesse est fondée
d'exiger à charge du défendeur en sa prédite qualité la somme de
soixante-deux florins onze sols, import de l'engrais qui se trouve dans
une partie de terre que la demanderesse a occupé à titre de bail,
avec réserve de faire faire l'appréciation de soixante-douze verges non-
comprises dans la partie précédente, le défendeur soutenant le contraire, sur le fondement que l'appréciation susdite seroit difforme comme
n'étant faite d'une partie de la partie de terre donnée en bail, et concluant renversairement à ce que la demanderesse eut à désister
de la partie de terre sur la grandeur de quatre cent quarante verges,
la demanderesse alléguant qu'elle a eu en bail deux différentes parties de terre ;

Ouï les parties, le commissaire du pouvoir exécutif présent ;

Attendu qu'il conste au procès, par l'acte de partage exhibé par la
demanderesse et passé par-devant les ci-devant magistrats de Haeltert,
le 27 mars 1743 (v. st.), que l'auteur de la principale du défendeur
n'a pu posséder en propriété une partie de terre sur la grandeur, par
lui défendeur désigné, mais au contraire qu'il a possédé deux parties
différentes, comme le soutient la demanderesse ;

Attendu que l'estimation de l'engrais sur la partie de terre dont il
s'agit, a été faite en due forme et d'après l'usage du pays ;

Le tribunal faisant droit, condamne le défendeur à payer à la demanderesse la prédite somme de soixante-deux florins, onze sols, pour
l'import de l'engrais dont il s'agit au procès, la demanderesse entiere
de poursuivre l'estimation de l'engrais sur l'autre partie de terre, déclare le défendeur en ses conclusions renversaires non-recevable ni
fondé, le condamne aux dépens du procès, à la taxe et modération
du tribunal.

Fait en séance du 3 fructidor, l'an 4me de la république française,
une et indivisible.

Etoient signés : .B. J. HEYSE, *présid.* ; G. F. BUYCK ; P. BOTTE ;
TEGELBERG, *et* A. J. VAN TIEGHEM.

Mandons à tout huissier, etc.

338me. SENTENCE.

338me. SENTENCE.

Le Tribunal civil du Département de l'Escaut,

Vu l'exploit d'ajournement en date 13 thermidor, 4me année de la république française, fait à la réquisition du citoyen *François Bernard van den Bogaert*, à titre d'époux de *Brigitte Josephine de Clercq*, et pour *Thérése Josephine* et *Anne Marie de Clercq*, demeurant en cette commune de Gand, demandeur d'une part; le citoyen *Jean Baptiste de Clercq*, meûnier, aussi en cette commune, défendeur d'autre part; vu aussi les procès-verbaux du juge de paix de la section de la fraternité, canton de Gand, d'où résulte que la difficulté mue entre les parties est de savoir, si le demandeur est fondé à prétendre que le défendeur se départisse de la possession ultérieure de la moitié des biens, meubles et immeubles, délaissés par feu *Henri Libotte*, à son profit et celui de ses consors, conformément à la transaction passée devant le notaire *Bernard Charles Josse Ondereet*, le 7 mai 1785; ainsi que de rendre compte et renseing des fruits et revenus que lui défendeur en a profité, ou pu profiter, et en outre à tous dommages et intérêts, que le demandeur et consors prouveront en avoir soufferts par une usurpation indue; le défendeur alléguant de n'avoir pu rendre le compte mentionné endéans les quatre semaines y préfigées, malgré qu'il s'y étoit obligé en vertu de l'acte de conciliation fait au bureau de paix, alléguant en outre qu'il étoit encore dans l'impossibilité de rendre le compte demandé, n'ayant pu obtenir les pièces justificatives à ce nécessaires;

Ouï les parties en personne, le commissaire du pouvoir exécutif en ses conclusions;

Attendu qu'il appert de l'acte de transaction passé devant le notaire *Bernard Charles Josse Ondereet*, le 7 mai 1735, que les parties litigeantes sont convenues, que le demandeur, pere de l'épouse du défendeur et de ses consors, aura en rachat et rédemption de l'usufruit et jouissance des biens mobiliers et immobiliers, de feu *Henri Libotte*, en pleine propriété la moitié desdits biens mobiliers et immobiliers sujets audit usufruit, et que l'autre moitié desdits biens appartiendra au défendeur, en qualité d'époux de *Brigitte Josephine de Clercq*, et ses consors, tous trois enfans du demandeur;

Attendu que sur le pied et arrangement susdit la liquidation de la succession dudit *Henri Libotte* doit être faite, et le défendeur tenu à rendre compte de ce qu'il auroit perçu du chef de ladite succession;

Attendu que le défendeur s'est obligé à rendre le compte susdit

II. Partie. N°. 29.   F f endéans les quatre semaines, témoin l'acte de conciliation dressé par le juge de paix susmentionné;

Attendu qu'après l'écoulement du terme susdit le défendeur est resté en défaut de remplir son obligation;

Attendu que la non-adimplétion de cette obligation ne doit porter aucun préjudice au demandeur, et que par ainsi toutes les raisons alléguées par le défendeur, pour prouver l'impossibilité de rendre ledit compte, sont dilatoires et peuvent être rejettées par le demandeur;

Le tribunal faisant droit, ordonne au défendeur de se départir de la possession ultérieure de la moitié des biens, meubles et immeubles, délaissés par feu *Henri Libotte*, au profit du demandeur et consors, conformément à l'acte de transaction passé devant le notaire *Bernard Charles Josse Ondereet*, le 7 mai 1785, et de rendre compte et renseing au demandeur et consors des fruits et revenus qu'il en a profité, ou pu profiter, et pour son délai à tous dommages et intérêts, condamne le défendeur aux dépens du procès, à la taxe et modération du tribunal.

Fait en séance du 4 fructidor, l'an 4me de la république française, une et indivisible.

Etoient signés : G. F. BUYCK, *présid.*; B. J. HEYSE; P. BOTTE; F. DANNEELS, *et* A. J. VAN TIEGHEM.

339me. SENTENCE.

LE TRIBUNAL CIVIL DU DÉPARTEMENT DE L'ESCAUT,

Vu l'exploit d'ajournement du 2 prairial, l'an 4me de la république française, fait à la demande du citoyen *Charles Jacques Vincent*, négociant tanneur, demeurant en cette commune de Gand, demandeur d'une part, le citoyen *Pierre Jean d'Hanens*, maître cordonnier, aussi en cette commune, défendeur d'autre part; vu aussi les procès verbaux et jugemens rendus par le juge de paix de la section des droits de l'homme, canton de Gand; ainsi que les pieces de la procédure et mémoires respectifs des parties, servis devant ce tribunal, d'où résulte que le différent mu entre les parties est de savoir, si le demandeur est fondé en sa demande en nullité de la sentence rendue par le juge de paix de la section du droit de l'homme, canton de Gand, le 8 floréal dernier, de même qu'à exiger à charge du défendeur le payement de la somme de neuf cent treize florins, trois déniers courant, pour restant des livraisons de cuirs, faites à lui en différentes reprises, à la déduction de la somme de quarante-huit florins, seize sols courant, autant que porte la spécification du défendeur pour fournissement de souliers fait au demandeur, le défendeur soutenant avoir acquitté les prétentions du demandeur, au moyen de l'insinuation faite le 3 avril 1795 (v. st.), de la somme de mille cinq cent soixante livres et dix sols en assignats au pair;

Ouï les parties en personne, le commissaire du pouvoir exécutif en ses conclusions;

Attendu que le tribunal ne peut réformer un jugement rendu par un autre tribunal qu'autant qu'il est provoqué par la voie d'appel;

Attendu qu'il ne conste pas par les pieces produites au procès, que le demandeur s'est pourvu en appel, et qu'il auroit au préalable consigné l'amende de neuf livres;

Attendu que la demande du payement de la somme de neuf cent treize florins, trois déniers courant, à la déduction de celle de quarante-huit florins, seize sols courant, doit former une action distincte et séparée de celle en demande de réformation et annullation de la sentence susdite;

Le tribunal faisant droit, déclare le demandeur non-recevable et non-fondé de la maniere dont il s'agit, le condamne aux dépens du procès, à la taxe et modération du tribunal, sauf à lui à se pourvoir contre le jugement susdit par la voie d'appel, s'il s'y croit fondé, et d'entamer une action distincte et séparée de sa demande ultérieure, interdit à l'huissier le citoyen *Hoornaert*, d'assigner dorénavant aucune partie sans autorisation préalable du président du tribunal.

Fait en séance du 4 fructidor, l'an 4me de la république française, une et indivisible.

Etoient signés : G. F. BUYCK, *présid.*; B. J. HEYSE; F. DANNEELS; CHARLES, *et* A. J. VAN TIEGHEM.

340me. SENTENCE.

LE TRIBUNAL CIVIL DU DÉPARTEMENT DE L'ESCAUT,

En la cause du citoyen *Michel de Mullencie*, habitant de la commune de Bruxelles, demandeur par exploit d'ajournement du 16 floréal, l'an 4me de la république française, d'une part, contre les héritiers en la mortuaire de *Josse Pielaet*, à Assenede et *Jacques de Reu*, à Ertvelde, défendeurs d'autre part; vu les deux sentences préparatoires rendues par le tribunal respectivement le 9 prairial et 24 messidor, l'an 4me, qui exprime l'état de la question mue entre les parties; vu aussi les trois enquêtes des témoins qu'ont produit et fait entendre les défendeurs à la séance publique du 22 thermidor, l'an 4me, les reproches et salvations y ensuivies conformément à la loi;

Attendu que la preuve acquise sur la conformité de l'écriture et signature du demandeur, d'après sa négation relativement à l'acquit de la somme de cinquante-sept livres de gros, argent courant, portant date du 13 octobre 1787 (v. st.), comme résultante de la déposition des témoins et fondée sur la vraisemblance, ne prouve point la vérité ni la réalité absolue de l'écriture et signature contestés formellement par le demandeur;

Considérant que l'art des experts à cet égard est purement conjectural;

Attendu que les défendeurs n'ont pu appliquer à cette vraisemblance aucun fait, aucune autre circonstance concomitante ou sécondaire du fait de leur prétendu payement;

Attendu que sur les autres objets des contestations les défendeurs n'ont point fournis la preuve de payement qui leur incomboit;

Le tribunal faisant droit, condamne les défendeurs à payer au demandeur la somme de cent trente-un livres, trois escalins, cinq gros, deux déniers, argent courant, à l'intérêt judiciaire, depuis l'institution de la cause jusqu'au payement parfait, et aux frais et dépens du procès, à la taxe et modération du tribunal.

Fait en séance du 4 fructidor, l'an 4me de la république française, une et indivisible.

Etoient signés : G. F. Buyck, *présid.*; P. Botte; A. J. van Tieghem; F. Danneels, *et* B. J. Heyse.

341me. SENTENCE.

Le Tribunal civil du Département de l'Escaut,

En la cause du citoyen *Philippe van den Hecke*, négociant en la commune de Gand, récusant, par acte du 20 thermidor dernier, le juge et président *Buyck*, en sa cause pendante devant ce tribunal, d'une part, ledit citoyen *G. F. Buyck*, président du même tribunal, accusé et opposant à ladite récusation, comme étant témérairement, imprudemment en calomnieusement faite, d'autre part;

Ouï les parties en personne, le commissaire du pouvoir exécutif entendu;

Attendu que les motifs sur lesquels est basée la récusation dont s'agit, sont faux, calomnieux, et portent atteinte à l'honneur du récusé;

Attendu que le récusant a avoué d'avoir été induit en erreur par la rumeur publique, et que des bruits adroitement semés ont donné lieu à la prédite récusation;

Attendu que le récusant a déclaré de désister de sa récusation et qu'il l'a désavoué ;

Le tribunal faisant droit, et décrétant le désistement fait par le récusant de sa récusation portée contre le juge et président *Buyck*, déclare que c'est à tort, sans raison et sans cause que le susdit citoyen *Buyck*, a été récusé dans la cause dont s'agit, condamne le récusant aux dépens du procès, à la taxe et modération du tribunal ; ordonne en conséquence que le citoyen *Buyck*, remplira ses fonctions judiciaires dans la même cause.

Fait et prononcé en séance publique le 4 fructidor, l'an 4me de la république française, une et indivisible.

Etoient signés : P. BOTTE, *présid.* ; CHARLES ; A. J. VAN TIEGHEM ; F. DANNEELS, *et* B. J. HEYSE.

342me. SENTENCE.

LE TRIBUNAL CIVIL DU DÉPARTEMENT DE L'ESCAUT ,

En la cause de la citoyenne *Josine Slock*, veuve de *Pierre Voet*, habitante de la commune de Vosselaere, demanderesse par ajournement du 4 thermidor, l'an 4me, y résumant le procès entamé pardevant les ci-devant bourguemaître et échevins du pays, verge et baronnie de Nevele , par requête du 15 février 1792 (v. st.), d'une part, contre le citoyen *Jean de Laval*, curé dudit village de Vosselaere, défendeur d'autre part ;

Ouï la demanderesse par son fondé de pouvoir, le défendeur n'étant point comparu , ni personne en son nom, le commissaire du pouvoir exécutif présent ;

Vu les pièces déposées au greffe du tribunal par la demanderesse qui ont été servies de son côté dans le susdit procès ;

Attendu que le défendeur n'a point satisfait à ce qui lui a été ordonné par les points d'office du 22 octobre 1793 , et à la sentence postérieure du 24 mars 1794 (v. st.) ;

Attendu que pour revenir du déboutement, qu'il avoit encouru à cet égard , il s'est prévalu de lettres de relievement du ci-devant grand conseil à Malines ;

Considérant que du depuis il a provoqué la demanderesse à la consignation des pièces de la procédure et qu'elle y a satisfaite ;

Attendu qu'il en résulte que le défendeur tergiverse et qu'il veut perpétuer la procédure ;

Attendu que pour sa non-comparution, la demanderesse a requis jugement par défaut ;

Le tribunal faisant droit, donne défaut contre le défendeur, et pour le profit, lui ordonne de satisfaire pertinemment au contenu du point d'office du 22 octobre 1793, et à la sentence subséquente du 24 mars 1794, à la séance du 22 présent mois, à peine de forclusion de maintenant pour lors, et que droit sera fait comme en justice appartiendra, condamne le défendeur aux dépens de la contumace, à la taxe et modération du tribunal, lui entier de se pourvoir en opposition, endéans le terme et conformément à la loi.

Fait en séance du 4 fructidor, l'an 4me de la république française, une et indivisible.

Etoient signés : G. F. BUYCK, *présid.* ; F. DANNEES; B. J. HEYSE; A. J. VAN TIEGHEM, *et* CHARLES.

343me· SENTENCE.

LE TRIBUNAL CIVIL DU DÉPARTEMENT DE L'ESCAUT,

Vu l'exploit d'ajournement en date 15 thermidor, l'an 4me de la république française, fait à la demande du citoyen *Charles Martin de Clercq*, notaire en cette commune de Gand, en qualité de fondé de pouvoir des citoyens *Pierre Mortier*, *Jean van Haele* et *Pierre van Leersberghe*, marchands en bois, demeurans à Aeltre, demandeur d'une part, contre les citoyens *Jean Baptiste de Baets*, à Bellem, et *Florent de Baets*, à Tronchiennes, défendeurs d'autre part; vu aussi les procès-verbaux du juge de paix du canton de Nevele, du 13 et 29 floréal dernier, d'où résulte que le différent mu entre les parties est de savoir, si le demandeur est fondé d'exiger à charge des défendeurs, comme héritiers de *Pétronille Serwytens*, veuve de feu *Silvain de Baets*, la somme de cinquante et un livres de gros, douze escalins, argent courant de Flandre, pour restat de livraison de bois à brûler, faite à ladite veuve *de Baets*, avec l'intérêt judiciaire et dépens du procès;

Ouï le demandeur, les défendeurs n'ayant point comparu, ni personne pour eux, le commissaire du pouvoir exécutif présent;

Attendu qu'il conste de la réalité des prétentions dont il s'agit, par l'aveu même des défendeurs étant co-héritiers, fait par-devant le juge de paix du canton de Nevele;

Attendu que le demandeur a requis jugement par défaut;

Le tribunal faisant droit, donne défaut contre les défendeurs, et pour le profit, les condamne, comme héritiers de feu *Pétronille Serwytens*, veuve de *Silvain de Baets*, à payer auxdits citoyens *Pierre*

Mortier, *Jean van Haele* et *Pierre van Leersberghe* la somme de cinquante et un livres de gros et douze escalins, argent courant, pour restat des bois à brûler, livrés à ladite veuve *de Baets*, à l'intérêt judiciaire, depuis l'institution de la cause jusqu'au payement effectif, et aux dépens du procès, à la taxe et modération du tribunal; sauf aux défendeurs de se pourvoir en opposition, endéans le tems et conformément à la loi.

Fait en séance du 5 fructidor, l'an 4me de la république française, une et indivisible.

Etoient signés : B. J. HEYSE, *présid.*; G. F. BUYCK; F. DANNEELS; A. J. VAN TIEGHEM, *et* CHARLES.

Mandons à tout huissier, etc.

344me. SENTENCE.

LE TRIBUNAL CIVIL DU DÉPARTEMENT DE L'ESCAUT,

JUGEMENT PRÉPARATOIRE.

En la cause du citoyen *Jean Baptiste Kiekemans*, et consors, demandeur par exploit d'ajournement en date 26 thermidor, l'an 4me, d'une part, contre le citoyen *Jean Baptiste de Langhe*, à Lokeren, défendeur d'autre;

Ouï les parties, le commissaire du pouvoir exécutif présent;

Attendu que l'exploit fait par le juge de paix du canton de Lokeren, rapporte la demande reprise à l'acte de décrétement du 6 février 1796, et que cet acte a été insinué au défendeur;

Attendu que c'est à l'encontre de ladite demande, et en conséquence du renvoi du juge de paix susdit, que le défendeur étoit tenu de répondre à la séance de ce jour;

Le tribunal sans avoir égard aux moyens de prétendue nullité alléguée par le défendeur, lui ordonne de répondre pertinemment contre ladite demande, séance tenante, et le condamne aux dépens du procès, à la taxe et modération du tribunal.

Fait en séance du 5 fructidor, l'an 4me de la république française, une et indivisible.

Etoient signés : B. J. HEYSE, *présid.*; G. F. BUYCK; F. DANNEELS; A. J. VAN TIEGHEM, *et* CHARLES.

345me. SENTENCE.

LE TRIBUNAL CIVIL DU DÉPARTEMENT DE L'ESCAUT,

Vu l'exploit d'ajournement en date 14 germinal, 4me année de la république française, fait à la demande du citoyen *Rapp. Standaert*, négociant à Gand, demandeur d'une part, contre le citoyen *Philippe van den Hecke*, aussi négociant à Gand, défendeur d'autre, d'où résulte que la difficulté mue entre les parties est de savoir, si le demandeur est fondé d'exiger à charge du défendeur le payement d'une somme de six mille neuf cent quarante-sept florins, quatorze sols, six déniers courant, pour vente et livraison de cent et quinze pièces de toiles, mesurant ensemble 12083 aunes, à raison de onze sols et demi par aune; le défendeur soutenant le contraire et alléguant que le contract de vente auroit été résolu de gré à gré, se fondant sur les lettres écrites de part et d'autre à ce sujet, et que l'unique question subsistante entre les parties est uniquement de savoir, qui de deux doit payer les frais du transport desdites toiles;

Ouï les parties, le demandeur par son fondé de pouvoir, le citoyen *van Toers*, le défendeur en personne assisté de son conseil, le citoyen *Caigny*, le commissaire du pouvoir exécutif présent;

Attendu que les déclarations des experts, produites par les parties pour constater les qualités des toiles dont il est ici question, sont contradictoires en tous sens, sont d'un même poid, d'une même autorité, d'une même considération, et par conséquent ne peuvent ni pour l'un ni pour l'autre en justice;

Attendu qu'il existe une correspondance suivie et avouée des deux parties, dans laquelle l'état de la question à décider se trouve clairement résolu par le texte des lettres, qui doivent être l'expression de la volonté, de la méditation et du jugement d'un bon négociant;

Attendu que la première lettre du défendeur au demandeur, datée du 11 mars 1796 (v. st.), porte: « J'ai appris, à mon grand étonne-« ment, que vous prétendez que les toiles soient livrées à mes frais « chez vous », et que la réponse du même jour du demandeur porte: « Je ne doute point ou vous vous disposez à me renvoyer encore au-« jourd'hui *nos toiles*, dans le même état que je vous les ai livrés, sans « quoi je me trouverai obligé de me les faire rendre d'une autre façon; «

Attendu que ces deux textes expliquent clairement et absolument l'acte des deux volontés libres et majeures, concourant à la dissolution du même contract de vente, qu'elles avoient passé entr'elles, et dont il s'agit en cette cause;

Attendu

Attendu que cette expression des deux mêmes volontés se trouve péremptoirement confirmée par la deuxieme lettre du défendeur du même jour, 11 mars, où il dit: « Si vous ne reprenez pas les toiles « aujourd'hui, je vous fais savoir que demain j'y mettrai arrêt pour « me dédommager des frais ; » et par le billet du lendemain, 12 mars, où le demandeur dit : « Vous laisserez suivre à mon emballeur, por- « teur de cette, mes cent quinze pièces de toiles ; »

Attendu que ces expressions à cette époque prononcent de part et d'autre une résiliation parfaite et absolue du marché, qui avoit existé entre les parties litigeantes ; que les lettres postérieures portent sur un tout autre objet, et ne dérogent pas à ladite résiliation ;

Attendu enfin que l'axiome de droit *actio semel extincta numquam reviviscit*, doit servir de base au présent jugement ;

Le tribunal faisant droit, déclare le demandeur non-recevable ni fondé dans ses conclusions prises à charge du défendeur, et le condamne aux dépens du procès, à la taxe et modération du tribunal ; sauf au demandeur à reprendre les toiles susdites là où elles se trouvent.

Fait en séance du 6 fructidor, l'an 4me de la république française, une et indivisible.

Etoient signés: G. F. BUYCK, *présid.* ; F. DANNEELS ; A. J. VAN TIEGHEM ; P. BOTTE, *et* TEGELBERG.

346me. S E N T E N C E.

LE TRIBUNAL CIVIL DU DÉPARTEMENT DE L'ESCAUT,

Vu l'exploit d'ajournement en date 11 thermidor, l'an 4me de la république française, fait à la demande du citoyen *Gerard Langerock*, habitant de la commune de Gand, demandeur d'une part, contre le citoyen *Charles de Vrient*, boulanger au village d'Ertvelde, défendeur d'autre part ; vu aussi l'acte de renvoi du juge de paix du canton d'Assenede, du 17 messidor, 4me année, d'où résulte que la question mue entre les parties et de savoir, si le demandeur est fondé d'exiger à la charge du défendeur le payement de la somme de deux cent florins, quatre sols, six déniers, pour livraison de marchandises, non-obstant l'insinuation de ladite somme, fait par le défendeur en assignats et en masse le 3 janvier 1795 (v. st.), réinsinuée audit défendeur le 7 messidor, l'an 4me, le défendeur soutenant le contraire, et qu'il avoit acquitté valablement sa dette par le payement en assignats;

Ouï les parties, le commissaire du pouvoir exécutif présent;

Considérant que l'insinuation qu'a fait l'exprocureur d'office de la

II. Partie. N°. 30.   G g commune de Gand, *Serjacob*, d'une quantité d'assignats en masse a été fait directement contre le gré du demandeur;

Considérant qu'un payement en numéraire fait de la même maniere que celui dont il s'agit ici, ne libéreroit aucun débiteur envers son créancier;

Considérant que telle insinuation en masse ne peut être considérée pour un acquittement volontairement reçu, ni judiciairement permis;

Le tribunal faisant droit, sans appel, ordonne au défendeur de payer au demandeur ladite somme de deux cent florins, quatre sols, six déniers, à l'intérêt judiciaire, depuis l'institution de la cause jusqu'au payement parfait, et au dépens du procès, à la taxe et modération du tribunal.

Fait en séance du 6 fructidor, l'an 4me de la république française, une et indivisible.

Etoient signés : G. F. Buyck, *présid.*; F. Danneels; P. Botte; Tegelberg, *et* A. J. van Tieghem. Mandons à tout huissier, etc.

347me. SENTENCE.

Le Tribunal civil du Département de l'Escaut,

Vu l'exploit d'ajournement fait à la requête du citoyen *Pierre de Trooster*, habitant de la commune de Gand, en date 15 prairial, l'an 4me de la république française, y résumant la procédure intentée devant les ci-devant échevins de la seigneurie de St. Pierre alors existante, par requête du 22 février 1791, d'une part, contre le citoyen *Pierre Jean Matthys*, aussi habitant de ladite commune, défendeur d'autre part; vu aussi les pièces de ladite procédure fournies de la part du demandeur, et qui ont été servies de son côté, d'où résulte que la question mue entre les parties est de savoir, si le défendeur est tenu envers le demandeur pour les excès et agressions commis sur sa personne, et sur-tout les contusions à la tête qui ont été mortelles et occasionnées qu'il en est devenu tout sourd, à lui payer pour frais de médecin et chirurgien, dommages et intérêts etc., ensemble une somme de vingt-sept livres, un escalin et cinq gros courant, conformément à l'état spécificatif et les pièces vérificatoires, jointes à ladite requête;

Ouï le demandeur, le défendeur n'étant point comparu, ni personne en son nom, le commissaire du pouvoir exécutif présent;

Attendu qu'il est constant que le défendeur a commis sur la personne du demandeur les excès et agressions criminelles, qui lui ont attiré la poursuite extraordinaire, terminée à sa charge par la sentence des ci-devant échevins de St. Pierre, le 19 octobre 1790, jointe au procès;

Considérant que le défendeur ne s'est défendu au procès, que par des chicanes et moyens odieux;

Considérant que le défendeur n'a pas allégué qu'aucun article de l'état spécificatif du demandeur seroit exorbitant;

Attendu que le demandeur pour la non-comparution du défendeur a requis jugement par défaut;

Le tribunal faisant droit, donne défaut contre le défendeur, et pour le profit, le condamne à payer au demandeur la susdite somme de vingt-sept livres, un escalin et cinq gros, argent courant, à l'intérêt judiciaire, depuis l'institution de la cause jusqu'au parfait payement, et aux dépens du procès, à la taxe et modération du tribunal; le défendeur entier de se pourvoir en opposition, endéans le terme et conformément à la loi.

Fait en séanse du 6 fructidor, l'an 4me de la république française, une et indivisible.

Etoient signés : G. F. BUYCK, *présid.* ; F. DANNEELS; P. BOTTE; TEGELBERG, *et* A. J. VAN TIEGHEM.

Mandons à tout huissier, etc.

348me. SENTENCE.

LE TRIBUNAL CIVIL DU DÉPARTEMENT DE L'ESCAUT,

Vu l'exploit d'ajournement en date 17 thermidor, l'an 4me de la république française, en matiere d'opposition contre la sentence rendue par défaut le 3 du même mois, et l'écrit contenant ladite opposition servi de la part de *Jean Baptiste Daniel* et *Marie Anne Vergeylen*, veuve de *Jean François Goossens*, habitans du canton de Zele, défendeurs primitifs d'une part, contre *Livin vander Werren*, à cause de *Marie Jacqueline Vergeylen*, son épouse, habitans du canton de Lokeren, demandeurs par exploit d'ajournement primitif du 24 messidor, 4me année, d'autre part; vu aussi les mémoires respectifs fournis par les parties, l'acte de donnation du 10 février 1795, et le jugement du tribunal du 4 thermidor, 4me année, d'où résulte que la question mue entre les parties est de savoir, si le susdit acte de donnation peut subsister en faveur des défendeurs tout comme l'exprime le motif du susdit jugement; les mêmes défendeurs n'ayant pas entendu le maintenir, mais en ayant désisté sous une condition que les demandeurs auroient à leur payer en numéraire la somme de quatre cent soixante - trois livres, sept escalins, dix gros, argent courant, que les demandeurs leur étoient redevable, et dont ils avoient voulus se libérer par insinuation d'assignats au pair, que les défendeurs avoient fait retourner par acte du 7 juillet 1796 (v. st.);

Ouï les parties, le commissaire du pouvoir exécutif présent;

Attendu que par la déclaration des défendeurs, l'acte de prétendue donnation ou transaction du 10 février 1795, devient nul et sans valeur;

Attendu que les demandeurs se sont reconnus débiteurs envers les défendeurs, du chef des articles 3, 5, 23, 24, 25, 26, 27, 28, 29, 30, 31 et 32 du premier chapitre de l'état de biens formé à la mortuaire du susdit donnateur *Adrien Vergeylen*, décédé le 13 février 1795;

Attendu que cette dette n'étoit point de nature à pouvoir être acquittée entre des co-héritiers en assignats au pair;

Attendu que l'insinuation qui a été faite desdits assignats par le notaire *Talboom*, de Lokeren, n'est point un payement valable;

Considérant que les défendeurs n'ont pas voulu le considérer comme tel, et qu'ils ont manifesté le contraire par la rétroïnsinuation des mêmes assignats, qu'ils ont fait effectuer aux demandeurs;

Le tribunal faisant droit sur les conclusions des demandeurs, et d'après la déférence des défendeurs, déclare nul et invalide l'acte de donnation ou transaction du 10 février 1795, et faisant pareillement droit sur les conclusions renversaires des défendeurs, condamne les demandeurs au payement de la prédite somme de quatre cent soixante-trois livres, sept escalins, dix gros, argent courant, et au surplus déclare que les frais resteront compensés de maniere que chacun payera les siens;

Fait en séance du 6 fructidor, l'an 4me de la république française, une et indivisible.

Etoient signés : G. F. BUYCK, *présid.*; F. DANNEELS; P. BOTTE; TEGELBERG, *et* A. J. VAN TIEGHEM.

Mandons à tout huissier, etc.

FIN DE LA DEUXIEME PARTIE.

TABLE

TABLE SOMMAIRE
DE LA DEUXIEME PARTIE.

Table sommaire de la deuxieme Partie.

Date de la Sentence.	Noms des Demand.	Noms des Défendeurs	ANALYSE DE LA SENTENCE.	
24 messidor an 4me	J. F. vander Cruycen	Eugenie Goemaes	Le dem. ayant refusé d'épouser la défend., est condamné de payer à elle les intérêts occasionnés par son refus, &c.	90
dito	J. B. Rasson	C. Vermeulen	Le Tribunal ordonne au défend. d'abandonner au profit du demand. trois parties deterre, &c.	91
25 dito	J. F. Bordeaux	J. A. Catteen	Le défendeur est condamné de payer en numeraire une somme insinuée en assignats.	92
dito	P. de Lobel	F. de Lobel	Le défendeur en défaut est condamné de payer une somme exigée pour livraison de bois, &c.	93
26 dito	J. A. van Slyke	A. P. Serraris	Le défendeur en défaut est condamné aux dommages, intérêts et dépens.	94
dito	Ph. Maes	D'hayere, ex-proc.	Le déf. en défaut est déclaré déchu de toute opposition contre le jugement du 9 messidor dernier.	ibid.
dito	P. F. de Vreese	vanLarebeke et cons.	Les défend. sont condamnés de payer au demand. la somme qui lui revient pour l'alimentation des deux enfans.	95
dito	P. Yserbey	F. Magenen	Le Tribunal accorde au défendeur le congé demandé.	96
dito	P. van Suyd	Veuve P. Thienpont	Le Tribunal donne défaut contre le demandeur.	97
dito	P. F. Bakx	J. Sohier	Le demandeur est débouté de son opposition.	ibid.
27 dito	L. Aernout	L. van de Putte	Le défend. en défaut est condamné de payer au demand. la somme exigée pour livraison de caffé.	98
dito	J. de Bast	B. Poppe	Le défendeur en défaut est condamné de payer au demand. une somme exigée pour livraison de marchandise.	99
dito	Brismaille	de Buck et Verstraete	Les défend. en défaut sont condamnés de payer au demand. le loyer d'une partie de terre.	100
dito	le même	N. Adriaensen	Le Tribunal ordonne au défendeur de payer au demand. le loyer d'une maison et de l'évacuer.	ibid.
28 dito	J. Maes	Galliot	Le défend. en défaut est condamné de payer au dem. la somme exigée pour livraison de marchandise.	101
dito	L. Ocket	J. Lammens	Le Tribunal déclare leur cause bien jugée par le Tribunal civil du Département de la Lys, &c.	103
dito	B. C. Schellekens	P. de Vilder et cons.	Le Tribunal donne défaut contre le citoyen Verbeke, non-comparant pour la seconde fois.	105
29 dito	J. F. Stokmans	J. Rombaut	Le Tribunal déclare le défend. déchu de son bail, ce nonobstant l'insinuation faite en assignats.	106
1 thermid.	J. Bruynswyck	J. B. Schautheet	Le Trib. annulle une vente, faite à la poursuite du déf. de la moisson et fruits des terres cultivées alors par le demand.	107
dito	P. van Dorpe	AnneDellafaille	Le dem. est débouté de ses conclusions, tendantes à former une prétention pour gardiennat de la maison de la défend.	108
dito	M. Ovaere	Darguet	Le défendeur en défaut est condamné de payer au demand. la somme exigée pour livraison de vin.	109
dito	J. Billy	E. Lefevre	Le demandeur est déclaré non-recevable en ses conclusions, prises à charge du défendeur.	110
2 dito	A. van den Broecke	Marie A. de Smet	Le Tribunal annulle l'exploit d'ajournem. du dem., la déf. alléguant qu'il y a cause pendante et ouverte devant la cour spirituelle de Malines, &c.	111
dito	P. de Smet	A. Ghysels	Le Tribunal donne défaut contre le défendeur, et déclare l'appel dont il s'agit perdu et désert.	112
3 dito	L. de Coster	L. d'Haese	Le défendeur est condamné de payer au demandeur la somme exigée pour raccommodage de vitres, &c.	ibid.
dito	De Noyelle	La Riviere et Bayon	Les parties sont remises à la séance du 16 thermidor.	113
dito	J. van Lysbeth	J. Fermaut	Le Tribunal déclare le demandeur en ses conclusions prises à charge du défendeur, non-recevable ni fondé.	115
dito	J. B. Donsel	Le Prévôt de l'Orat.	Le défend. est condamné aux dépens de la comparution, sauf à se pourvoir contre qui il appartiendra.	116
dito	F. Villiot-Voet	Veuve van Landegem	Le Tribunal donne défaut contre le demandeur.	ibid.
4 dito	M. Maertens	T. Janssen, son mari	Le Tribunal renvoye les parties à se pourvoir en divorce ainsi qu'ils jugeront convenir et conformément à la loi.	117

Fin de la Table de la deuxieme Partie.